Der reizvolle Stadtplan wurde 1912 von Rudolf Hagmann gezeichnet. Am Ende des Buches ist er noch einmal – ohne die farbigen Ziffern – abgedruckt.

Fritz Wiedermann
(F. Wied)

»Bubenbad« und »Affenwerner«

Fritz Wiedermann
(F. Wied)

»Bubenbad« und »Affenwerner«

Wirtshäuser im alten Stuttgart

Silberburg-Verlag

Abbildungsnachweis

Archiv Uwe Siedentop, Heidenheim: 128 unten.

Archiv Silberburg-Verlag, Stuttgart: Vorsatz, 12, 13, 15 oben und Mitte, 16, 19, 20, 21 beide, 22 unten, 24 oben rechts und unten, 25 beide, 27 alle drei, 29, 32 unten links und unten Mitte, 33 links und Mitte, 34 oben, 35 Mitte und unten, 38 beide, 39 alle vier, 41 beide, 43, 44 oben links, oben rechts und Mitte, 47 unten links, Mitte und unten rechts, 50 alle drei, 55, 56 rechts, 57 oben, 59, 60 beide, 61 rechts, 62, 63, 64 oben, 66 rechts, 68 beide, 71, 73 links, 77 oben, 78 alle vier, 80 unten links, 81 alle vier, 82, 83 beide, 88 oben links, 91 beide, 93 beide, 94 beide, 95 oben, 96 beide, 99 beide, 100 oben links und oben rechts, 102 oben, 105 unten links, 106, 107 unten, 109 oben, 110 oben, 113, 114, 115 unten, 116, 117 unten, 124 oben, 125 unten, 126 unten, 129, 130 beide, 131 oben, 134 unten, 136 unten, 143 unten, 144 rechts, 145 oben rechts und unten beide, 146 beide, 149 rechts.

Rolf Armbruster jun., Stuttgart: 32 oben.

Historisches Archiv des Süddeutschen Rundfunks, Stuttgart: 149 links.

Laun-Dölker, Fellbach: 118 unten.

Gebrüder Metz, Tübingen: 53, 76 unten, 133, 134 oben, 135.

Sammlung Richard Meinel, Stuttgart: 22 oben, 31 oben, 37 oben links und oben Mitte, 44 unten, 47 oben, 48 oben, 49 beide, 51 links, 54, 56 links, 61 links, 66 links, 75, 76 oben, 88 unten, 90 unten, 95 unten, 97, 98, 110 Mitte, 111 beide, 115 oben, 117 oben und Mitte, 122 oben, 123 unten, 125 Mitte unten, 127 unten, 128 oben, 131 unten, 132 Mitte und unten, 137 beide, 138 links und rechts unten, 139, 140 oben und unten links, 141 beide, 142, 143 oben, 145 oben links, 147 unten, 150 oben und Mitte.

Helga Schmidt-Glassner, Stuttgart: 18.

Stadtarchiv Stuttgart: 9, 10, 24 oben links, 26, 28 alle drei, 30 beide, 31 unten links und unten rechts, 33 rechts, 34 unten, 36, 37 oben rechts und unten, 40, 42 links, 45, 46 beide, 48 unten, 51 rechts, 57 unten, 64 unten, 65, 69, 70, 72 beide, 73 rechts, 74 alle drei, 77 unten, 79, 80 oben und unten rechts, 85, 86 alle drei, 88 oben rechts, 90 oben, 92, 100 unten, 102 unten, 103, 104, 105 oben, unten Mitte und unten rechts, 107 oben links und oben rechts, 109 Mitte und unten, 110 unten, 118 oben, 119 oben links, oben rechts, unten links und unten Mitte, 120 alle drei, 121, 122 unten, 123 oben, 125 oben und Mitte oben, 126 oben, 127 oben, 131 Mitte, 132 oben, 138 rechts oben, 140 unten rechts, 144 links und Mitte, 147 oben, 148 beide, 150 unten, 151 unten.

Stadtmessungsamt Stuttgart/Runge: 35 oben Mitte.

Stadtmessungsamt Stuttgart/Joachim Schlenker: 119 unten rechts.

Arthur Wezel, Stuttgart: 35 oben links, 42 rechts, 136 oben.

Fritz Wiedermann, Stuttgart: 15 unten, 17, 32 unten rechts, 35 oben rechts, 58, 87, 124 unten, 151 oben.

Ludwig Windstosser, Stuttgart: 14, 152.

Der Verlag dankt allen Bildgebern. Besonderer Dank gebührt Herrn Richard Meinel, Stuttgart, der aus dem Fundus seiner beeindruckenden Ansichtskartensammlung in uneigennütziger Weise zahlreiche originale Stücke für die Reproduktion zur Verfügung gestellt hat, sowie Herrn Dr. Paul Sauer und Frau Christel Schaaf vom Stadtarchiv Stuttgart. Ohne ihre Arbeit hätte das Buch nicht in dieser Form erscheinen können.

Die Bilder auf dem Umschlag zeigen auf der Vorderseite oben die »Restauration zum Bubenbad« (Ansichtskarte von 1898; Vorlage: Stadtarchiv Stuttgart), unten das »Café Stapf« in einer Innenansicht aus dem Jahr 1905 (Foto: Gebrüder Metz, Tübingen) sowie auf der Rückseite die »Restauration J. Mutschler« Ecke Rote und Gartenstraße (heute Theodor-Heuss- und Fritz-Elsas-Straße) im Jahr 1906 (Aufnahme: ebenfalls Gebrüder Metz, Tübingen).

CIP-Kurztitelaufnahme der Deutschen Bibliothek:

Wiedermann, Fritz:
»Bubenbad« und »Affenwerner«: Wirtshäuser im alten Stuttgart/Fritz Wiedermann. – 1. Aufl. – Stuttgart: Silberburg-Verl., 1987.
    Auf d. Haupttitels. auch: F. Wied
    ISBN 3-925344-14-4
    Vw: Wied, F. [Pseud.] → Wiedermann, Fritz

1. Auflage September 1987.
© Copyright 1987 by Silberburg-Verlag Titus Häussermann GmbH, Stuttgart.
Alle Rechte vorbehalten.
Reproduktionen: Offsetreproduktion Gerold Schmid, Stuttgart.
Gesamtherstellung: Gutmann + Co., Heilbronn.
Printed in Germany.

ISBN 3-925344-14-4

Ein paar Kapitel
»Wirtschaftsgeschichte«

Die Wirtshäuser im einzelnen...

Ein paar Kapitel
»Wirtschaftsgeschichte«

Aktueller Blickpunkt

Stuttgarts Gastronomie hat ihre Reize. Angeregt von der Geschäftigkeit unserer Tage, vielleicht auch leicht erschöpft von der Hektik des Alltags, sucht der Gast einen ruhigen Platz und erwartet fürsorgliche Betreuung. Aber er ersehnt kein Refugium, das ihn absondert von der Umwelt; wie aus der Loge eines Theaters will er, vor allem als Fremder, diese Stadt in einer »schöpferischen Pause« kennenlernen. Denn Gaststätten sind Spiegelbilder des Lebens. Speis und Trank sorgen für das körperliche Wohlbefinden, und der Alkohol schenkt Unbeschwertheit. Man kann sich unterhalten, oder man kann nur beobachten und sich so von den anderen unterhalten lassen.

Das ist aber nur die eine Seite. Zum anderen sind die Gasthäuser der Tradition verpflichtet – ob mehr oder weniger, das hängt von der Mentalität der Wirte ab. Noch immer steht die Nostalgie hoch im Kurs; sie baut die Brücken, die zu einer behaglichen Geborgenheit führen. Gastlichkeit gehört zu den vornehmsten Tugenden. Zu allen Zeiten sicherte sie den Ausgleich, verband sie die Generationen, milderte sie Gegensätze und schuf eine versöhnliche Stimmung. Als Sorgenbrecher gilt der Wein, und wie sein Wert mit dem Altern wächst, so wandern die Gedanken mit den Jahrgängen rückwärts in die vielzitierten »guten alten Zeiten«.

Aus dieser Perspektive die Stadt zu betrachten, dabei die Vergangenheit zu würdigen und im historischen Ablauf die Zeiten und Geschicke der Vorfahren nachzuerleben – die Möglichkeiten, die sie hatten, aber auch die Zwänge, denen sie ausgesetzt waren –, das soll der Sinn des vorliegenden Buches sein. Es geht dabei mehr um Menschlich-Allzumenschliches, nicht um historische Probleme. Die Theke steht im Blickpunkt,

Eine Stuttgarter »Bedienung« aus dem Jahr 1893.

nicht der Herrscherthron; der Wirt als Hausvater und die Zechbrüder sind die Akteure. Das »Ergo bibamus« – also trinken wir – des Dichterfürsten möge als Devise gelten, und schwäbische Beschaulichkeit soll ersetzen, was dem bescheidenen Band an glänzender Stilistik und tiefgründiger Geistigkeit fehlt. Bei manchem Viertele Trollinger, von freundlichen Nachbarn gefördert, wurden Gedankensplitter verflochten zu einem Mosaik Alt-Stuttgarter Gastlichkeit.

Wertvolle Anregungen verdankt der Verfasser dem großen Stadthistoriker Gustav Wais und den Archivdirektoren Dr. Schiller und Dr. Vietzen. Die Mitarbeiterinnen und Mitarbeiter des Stadtarchivs und der Rathausbücherei haben seine Bemühungen um das Material in verständnisvoller Weise unterstützt. Hans-Frieder Willmann (Fred Wiesen) und Utz-Holger Schaufler vom »Stuttgarter Wochenblatt« sowie die »Amtsblatt«-Redaktion haben seine Arbeit mit Rat und Tat gefördert. Besonders hervorzuheben sind die Bemühungen des Verlegers Titus Häussermann, der den Text wirksam ergänzte und vor allem das Bildmaterial beschaffte.

Liter Wein kostete auch nur ein paar Heller.

Stuttgart war seit 1321 die ständige Residenz der Grafen von Württemberg, die Übersiedelung des Stifts aus Beutelsbach ins Nesenbachtal gab auch der bescheidenen Gastronomie Auftrieb. Eine Handelsniederlassung bestand seit dem 12. Jahrhundert, die Weinberge erbrachten reiche Ernten, Gemüse und Holz wurden verfrachtet, die Handwerke sorgten für gewinnbringenden Umsatz.

Seit der Mitte des 14. Jahrhunderts entstand als Erweiterung die Vorstadt um die St. Leonhardskirche, die Stadt zählte um 1400 rund 4000 Einwohner. Neue Gaststätten kamen hinzu, im Jahre 1484 wird die Herberge »Zur Sonne« an der späteren Eichstraße mit dem Wirt Gabriel Clefner erwähnt.

Vor dem Tunzhofer Tor, etwa dort, wo viel später das Nobelhotel Marquardt gebaut wurde, lag eine Herberge, in der 1495 Graf Eberhard II. einkehrte. Die Stadttore wurden am Abend geschlossen; Reisende und Spätheimkehrer waren froh, wenn sie ein Unterkommen außerhalb der Mauern fanden.

Der Münsinger Vertrag, der 1482 die beiden Landeshälften wieder vereinigte, brachte der Stadt und ihrem Wirtschaftsleben einen starken Auftrieb, von dem auch die Gaststätten profitierten. Auch

Schildwirtschaften, Beizle und Gassenschenken

Im »Güldenen Adler«, dem vermutlich ältesten Gasthaus der Stadt, am Marktplatz gelegen, kehrten sie zum Feierabend ein: Kaufleute und Reisende, Fuhrknechte und Kuriere, Ritter und »fahrend Volk«. Wie die Chronik berichtet, wurde das Haus im Jahre 1335 nach einem Brande wiederaufgebaut. Allerdings stammte der behäbig-breite Bau, der bis zur Zerstörung im Jahr 1944 erhalten blieb, aus dem 16. Jahrhundert; vorher war das Haus wohl kleiner und niedriger.

Der Raum im Erdgeschoß diente als Trinkstube, zur Nachtzeit wurde er, mit Strohschütten gepolstert, zur Lagerstätte für die Fremden.

Der Wirt, vermutlich ein Wengerter, versorgte damals die Gäste nur mit Brot und Wein. Vielleicht gab es am Morgen eine warme Suppe und abends – wenn die Hausfrau guter Laune war – ein Vesperbrot. Die übrige Verpflegung brachten die Einkehrenden mit.

Der Verkehrston war nicht sonderlich fein, es gab Streit und Geschrei und häufig auch Raufhändel. Der Brunnen im Hof war der Waschplatz, die Mistgrube diente als Abtritt, die Pferde wurden sorgsamer behandelt als die Menschen. Dabei waren die Stuttgarter Verhältnisse nicht etwa besonders mißlich: In anderen Städten sah es keineswegs besser aus.

Dennoch waren die Gasthäuser beliebt und immer gut besetzt. Sie dienten der Verbreitung von Neuigkeiten aus aller Welt, Musikanten spielten auf, Artisten zeigten ihre Künste, auch die spendierfreudigen Gönner fehlten nicht. Zwar war das Bargeld knapp, aber der

Lob der Wirte

Bei Hackh war einst der Liederkranz,
Beim Affenwerner Bärentanz;
Bei Dierlamm kehrten Pfarrer ein,
Bei Schöttle trank man guten Wein;
Im Starenbuckel und im Stern
Das Aktienbier trank man nicht gern;
Die Weißenburg barg keinen Schatz,
Der Kronprinz war am
   Wilhelmsplatz;
Bei Stotz war man oft gar zu laut,
Bei Teichmann gab's viel Sauerkraut;
Im Roten Haus war's gut und recht,
Bei Kießling speiste man nicht
   schlecht;
Die »Harme« am Charlottenthor

Dem Koppenhöfer ging einst vor;
Im Elephant sei auf der Hut,
Die Polizei nichts finden tut;
Bei Schairer in der Calwer Straß'
Die Forstleut' trinken edles Naß;
Beck Gutscher war ein guter Beck
Und Theurer hieß zum scharfen Eck;
Bei Bubeck vor dem Büchsenthor
Greens Luftballon stieg dort empor;
Bei Hoppe in der Roten Straß'
Die Aufschneidglocke hing zum Spaß;
Gut war's in Kobers Kaffeehaus,
Nun, meine Freunde, jetzt ist's aus.

(Gustav Barth, 1891)

die Erhebung Württembergs zum Herzogtum im Jahre 1495 wirkte sich günstig aus. Die Gastwirte unterstanden zwar keiner zunftähnlichen Verbindung, aber sie erhielten durch Ratsverordnungen bestimmte Auflagen. Kontrolliert wurden Preise und Qualität der Bewirtung, Öffnungszeiten und fremde Reisende.

Spätestens seit 1673 wurde um neun oder zehn Uhr am Abend der »Zapfenstreich« mit Trommelschlag angekündigt; die Wache hatte den Auftrag, danach unpünktliche Zecher ins »Narrenhäusle« zu schaffen. Eine besondere Bierordnung bestand seit 1709; Betrunkene, die auf der Gasse angetroffen wurden, kamen zur Ausnüchterung ins »Gatter«. Noch 1814 wurde angeordnet, daß nach Eintritt der Dunkelheit jeder Fußgänger eine Laterne mit brennendem Licht zu tragen hatte. Seit 1818 regelte die Polizeidirektion das Straßen- und Gasthausleben durch gesetzliche Bestimmungen.

Angaben über die Zahl der Gaststätten liegen aus früheren Jahrhunderten nicht vor. Die Namen der größeren Wirtshäuser, die zugleich Herbergen waren, sind seit dem 16. Jahrhundert bekannt. Damals gab es ein halbes Dutzend echter Schildwirtschaften in Stuttgart. Gassenschenken und Speiselokale, dazu Weinstuben, die von Bäckern und Metzgern betrieben wurden, waren immer schon sehr zahlreich, unterlagen aber einem häufigen Wechsel. Dazu kamen die Besenwirtschaften als nur zeitweilige Schankstätten und Privattrinkstuben der Hofbediensteten, die ihr Weindeputat verkauften. Im Jahre 1760 bestanden zwölf Schildwirtschaften und 80 Gassenschenken. 1856 waren insgesamt 419 Wirtsbetriebe registriert; heute sind es in Stuttgart rund 3000.

anspruchen. Das Ankreiden kam erst später auf; in mittelalterlicher Zeit war das Kerbholz in Gebrauch, das zur Abrechnung diente.

Die Gaststätten um den Marktplatz waren meist gut besucht, oft sogar überfüllt. Zuweilen galt das Faustrecht, wenn man sich einen Sitzplatz erobern wollte. Aus dieser Zeit stammt die Regel, daß der Mann im Gasthaus vorangeht. Daß Frauen ins Gasthaus mitgebracht wurden, war ohnehin selten; zwar fehlte die Weiblichkeit nicht gänzlich, aber zumindest das älteste der Frauengewerbe war in den Schildwirtschaften unerwünscht.

Erst seit dem 16. Jahrhundert besserte sich die gastronomische Versorgung. Der Franzose Michel de Montaigne, der 1580/81 Süddeutschland durchreiste, lobte die reinlichen Gasthäuser und die treffliche Bewirtung im Schwabenlande. Für die Fremden, die seither auf Stroh gelegen und sich mit dem Mantel zugedeckt hatten, wurden nun im Obergeschoß Zimmer mit Betten und Waschgelegenheit eingerichtet; die Gaststuben erhielten eine bessere Ausstattung, Sessel und Stühle sorgten für die Bequemlichkeit, Teppiche und Wandbekleidungen durften nicht fehlen.

Vor allem aber entwickelte sich eine ansehnliche Küchenwirtschaft, um die Gäste mit Braten, Gemüse und Beikost zu versorgen. Fische, Wildbret und Ge-

Die Gäste brachten ihr Vesper mit

Das mittelalterliche Wirtshausleben war einfach und bescheiden; es entsprach dem damaligen Stand der Zivilisation. Der einzige Raum, als Trinkstube eingerichtet, barg grob gezimmerte Tische und Bänke, erst später kam ein besonderer Schanktisch dazu. Der Wirt zapfte aus einem der Fässer, die im gewölbten Weinkeller standen, das Getränk in einen irdenen Krug, aus dem die Becher gefüllt wurden. Die Beikost brachten die Gäste mit; Brot, Speck oder Käse genügten als Mahlzeit. Nur am Morgen wurde eine Suppe angeboten, die sich die Gäste in der Küche holen mußten. Tagsüber gab es lediglich eine Scheibe Rauchfleisch, Trockenfisch oder Backsteinkäs'.

Reichlicher war das Angebot an heimischen Weinen und Schnäpsen. Meist verfügte der Wirt über einen eigenen Weinberg, oder er kaufte im Herbst genug Vorrat ein, um die großen Lagerfäs-

ser zu füllen. Nach guten Ernten war der Wein billig, für einen Batzen konnte sich, wer wollte, einen Rausch antrinken. Bezahlt wurde mit Bargeld, nur die Stammgäste hatten das Vorrecht, Kredit zu be-

Eine Küche in der Biedermeierzeit.

flügel gehörten dazu, Obst und Kuchen als Nachspeise, und auch erlesene Importwaren fehlten als Leckerbissen nicht. Neben heimischen Weinen kamen Malvasier und italienische Weine zum Ausschank, und seit dem Beginn des 18. Jahrhunderts auch einige aus Ober- und Niederbayern oder Franken eingeführte Biersorten.

Zugleich besserten sich auch die Tischsitten. Bestecke und Servietten wurden aufgelegt, statt der Zinnbecher kamen Gläser zur Verwendung und später auch Teller und Schüsseln aus Porzellan. Der äußerliche Aufwand wirkte erzieherisch auf die Gäste, die größeren der Gasthäuser wurden zu Nobelherbergen, die sich eines guten Rufes erfreuten.

Garküchen, Pastetenbäcker und Speisewirte

Neben den Gasthäusern, die höchstens ein Vesper anboten, bestand im Mittelalter eine Reihe von Gassenschenken. Sie wurden von Bäckern oder Metzgern betrieben, die ihren Gästen warme Mahlzeiten vorsetzen konnten. Über den Umfang dieser Nebenbetriebe sind wir nur spärlich unterrichtet, weil die Bewirtschaftung und Abrechnung zusammen mit dem Hauptgewerbe – der Bäckerei oder der Metzgerei – erfolgte.

Aus anderen Städten ist bekannt, daß seit dem 15. Jahrhundert Pastetenbäcker tätig waren. Es waren »fliegende« Händler; mit einem Handkarren, der als Backofen eingerichtet war, zogen sie durch die Straßen und boten die leckeren, mit Fleisch oder Käse gefüllten Gebäcke an. Zwar ist zu vermuten, daß auch in Stuttgart dieses Gewerbe ausgeübt wurde, gesicherte Angaben gibt es darüber jedoch nicht.

Erst im 18. Jahrhundert tauchte die Bezeichnung »Traiteur« (Speisewirt) auf, und seitdem bilden die Speisewirtschaf-

ten eine eigene Abteilung der Gastronomie. Bald gab es etwa ein halbes Dutzend dieser Lokale, die sich neben den gut florierenden Schildwirtschaften behaupten konnten.

Bekannt war der Speisewirt Andreas Lastin, nach dessen Gasthaus das Lastinsgäßle benannt war. Der später in »Enge Straße« umgetaufte Verbindungsweg zwischen Stiftskirche und Bärenstraße bestand bis zur Zerstörung im Jahr 1944 und wurde nicht wiederhergestellt. Der Dichter Ludwig Uhland war Stammgast bei Lastin. Er berichtet über die Wirtsfamilie und das Schicksal der Tochter Christiane Sophie, genannt

Die Enge Straße 1890. In dem Haus rechts (»Eppinger«) betrieb Anfang des 19. Jahrhunderts der »Traiteur« Andreas Lastin seine Speisewirtschaft. Daneben das Stohrer-Haus, die einstige »Kleine Kelter«.

Nane, die mit dem Dichter befreundet war und 1815 in jugendlichem Alter starb. Die Speisewirtschaft lag etwa dort, wo sich heute der Hintereingang von Spielwaren Kurtz in der Sporerstraße befindet. Aus der Restauration von Lastin wurde die Gaststätte Eppinger, auch »Fischerstube« genannt, die als Weinlokal Beliebtheit bei den Zechern genoß.

Die Stadt lebt seit alters vom Weinbau

»Wenn man zu Stuttgart nicht einsammelte den Wein, so würde die Stadt in Wein ersäufet seyn.«

So rühmte ein Besucher aus Frankreich um 1740 die reich ausgefallene Weinlese und damit zugleich auch die Gastronomie, die diese Fülle zu nutzen wußte. Der Wein war in Stuttgart seit alters das Herzblut der Wirtschaft und das wichtigste Handelsgut, das die Kassen füllte. Die Hänge rings um die Stadt waren so dicht bestockt, daß die Mehrzahl der Bewohner vom Weinhandel leben konnte.

Dieser Bedeutung entsprechend, wurde seit 1236 Jahr für Jahr aufgezeichnet, wie die Lese ausgefallen war. »Viel und guter Wein«, »saurer und übelzeitiger Wein«, »ziemlich viel mittelmäßiger Wein«, »wenig, aber ein Ausbund von Wein« – so liest man es für Stuttgart in Karl Pfaffs »Württembergischer Wein-

Chronik«, die 1865 gedruckt erschien. Im Mittelalter gehörten die Weinberge allerdings nicht der Bürgerschaft, sondern den Regenten, adeligen Grundherrn und zahlreichen Klöstern. Aber die Wengerter (Weingärtner) wurden als Tagelöhner beschäftigt, die Fuhrleute lebten vom Weintransport, und zahlreiche Handwerker, vor allem Faßküfer, kamen zu ihrem Verdienst.

Der Weinhandel war zunächst spärlich, denn die Erträge dienten der Selbstversorgung des Hofes, der Grundherrn und der Klöster; dazu kam die Vergütung an die Werkleute, die mit Deputaten vor allem in Form von Wein abgefunden wurden. Erst seit dem Ende des 15. Jahrhunderts gingen Weinberge in den Besitz der Bürgerschaft über; der Strukturwandel des Ritterstandes und die Aufhebung der Klöster durch die Reformation im Jahr 1534 wirkten sich

auf die Änderung der Besitzverhältnisse aus.

Damit aber setzte der Weinhandel stärker ein, zumal die großen Kaufmannsgesellschaften den Austausch förderten. Die Fuhrleute, die Salz aus Reichenhall brachten, nahmen als Rückfracht gefüllte Fässer mit; andere Transporte gingen in die Hansestädte, nach Flandern und nach England. Durch Qualitätsverbesserungen kamen die württembergischen Weine zu einem guten Ruf. Die Gemahlin des österreichischen Erzherzogs Ferdinand schrieb anno 1526, daß sie »mit Neckarweinen gut versorgt, demnächst wiederum ins Kindbett« steige.

Aber auch mengenmäßig ergaben sich gute Herbste. Oft war der Wein so billig, daß sich mancher für einen Kreuzer einen Rausch antrinken konnte, zuweilen gab es nicht genug leere Fässer, um die Fülle des Rebensaftes zu bergen. Dann diente der Wein statt Wasser zum Kalkanrühren: Die Maurer versprachen sich davon eine größere Haltbarkeit.

Innerhalb der Stadt gab es ein Dutzend Keltern, so die »Große Herrschaftliche Kelter« (der spätere Fruchtkasten am Schillerplatz) und die 1448 gebaute »Kleine Herrschaftliche Kelter« an der Engen Straße.

»Im 18. Jahrhundert erbrachte die Ernte jährlich durchschnittlich einen Wert von mehr als anderthalb Millionen Goldmark, für die 16000 Seelen der Stadt eine bedeutende Einnahme. Den rund 700 Weingärtnerfamilien floß indessen weitaus das wenigste zu. Hof und Ehrbarkeit (Patriziat) hatten immer noch, auch nachdem ein Teil der Hofweinberge verkauft wurde, den Löwenanteil.« (Otto Borst)

Aber es gab auch schlechte Herbste. Die Stuttgarter Chronik berichtet oft genug über harte Fröste, die der Bestockung schadeten, und über Hagelschläge, die vernichtend wirkten. Wie oft werden geringe Ernten und saure Trauben registriert oder auch Zerstörungen in Kriegszeiten! Dann war die Not groß, weil das Volksgetränk teurer wurde oder gänzlich fehlte. Der Bierausschank in Gaststätten kam erst Anfang des 18. Jahrhunderts auf.

Die Verpanschung des Weines mit Wasser, Most oder Schnaps, das Beimischen von Zucker, Honig oder Fruchtsäften war zwar verboten, in Jahren mit schlechten Ernten aber sehr verbreitet.

Als die Geistlichkeit sich einmal über die verpanschten Weine beschwerte und den Herzog Ulrich bat, ihr einen besseren Rebensaft aus dem Schloßkeller zu schicken, erhielt sie den Bescheid: »Mitgesündigt, mitgebüßt!«

Oben: Die alten Weingärtner aus dem Bohnenviertel; ein Bild von 1913. — Mitte und unten: Das Weinbaumuseum der Küfermeister Georg und Adolf Schneider im Untergeschoß des Hauses Schmale Straße 11; in der Mitte der Urbanskeller mit Urbansklause, unten der Bacchuskeller mit Bacchuskunzel. Die Zeichnungen wurden im Jahr 1925 angefertigt.

Der Wein war seit alters nicht nur eine Konsumware, er wirkte sich auch kulturfördernd aus. Die Sankt-Urbans-Bruderschaft der Weingärtner bezeugte die mittelalterliche Frömmigkeit durch Stiftungen für die Kirchen; Weinstock und Trauben, aus Stein gemeißelt, waren beliebte Motive zum Schmuck von Bauwerken. Die Gasthausnamen »Rebstock«, »Traube«, »Faß« und »Becher« wiesen auf die Beziehungen zum Rebensaft hin.

Zum Spiegelbild historischer Weinbautradition wurde der »Bacchuskeller«, den der Küfermeister Georg Schneider und sein Sohn Adolf in den Gewölben des Hauses Schmale Straße 11 eingerichtet hatten, direkt unter dem damaligen Arbeitsamt. Dort standen Fässer und Faßböden mit geschnitzten Reliefs, die Bacchus und St. Urban ehrten, Geräte der Wengerter, Weinkannen, Becher und Humpen; allerlei Schmuckmotive aus älteren, nicht mehr bestehenden Gaststätten kamen dazu, und sogar eine Bacchuskanzel gab es zu sehen. An den Wänden hingen Bilder zum Thema und alte Urkunden, der Text eines Kellerrechtes aus dem 17. Jahrhundert und mancherlei Proben von Zecherpoesie.

Schon in den zwanziger Jahren war dieses Weinkabinett weit über die Grenzen Stuttgarts hinaus bekannt. 25 Pfennig betrug der Eintritt in diese »Katakomben der Weinseligkeit«. Nach dem Tod Adolf Schneiders übernahm die Stadt 1935 den »Bacchuskeller«, und nach einem Umbau wurde am 3. Mai 1937 das »Stuttgarter Weinbaumuseum«, wie es nun hieß, eröffnet.

Es dauerte keine zweieinhalb Jahre, da mußte das Museum zum Luftschutzkeller umfunktioniert werden. Ein Teil der Bestände ging wohl bei einem Bombenangriff verloren oder fiel späteren Plünderungen zum Opfer.

Während der einstige »Bacchuskeller« heute für städtische Versammlungen und Schießübungen der Polizei genutzt wird, wurde 1979 in der Uhlbacher Kelter, einem schönen Fachwerkbau, ein neues Weinbaumuseum eingerichtet. Als Grundstock dienten die Reste der Sammlung von Georg und Adolf Schneider. Neben einer vollständig eingerichteten Küferwerkstatt mit Werkzeugen, wie sie im 18. und 19. Jahrhundert in Gebrauch waren, kann man hier eine Fülle reizvoller Motive weinfroher Kultur bewundern, und die Probierstube lockt ebenso wie der Weinlehrpfad.

Als Zeugen der früher so großen Ernten blieben in Stuttgart einige umfangreiche Weinkeller erhalten. Die Gewölbe unter dem Alten Schloß bargen noch bis vor einigen Jahren die wohlgefüllten Fässer der Württembergischen Hofkammer; künftig wird eine Weinstube das Ambiente für sich nutzen. Einst stand dort ein Lagerfaß, dessen Inhalt von gut 33 000 Litern beim Deutschen Bundesschießen 1875 zweimal geleert wurde. Auch die Keller des benachbarten Prinzenbaus und des Stockgebäudes in der Königstraße, die heute anderen Zwecken dienen, wurden früher zur Lagerung von Wein genutzt. Nicht unerwähnt bleiben dürfen die Behälter im Ratskeller, die erhebliche Mengen Rebensaft enthalten, der aus stadteigenen Weinbergen stammt.

Das Große Faß im Alten Schloß wurde im Jahr 1593 gefertigt.

Wie St. Urban zum »Urbänle« wurde

Der Wirtestand und die Weingärtner hielten immer gute Nachbarschaft, weil sie aufeinander angewiesen waren. Manche Wirte besaßen sogar selbst einen Weinberg; alle profitierten jedoch vom Weinausschank und vom Weinhandel, der in früheren Zeiten in Stuttgart der wichtigste Wirtschaftsfaktor war.

Ein zunftähnlicher Zusammenschluß der Wengerter bestand wohl seit ältesten Zeiten, im Jahre 1518 kam eine St.-Urbans-Bruderschaft hinzu. Der heilige Urban wurde als Schutzpatron der Re-

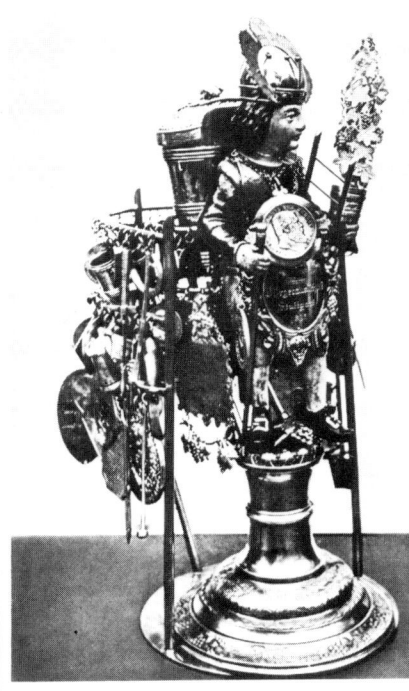

Der neue »Urbänlespokal«.

ben verehrt; die Bruderschaft hatte zu seinem Lobpreis einen der Seitenaltäre in der Stiftskirche anfertigen lassen.

Nach der volkstümlichen Überlieferung war es der spätere Papst Urban I. (gestorben 230) gewesen, der die ersten Reben im Neckartale angepflanzt hatte. Bilder und Plastiken zeigen ihn mit einer Traube in der Hand. Sein Namenstag am 25. Mai fällt in die Zeit der Weinblüte, und damit war das kirchliche Brauchtum verbunden. Die Urbanstraße und der gleichnamige Platz weisen auf die einstige Bedeutung des Urbanskultes hin.

Die Weingärtnerzunft, zahlenmäßig die stärkste der Stuttgarter Innungen, spielte im öffentlichen Leben früherer Zeiten eine wichtige Rolle. Bei Huldigungen und Empfängen, Fürstenhochzeiten und anderen festlichen Anlässen stellten die Wengerter die Geleite und die Wachen, auch bei politischen Kundgebungen bezeugten sie ihre Verbundenheit mit dem Regenten. Mit ihren Bütten und Zubern hatten sie außerdem im Falle eines Brandes für die Beschaffung von Löschwasser zu sorgen.

Einige der Zunftaltertümer blieben erhalten, darunter eine stattliche Weinkanne aus Zinn, 1774 hergestellt, die in den Besitz des Stadtarchivs gekommen ist. Besonderer Wertschätzung erfreute sich der Willkommensbecher der Zunft, der aus dem Jahre 1661 stammte. Er zeigt die Figur des »Urbänles« aus einer Rebwurzel geschnitzt.

Mit diesem Bildwerk war eine volkstümliche Überlieferung verbunden, die dem Brauchtum der Wengerter eine poesievolle Note gab. Eine alte Sage erzählt von einem Prinzen, der auf die Krone seines heidnischen Vaters verzichtete, weil er ein Weingärtner bleiben wollte, um dem heiligen Urban nachzueifern. So wurde er zum »Urbänle«, und zu seiner Darstellung, die ihn im Gewande der Winzer zeigt, gehörte eine Krone als Schmuck des Hauptes. Auf dem Rücken trug er die Kiepe, wie sie

zur Weinlese gehört; aber sie wurde als Pokal genutzt, um damit die Gottesgabe Wein besonders zu ehren. Fürstlichen Gästen und Würdenträgern wurde der gefüllte Willkommensbecher zur Huldigung angeboten; sie stifteten dafür allerlei wertvollen Zierat als Schmuck und Anhängsel für die Figur. Von Herzog Friedrich (1802) und König Wilhelm I. (1818) stammte je eine goldene Medaille. Außerdem war das »Urbänle« mit kleinen Arbeitsgeräten der Weingärtner verziert, die meist aus Gold oder Silber bestanden.

Dieser wertvolle Pokal ging im Jahre 1945 unter geheimnisvollen Umständen verloren; einige Indizien über den Verbleib sind vorhanden, darum wird noch heute mit detektivischem Spürsinn nach dem Kleinod geforscht. Inzwischen entstand ein neuer Urbänlespokal, dem verlorenen Vorbild entsprechend, den der Stuttgarter Winzerbund mit Argusaugen bewacht.

Das Brauchtum, das sich in früheren Zeiten um die Urbänlesfigur rankte, geriet allerdings in Vergessenheit. Bei den Kelterfesten wurde das Sinnbild der Wengerter geehrt, als wäre ihm die gute Lese zu verdanken. Wehe aber, wenn die Traubenernte gering und minderwertig ausfiel, dann mußte das Urbänle dafür büßen. Es wurde, als Popanz verspottet, in einen Brunnentrog geworfen. Denn nichts dünkt den Viertelesschlotzern eine ärgere Strafe, als Wasser in den Hals zu bekommen.

Der Kreislauf des Weines

Aus der Traube in die Tonne,
Aus der Tonne in das Faß,
Aus dem Fasse dann, o Wonne,
In die Flasche, in das Glas.
Aus dem Glase in die Kehle,
Aus der Kehle in den Schlund
Und als Blut dann in die Seele
Und als Wort dann in den Mund.

Aus dem Munde, etwas später,
Formt sich ein begeistert Lied,
Das auf Wolken durch den Äther
Mit der Menschen Jubel zieht.
Und im nächsten Frühling wieder
Fallen dann die Lieder ein,
Geh'n als Tau auf Reben nieder
Und sie werden wieder: Wein.

Dieses volkstümliche Gedicht kann man auf einem alten Tafelgemälde lesen, das die Probierstube des Weinbaumuseums in Stuttgart-Uhlbach schmückt.

Aus Kloster-Pfleghöfen wurden Weinstuben und Wirtschaften

Zwar besteht kein unmittelbarer Zusammenhang zwischen den mittelalterlichen Pfleghöfen, die einige Klöster in Stuttgart hatten, und der Gastronomie, aber die Gebäude blieben auch nach der Auflösung der Pfleghöfe erhalten und nahmen seit dem Beginn des vorigen Jahrhunderts oftmals kleine Gaststätten auf. Wegen ihrer zentralen Lage zwischen Marktplatz und Königstraße wurden sie viel besucht.

Der Weinbau, der seit alters an den Stuttgarter Talhängen betrieben wurde, hatte im Mittelalter einige schwäbische Klöster veranlaßt, Rebgärten zu erwerben und Keltern innerhalb der Stadt zu errichten. Die Pfleghöfe dienten dazu, die herbstliche Lese zu verarbeiten und darüber hinaus die Naturalabgaben aus dem Streubesitz der Klöster einzusammeln.

Keltern, Scheuern und Ställe wurden gebaut, Kapellen sowie Wohnstätten für den Pfleghofmeister und die Laienbrüder, die als Arbeitskräfte eingesetzt wurden.

Die Pfleghöfe besaßen bestimmte Privilegien. Dazu gehörte Steuer- und Zollfreiheit, eine eigene Gerichtsbarkeit und das Recht auf Geleitschutz. Sie unterstanden nicht dem Rat der Stadt, wohl aber dem herzoglichen Vogt. Außerdem besaßen sie das Asylrecht; sie konnten also Verfolgten Schutz und Rechtshilfe gewähren.

Das Haus des Verwalters diente zugleich als Herberge für den Abt und andere Gäste, die Wert darauf legten, mit der Residenz in Verbindung zu bleiben. Mit einiger Berechtigung sind darum die Pfleghöfe als Vorgänger der Gasthöfe anzusehen.

Vom Pfleghof des Klosters Lorch, unmittelbar bei der Stiftskirche an der Ecke Band- und Grabenstraße gelegen, blieb ein malerischer Wirtschaftshof erhalten. Küfermeister Gustav Lieb betrieb hier bis zum Jahre 1904 sein Handwerk, das in engem Zusammenhang mit dem Gasthauswesen stand. Das Hauszeichen über dem Torbogen zeigte Bacchus, auf einem Fasse reitend. 1944 wurde die Lorcher Kelter, ein mächtiger Bau, samt dem reizenden Hof zerstört; an ihrer Stelle entstand später ein Neubau, der zum Haushaltswarengeschäft Tritschler gehört und als Wandmalerei eine Zeichnung des aus dem 15. Jahrhundert stammenden Pfleghofgebäudes trägt.

Der Pfleghof des Klosters Herrenalb, an der Ecke Schmale und Turmstraße gelegen, ging im Jahre 1446 in den Besitz des Landhofmeisters Hermann von Sachsenheim über, der als Diplomat und Dichter zu Ruhm gekommen war. Seine Söhne Georg und Hermann veranlaßten 1478 den Bau eines Stadtpalastes, der, wenn auch verändert, bis 1944 bestand. An den Sohn Hermann, der ebenfalls Landhofmeister war, erinnert das Grabmal in der Stiftskirche aus dem Jahr 1508, auf dem er als betender Ritter dargestellt ist. Die Stadt erwarb das Haus 1537 und richtete darin die Stadtvogtei ein.

Hermann von Sachsenheim d. J. als betender Ritter in der Stiftskirche.

18

Seit 1737 bestand die Gaststätte »Zur Wagenmeisterei« (später »Unter der Mauer«), die unter dem Wirt Andreas Pfleiderer zu besonderer Beliebtheit kam. Er galt als urwüchsiges Original und wußte seine Gäste trefflich zu unterhalten. Er konnte gruselige Geschichten vom »Klopferle« erzählen, dem spukenden Hausgeist der Ritterfamilie, der im Schloß Sachsenheim sein Unwesen getrieben haben soll. Romantische Gefühle weckte der Besuch in der Probierstube, die der Wirt in den gewölbten, tiefen Kellern eingerichtet hatte. Dort standen noch einige altertümliche, große Lagerfässer, die bei jedem guten Weinherbst gefüllt wurden.

Pfleiderer war ein großer Feind des Rauchens. Auf einem Schild in seinem Lokal war zu lesen: »Das Mitbringen von Zigarren, Pfeifen und Hunden ist verboten.« Wer es trotzdem wagte, dem Tabakgenuß zu frönen, konnte erleben, daß Pfleiderer mit der Kohlenschaufel in der Hand an den Tisch kam und verlangte: »Da leget Se Ihren Schtinknagel drauf, daß i n en de Ofe schmeiße ka!«

Die Restaurierung des Bauwerks, die im Jahre 1906 erfolgte, ließ die malerische Architektur zu rechter Geltung kommen. Um so tragischer ist es, daß das Gebäude 1944 bei einem Bombenangriff in Schutt und Asche sank.

Die Weinberge, die das Kloster Bebenhausen an den Stuttgarter Hängen besaß, werden schon in einer Urkunde aus dem Jahr 1229 genannt. Die Zisterziensermönche hatten bereits 1286 eine Kelter erstellen lassen. 1457 wurde die ganze Anlage erneuert. Bei der Säkularisation im Jahr 1534 war der Bebenhäuser Klosterhof das größte klösterliche Anwesen in Stuttgart; es wurde nun von Herzog Ulrich aufgelöst und eingezogen.

Die Gebäude konnten als Wohnungen und Werkstätten verwendet werden, die Kirche diente den aus Frankreich eingewanderten Hugenottenfamilien als Gotteshaus, später der Gemeinde der Reformierten. Schließlich fand der Bau als Polizeigefängnis Verwendung. Eine Gaststätte kam um 1830 dazu, und in

das ehemalige Verwaltergebäude zog zwei Jahre später das Kriminal- und Stadtgericht ein. 1944 wurde auch dieses Anwesen mitsamt der Kneipe zerstört. Nach dem Abbruch der Ruine im Jahr 1953 entstand hier das »Dreifarbenhaus«, das einem anderen Zweck dient, als die klösterliche Tradition vermuten läßt. Die historische Bedeutung der Bauten hätte die Wiederherstellung erfordert; die Stadt wäre heute um ein ansehnliches Baudenkmal reicher.

Der »Adelberger Hof«.

Die Gastwirtschaft »Zum Adelberger Hof« entstand ebenfalls in der ersten Hälfte des vorigen Jahrhunderts. Mit ihrem Namen setzte sie eine klösterliche Tradition fort. Das an der heutigen Eberhardstraße gelegene Anwesen kaufte das Prämonstratenserkloster Adelberg im Jahr 1459 von dem Stuttgarter Richter Eberhard Walker und richtete es als Sitz für seinen Klosterpfleger ein. Mit der Reformation in Württemberg kam die Säkularisation, so daß der Klosterbesitz 1534 aufgehoben wurde. Das Gebäude wurde zum Teil umgebaut oder abgebrochen.

Als Gaststätte war der »Adelberger Hof« von 1910 bis 1925 im Besitz des Wirtes E. Wörwag. Unter dessen Ägide wurde das Anwesen im Jahr 1920 noch einmal umgebaut; dabei wurde unter einem Pfeiler ein vergrabener Schatz entdeckt, der aus einer goldenen Halskette und einer Anzahl Münzen bestand. Fünf Jahre später übernahm der Wirt Gustav Schukraft das Haus; fortan hieß der Gasthof nach der kleinen, heute überbauten Parallelstraße zur Eberhardstraße »Im Zwinger«.

Von der »Karawanserei« zum »Krempelesmarkt«

Wirtschaftsleben und Gastronomie – wie eng sie miteinander verbunden waren, zeigte einst die Hauptstätter Straße. Im Gegensatz zur enggebauten Altstadt bildete sie, 230 Meter lang und 21 Meter breit, ein großes Forum für den Transit- und Großhandel. Seit Mitte des 15. Jahrhunderts kamen die Fuhrmannswagen aus Augsburg, Nürnberg oder Straßburg; an beiden Seiten des Straßenzuges entstanden Ausspannhöfe, also Gaststätten mit Übernachtungsmöglichkeiten und mit Ställen für die Zugtiere.

Vor allem der Weinhandel florierte. Aus Reichenhall kamen Fässer voll Salz; Tuche und Leinwand schickte die Ravensburger Handelsgesellschaft, und Schmiedewaren lieferten die Hammerwerke. Händler und Ladenbesitzer kamen als finanzkräftige Einkäufer, Schlepper und Packer verstauten die Kisten, Säcke und Körbe, das Wirtschaftsleben blühte.

Und wer fleißig schaffte, wollte auch »veschpere«. So ließen sich in der Hauptstätter Straße zahlreiche Wirte nieder, die die hungrigen Mägen und durstigen Kehlen zu versorgen wußten.

Die »Krone« in der Hauptstätter Straße 2, an der Ecke zur heutigen Marktstraße. Auf dem Bild sieht man rechts im Hintergrund den »Gießhübel« über dem Nesenbach, der dazu diente, Kriminelle zur Strafe in das schlammige Wasser zu tauchen.

Anno 1594 wird das »Gasthaus zur güldenen Cron« erstmals erwähnt. Es befand sich am unteren Ende der Hauptstätter Straße, wo später der Holzmarkt abgehalten wurde, an der heutigen Ecke Markt- und Hauptstätter Straße, gegenüber vom Breuninger-Hochhaus. Alte Stiche zeigen einen stattlichen Barockbau mit hohem Mansarddach; ein geräumiges Haus also, das zahlungsfähige Gäste aufnahm. 1790 übernahm ein Wirt namens Schnell das Lokal, dessen Sohn Christoph Friedrich Schnell vier Jahre später weiter oben in der Hauptstätter Straße ebenfalls ein Wirtshaus eröffnete, das »Gelbe Haus«. Kronenwirt Schnell scheint seine Gaststätte zunächst nur gepachtet zu haben, denn das Adreßbuch von 1794 nennt einen Metz-

ger Johann Friederich Krauss als Hausbesitzer.

Nach dem Tod des Kronenwirts 1807 wurde das Haus umgebaut, und Apotheker Betulius eröffnete in den ehemaligen Galeräumen die Kronenapotheke, die bis 1901 hier bestand.

Aber die »Krone« war nicht die einzige Restauration in der Hauptstätter Straße. In der Nachbarschaft bestand der »Goldene Ochsen«, der als Stammlokal von Friedrich Schiller zu seiner Bedeutung kam (siehe Seite 79 ff.). Außerdem gab es den »Storchen«, die »Drei Könige« und einige Gassenschenken, deren Namen – wenn sie überhaupt welche hatten – vergessen sind.

Nicht vergessen war damals jedoch die »Krone«: Einige Häuser oberhalb des historischen Standorts, in der Hauptstätter Straße 28, dem Nebenhaus des »Goldenen Ochsen«, eröffnete ein knitzer Wirt in der zweiten Hälfte des letzten Jahrhunderts ein Gasthaus und nannte es ebenfalls »Krone«. Im Jahre 1888 gerieten sich die beiden Wirtsnachbarn kräftig in die Haare. Das Haus der neuen »Krone« stand nämlich etwas schräg, so daß sich zum »Ochsen« hin ein Rücksprung ergab. Hier hatte der »Ochsen« seitliche Fenster, von denen aus man in Richtung Waisenhaus sehen konnte. Der Überlieferung nach war der Platz an diesem Fenster im Obergeschoß Schillers Lieblingsplatz gewesen. Als nun der Kronenwirt die Schräge seines Hauses durch einen Vorbau ausgleichen

Gasthaus zur Crone.

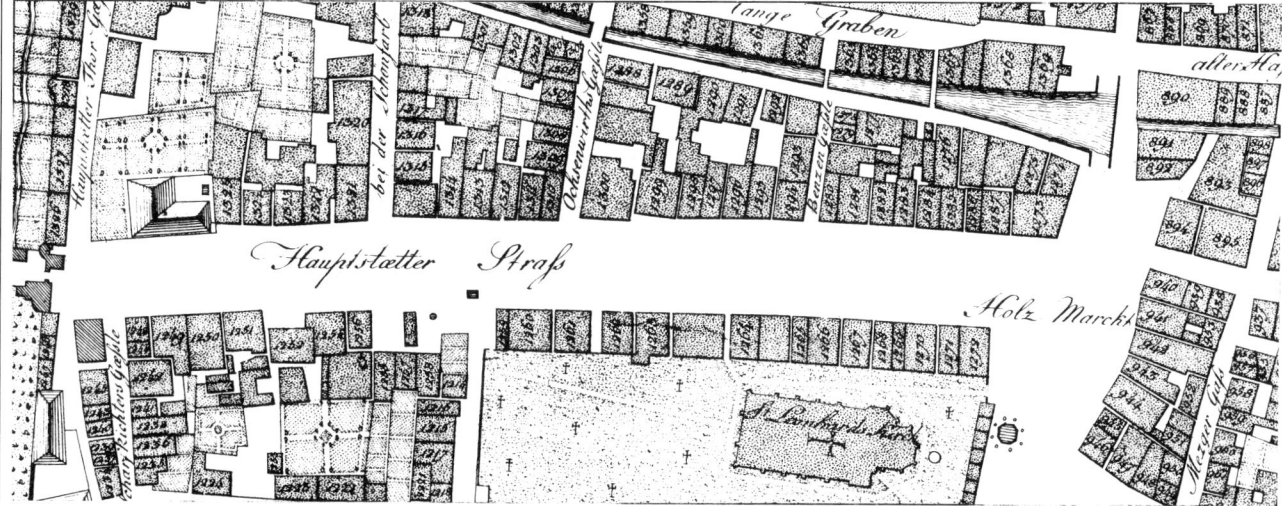

wollte, strengte der Ochsenwirt einen Prozeß dagegen an. Doch er unterlag,

Ausschnitt aus einem Stadtplan von 1794. Haus Nummer 1273 bezeichnet die »Güldene Cron«, Nummer 1300 den »Goldenen Ochsen«, Schillers Stammlokal.

der Vorbau wurde ausgeführt, und beide Lokale bestanden in dieser Form bis zur Zerstörung der ganzen Häuserzeile im Zweiten Weltkrieg.

Die Gasthäuser an der Hauptstätter Straße konnten sich über mangelnden Zuspruch nie beklagen. Die Fuhrleute,

Die Hauptstätter Straße mit dem Sigmund-Brunnen um 1900. Das dritte Haus von links war der »Goldene Ochse«, rechts daneben die (neue) »Krone«.

Händler und Arbeiter, die der Straße das Gepräge einer fernöstlichen Karawanse-

rei gaben, waren Stammgäste. Seit die Eisenbahnzüge rollten, blieben zwar die großen Frachtwagen aus, aber dafür setzte der Markthandel ein. Bäuerliche Fuhrwerke nutzten den breiten Raum als Abstellplatz, und die Ausspannhöfe erwiesen noch immer ihre Zweckmäßigkeit.

Zudem war die Hauptstätter Straße das Zentrum der Boten. Ältere Männer und rüstige Weiblein waren als Kuriere tätig, um Stadt und Land miteinander zu verbinden. Sie beförderten Briefe und Pakete, besorgten Einkäufe für die Landfrauen und belieferten die Werkstätten und Küchen mit Schneflerwaren, Zunderschwämmen und Leinöl. Unweit der Leonhardskirche stand die Botenhalle als Vermittlungsstube; andere Boten hatten feste Absteigequartiere und fahrplanmäßige Ankunfts- und Abfahrtszeiten. 15 solcher Botenstützpunkte gab es um 1860 in der Hauptstätter Straße.

Unter das geschäftige Volk mischten sich auch die »Leonhardsschlamper«, Gelegenheitsarbeiter, die immer nur dann schafften, wenn Durst und Hunger sie zur Arbeit trieben. Als Stammkundschaft der kleinen Beizle führten sie ein bescheidenes Leben bei Griebenwürsten und Backsteinkäse, billigem Wein und Tresterschnaps.

Zum malerischen Eindruck trugen auch die Seitengassen bei, in denen sich

Der Leonhardsplatz mit dem Nachtwächterbrunnen um die Jahrhundertwende.

allerlei kleine Läden angesiedelt hatten, die neben einfachem Hausrat mancherlei alten Kram anboten, außerdem Bilder, Bücher, billigen Schmuck, Uhren und Kleinmöbel. So kam der »Krempelesmarkt« zu seinem Namen. Es fehlten auch einige Originale nicht, die, wie der »Krabbadusel«, mit allerlei Streichen die Müßiggänger zu unterhalten wußten.

Eine Insel der Kuriositäten war das Bohnenviertel, dem die Schnüre der zum Trocknen aufgehängten Schnittbohnen das Gepräge gaben.

»Klopf nicht an!«

Herzog Ulrich von Württemberg, ein vielgeprüfter, Kummer gewohnter Regent, ließ um das Jahr 1540 ein Weinfaß zimmern, das 84 000 Liter aufnehmen konnte und das er als »Mein liebstes Buch, Ursprung und Quelle eigentümlicher Weisheit« bezeichnete. Die Meisterstücke aus den Küferwerkstätten hatten immer schon ihre besondere Bedeutung für den Rebensaft. Das würzige Eichenholz gab dem Wein das besondere »Gschmäckle«, es verhalf ihm zum begehrten »Bodagfährtle«, von den Kennern geschätzt, und auch zu längerer Haltbarkeit.

In der Reifezeit, in der das Poltern und Rumoren der Gärung deutlich zu hören war, entstanden bei den Kellermeistern seltsame Vorstellungen über die »Wein-

Der Weinlagerkeller im zweiten Rathaus, das 1905 eingeweiht wurde.

geister«, die damit ihr Wirken verkünde-
ten. Die »Kellerrechte« bezeugen, daß es
Besuchern verboten war, die Geister
durch Anklopfen zu stören und damit zu
vertreiben.

»Klopf nicht an, sonst bist du dran«,
mahnte einer der Paragraphen, und ein
anderer warnte: »Den Schlag mit dem
Bandmesser duld', wenn du es ver-
schuld'.« So streng waren die Bräuche,
wer sich nicht still und gesittet im Weinkeller benahm, den strafte der Kellermei-
ster mit derben Schlägen.

Um die Weingeister freundlich zu
stimmen, wußten die Küfer die Faßböden kunstvoll zu verzieren. St. Urban,
der Schutzpatron der Winzer, war ein
beliebtes Motiv, auch St. Kilian oder der
heilige Othmar wurden bemüht, ihren
Segen zu spenden. Wappenschmuck und
Sinnbilder der Gastwirte (Stern, Weinkanne und Laterne) gehörten dazu und
mancherlei weinfrohe Spruchweisheiten.

Die Eingangshalle des Stuttgarter
Ratskellers ziert ein als Wandschmuck
angebrachter Faßboden, der darstellt,
wie ein Weinpanscher bei seinem ver-
derblichen Tun erwischt und von einem
Polizisten ins Gefängnis gebracht wird.

Kellerrecht des Alten Schlosses (1734)

Gleichwie ein Jeder Sieht und Weyst
Dass dieser Keller fürstlich Heist,
So wird er, Wann Man ihn drei führt
Auch seyn und Thun wie Ihm gebürth;
Dem aber der Nicht Dran Gedenckt
Ist diese Taffel uff Gehengt,
Damit er sein gezimet Wesen
Mög auff den Ersten Staffeln Lesen:
Man soll Nicht grob seyn und zu Frey
Dass einer Zanke, Fluch und Schrey,
Hier Pfeiffe Oder Zotten Reyss
Und sich vergeh Uff andre Weyss
Mit Fingern Klopfen an ein Fass
Ist nicht erlaubt im Ernst und Spass
Sonst gibt Man ihm dass Keller-Recht
Er sey Fürst, Graff Herr oder Knecht
Drum muss er Leiden mit gedult
Wenn dass band Messer er ver Schult
Doch dem ein Trunck Zu Dinsten Stehet
Der auss und ein bescheiden gehet.

Trara, die Post ist da!

Beim Klang des Posthorns spitzten in
früheren Jahrhunderten die Leute ihre
Ohren, denn da gab's reizvolle Bilder zu
sehen, Fremde, die von weither kamen
und die vor allem Neuigkeiten mitbrach-
ten von dem, was in der Welt geschah.

Stuttgart hatte allerdings lange keine
eigene Poststation. Das württembergische Hauptpostamt der Thurn- und Taxisschen Postverwaltung befand sich
vielmehr in Cannstatt, alle Briefe von
Stuttgart wurden zunächst per Boten
dorthin transportiert — soweit sie nicht
mit der »Metzgerpost« befördert wurden. Denn die Zunftmeister, die zu Vieh-
aufkäufen über Land fuhren, nahmen gegen eine kleine Entschädigung Briefe
und Pakete mit in die Orte der Umge-

bung. Außerdem bestanden die Kurier-
post der Regenten, Botendienste der
Klöster, die in Stuttgart ihre Pfleghöfe
hatten, und schließlich die »Botten«,
meist ältere Leute, die die Verbindung
zu den umliegenden Dörfern herstellten.
Dazu kamen die seit 1683 verkehrenden
Landkutschen, die nach Ludwigsburg,
Heilbronn, später auch nach Heidelberg
und Nürnberg fuhren.

Ein Versuch mit einem ständigen
Postkurs von Stuttgart aus scheiterte im
Jahr 1691. Erst 1703 errichtete der
Cannstatter Thurn- und Taxissche Post-
meister Johann Caspar in Stuttgart eine
Posthalterei und eröffnete eine regelmä-
ßige Postverbindung von Stuttgart über
Cannstatt nach Schaffhausen. Diese

Posthalterei befand sich gegenüber der
Stiftskirche in der Grabenstraße 7, einer
Parallelstraße zur heutigen Stiftstraße.
Die Casparsche »Brief-Distribution«
wurde 1705 in ein offizielles Thurn- und
Taxissches Postamt umgewandelt, nach
Einführung der Württembergischen
Landpost 1710 aber wieder aufgehoben.

Ein Gebäude aus dem 16. Jahrhundert, das vor dem Oberen Tor bei der
Schellenwette, einer Pferdeschwemme,
lag, wurde 1726 als neue, große Poststation eingerichtet. Der Postplatz auf dem
Gebiet des heutigen Rotebühlplatzes
war groß genug für den ständig lebhafter werdenden Postkutschenbetrieb.
1799 wurde die Schellenwette aufge-
füllt, im Jahr 1820 ein von Hofbaumeister Thouret entworfener Brunnen errichtet und 1833 das alte Postgebäude
durch einen Neubau ersetzt.

1851 wurde die Thurn- und Taxissche
Post verstaatlicht, und das Postamt kam
in die ehemalige Feldjägerkaserne am
Schloßplatz, in die Nachbarschaft des
1846 eröffneten Bahnhofs. Die Zeit der
romantischen Postkutschen war vorbei.
Das ehemalige Postgebäude diente nun
als Sitz des Kultusministeriums, später
des Oberkirchenrats, und der Platz davor wurde in »Alter Postplatz« umbenannt.

Von Anfang an waren Post und Gastronomie verbunden. Die Reisenden
bedurften einer Herberge, und die neugierigen Ortsansässigen vertrieben sich
die Wartezeit gern mit einem Becher
Wein.

So entstand im Haus der ersten Post-
stelle in der Grabenstraße die »Alte Post-
Stiftsstube«, die ihren Namen auch davon herleitete, daß sich die Häuser in der
Grabenstraße ursprünglich im Besitz der
Stiftsherren befunden hatten. Zwar blieb
die Poststation nicht lang in diesem Gebäude, die Gaststätte aber zehrte von
der Tradition. Um sie den Besuchern
recht deutlich vor Augen zu führen,
zeigte die Fassade noch in den dreißiger
Jahren unseres Jahrhunderts das romantische Bild einer Postkutsche von anno
dazumal. Auch die Innenräume enthiel-
ten mancherlei Andenken an den Reiseverkehr in früheren Zeiten. Dazu ge-

hörte eine altertümliche Spieluhr mit Trompetenklängen und dem Stoßseufzer der Postillione: »Ach du mein lieber Gott, / muß ich schon wieder fort / auf die Chaussee, / ach du mein je!«

Das romantische Interieur trug sicher mit dazu bei, daß das Wirtshaus immer gut besucht war und als besonders gemütlich galt. Zu den Gästen zählte im Jahr 1937 auch der ehemalige englische König Eduard VIII., der kurz zuvor abgedankt hatte. Leider fiel das Haus im Jahre 1944 Bombenangriffen zum Opfer, und heute erinnert nichts mehr an dieses so reizvolle Idyll.

Die Wirte wußten die Vorteile, die der Reiseverkehr mit sich brachte, wohl zu schätzen, und die Postverwaltung nutzte die Betriebsamkeit der Gaststättenbesitzer, die zumeist als Posthalter

Oben links: Die »Alte Post-Stiftsstube« um 1920, vom Turm der Stiftskirche aus gesehen. – Oben rechts: Dasselbe Gasthaus um die Jahrhundertwende.

fungierten. So war es auch am Stuttgarter Postplatz, wo der Oberpoststallmeister Friedrich Wilhelm Reinöhl im Jahr 1780 das Hotel »Zum Waldhorn« errichten ließ. Der Wirt gehörte zum Freundeskreis des Dichters Schubart. Unter seinem Nachfolger, dem königlich-württembergischen Oberpoststallmeister Andreas Vogelwayd, verkehrten zahlreiche Künstler und Schauspieler im »Waldhorn«. 1817 übernahm der fettwanstige Oberpoststallmeister Gottlob Ernst Teichmann das Lokal. In dieser Zeit war Wilhelm Hauff Redakteur beim Cottaschen »Morgenblatt für gebildete Stände« und Stammgast im »Waldhorn«.

Stammtischgeschichten über einen Justizrat, den angeblich im gegenüber-

Eine Postkutsche auf dem Weg von Cannstatt nach Stuttgart. Im Hintergrund das Mineralbad Berg.

24

Das geschmiedete Schildzeichen der »Alten Post« in der Friedrichstraße.

liegenden Gebäude der Teufel geholt hatte, regten den Dichter dazu an, seinen Roman »Aus den Memoiren des Satans« zu verfassen. Sowohl dem feisten Wirt als auch dem Gasthof setzte er damit im Jahr 1825 ein literarisches Denkmal.

Den illustren Gästekreis im »Waldhorn« wußte der Maler Franz Seraphim Stirnbrand zu schätzen, der dort manchen zahlungskräftigen Auftraggeber fand, der sich porträtieren ließ.

Nach dem Tode Teichmanns 1827 betrieb seine Witwe das Lokal noch sieben Jahre weiter, dann verkaufte sie

Der »Badische Hof«, das einstige »Waldhorn«, kurz vor dem Abriß 1936.

das Haus an den Hotelier Albisser. Dieser veräußerte das Gebäude weiter, behielt sich aber das Recht an dem Namen vor. Der Wirt Peter Firnhaber war es, der das Haus von Albisser erwarb und unter dem Namen »Badischer Hof« weiterbewirtschaftete.

Albisser selbst eröffnete auf der anderen Seite des Postplatzes, direkt neben der Poststation, eine neue Gastwirtschaft unter dem alten Namen »Waldhorn«. Den zahlreichen russischen Gästen zu Ehren taufte er es später in »Hôtel de Russie« um. 1863 stellte der Gasthof seinen Betrieb ein; das Haus ging in den Besitz des Staates über.

Aber der »Badische Hof« bestand weiter. Dort kam 1897 eine Gruppe übermütiger Zecher zusammen, um die Fasnet zu feiern. Dazu dachten sich die Witzbolde einen besonderen Spaß aus: Sie mieteten einen Möbelwagen, beluden ihn mit einem Klavier und etlichen vollen Fässern, und fuhren damit singend und lärmend durch die Straßen, um die Leute mit ihrer guten Laune anzustecken. Dieser Einfall fand begeisterte Zustimmung, die »Karnevalsgesellschaft

Möbelwagen« wurde gegründet, und sie sorgt seither dafür, daß die Fasnet schwungvoll gefeiert wird.

Der »Badische Hof« wurde nicht, wie so viele Gebäude in der Innenstadt, im Zweiten Weltkrieg zerstört, sondern er mußte schon 1936 der Straßenverbreiterung weichen.

Zu den Gasthöfen, die vom Postkutschenverkehr profitierten, gehörte auch der »Römische Kaiser«, in dem Goethe abstieg, als er 1797 Stuttgart besuchte (siehe Seite 87 ff.). Das Hotel bestand bis 1826.

Zur Nachbarschaft zählte auch das Gasthaus »Zum Kronprinzen«, direkt am Postplatz gelegen, das spätere Stammhaus von Radio Barth (vergleiche das Bild auf Seite 102 oben).

Dazu kam später die Weinstube Widmann.

Die Anziehungskraft der Post nutzten findige Wirte, auch wenn ihr Lokal mit der Post eigentlich gar nichts zu tun hatte. So gab es ein »Post-Hotel«, ein »Post-Restaurant«, ein Wirtshaus namens »Postkutsche« und ein Lokal »Zum Postmichel«, das heute noch besteht. Dieser Name knüpft an eine seit alters erzählte Sage an, die sich um das »Postmichel-Kreuz« rankte, das an der Esslinger Steige (heute obere Wagenburgstraße) steht. In Esslingen wurde dem Postmichel sogar ein Denkmal gesetzt.

»Für allemal soll die Sudeley abgetan seyn«

Die bierfrohe Nachbarschaft Bayerns konnte die Schwaben nicht verleiten, dem geliebten Rebensaft untreu zu werden. Vor allem wehrten sich die Landstände gegen die gefährliche Konkurrenz des Gerstensaftes. Mancherlei ungute Eigenschaften wurden dem Bier nachgesagt, der Wein hingegen galt als edle Gottesgabe. Daß sich der Rebbau zuweilen als unzuverlässig erwies und nach guten Herbsten oft schlechte Ernten kamen, mußte geduldig hingenommen werden.

Aber die Not war groß, wenn mehrere Mißernten einander folgten; wie sollten die durstigen Seelen dann gelabt werden? Die Überlieferung berichtet, daß die bayerischen Fuhrleute, die Salz ins württembergische Land brachten, ein paar Fässer Bier einschmuggelten und daß nach dem Jahre 1600 einige kleinere Bierbrauereien in Blaubeuren, Heidenheim und Urach entstanden. Aber prompt erfolgte ein herzogliches Verbot für diese »Sudeley«, das jedoch kaum beachtet wurde. Darum mahnten die Landstände als Vertreter der Grundherrschaften, der Städte und Gewerbe in den Jahren 1615 und 1656 sehr energisch, das Bierbrauen zu unterlassen.

In Stuttgart wird erstmalig im Jahre 1640 eine kleine Bierbrauerei erwähnt, aber sie bestand nur für einige Jahre. Ob sie den Verboten zum Opfer fiel oder ob das Erzeugnis von so geringer Qualität war, daß es keine Abnehmer fand, wissen wir nicht. Aber die herzogliche Hofhaltung hatte daran Geschmack gefunden – nicht am Bier, sondern an der Einnahme aus Steuern, mit denen das Getränk bedacht werden konnte. Mehr noch, wenn schon gebraut wurde, dann sollte das herzogliche Monopol dafür gesichert bleiben.

Das »Herrschaftliche Bierhaus« vor dem Seeltor, in der heutigen Tübinger Straße, um 1835.

Im Lustgarten wurde im Jahr 1642 eine herrschaftliche Brauerei eingerichtet. 1644 kam eine »Allgemeine Bierordnung« heraus, um die Qualität der Erzeugnisse zu regeln. Die Brauerei erbrachte wohl nur spärliche Erträge, weil die Bürgerschaft den Genuß der Erzeugnisse ablehnte. Keines der Gasthäuser fand sich bereit, Bier an die Gäste auszuschenken.

1663 wurde die Bierbrauerei, mit Rücksicht auf die Wengerter, ganz verboten; nach zwei schlechten Weinjahren 1674/75 hob man das Verbot jedoch wieder auf. Zur Brauerei im Lustgarten gesellte sich 1686 eine zweite herrschaftliche Brauerei, die man vor dem Seegassentor errichtete, das etwa an der Kreuzung Bolz-/Friedrichstraße stand.

Zwanzig Jahre später war nur noch einer der Betriebe im Gange, er war von dem »Herzoglichen Bier-Admodiateur« Johann Wagner gepachtet, der recht erfolgreich wirtschaftete und dem Hof jährlich 1500 Gulden Steuern zahlte.

Im Jahre 1709 wurde im Gasthaus »Goldener Becher« erstmals öffentlich Bier ausgeschenkt (siehe Seite 60).

Die Wagnersche Brauerei muß floriert haben. Mit herzoglichem Monopol ausgestattet, baute Wagner 1715 vor dem Seeltor in der heutigen Tübinger Straße die erste große Bierbrauerei und verlegte seinen Betrieb dorthin. 1719 wurden als Pächter die Gebrüder Lottich genannt, die bei Hof vorsprachen und um Herabsetzung der Pachtsumme baten, weil der Herzog selbst sein eigenes Monopol durchbrach. Aus Göppingen ließ dieser nämlich Woche für Woche zwei Eimer Bier kommen (1 Eimer = 300 Liter); dadurch ging der Absatz der Herrschaftsbrauerei auf nicht einmal 6 Eimer pro Woche zurück.

Erwähnenswert ist, daß damals Bier teurer war als Wein; die Maß (1,8 Liter) kostete 5 bis 6 Kreuzer, während Wein in besseren Jahren für 3 bis 5 Kreuzer zu haben war.

In schlechten Zeiten müssen sich die Zecher wohl oder übel mit dem neuen Getränk abgefunden haben. Vor allem Soldaten und Handwerksgesellen waren es, die dem Gerstensaft zusprachen.

Im Jahre 1793 beantragten einige Stuttgarter Bürger bei der Rentkammer, der Verwalterin der herzoglichen Einkünfte und Rechte, eine Konzession zum Bierbrauen, weil der Weinmangel infolge eines Fehlherbstes sich unliebsam auswirkte. Aber die Bittsteller wurden abgewiesen. Der Rat der Stadt nahm sich des Anliegens an und beauftragte den Hofgerichtsadvokaten Knapp mit der Einreichung einer Klage gegen die Rentkammer. Deren Vertreter war der Kanzleiadvokat Schott.

Nun wurde jahrelang verhandelt. Knapp führte die verschiedenen Unternehmungen in Stuttgart und andernorts an, die seit Beginn des 17. Jahrhunderts in so manchem Jahr Bier gebraut und ausgeschenkt hatten, ohne daß ein

Widerspruch erfolgt wäre. Schott aber verteidigte die Rentkammer, die das Bierbrauen als Reservatrecht des Landesherrn bezeichnete und das Monopol für maßgebend hielt.

Die Entscheidung des Hofgerichts fiel zugunsten der Kläger aus; 1798 wurde das herzogliche Monopol aufgehoben. Seither gilt das Bierbrauen als bürgerliches Gewerbe, vorausgesetzt, daß es dem Handwerksrecht entsprechend betrieben wird, also eine Ausbildung von Lehrlingen mit Gesellenprüfung, Wanderzeit und Meisterprüfung erfolgt.

Der Gründung von weiteren Bierbrauereien stand nun nichts mehr im Wege, und prompt schossen gleich drei davon aus dem Boden.

Schon Bier-Admodiateur Wagner hatte seiner herzoglichen Brauerei in der Tübinger Straße ein Lokal angegliedert, das »Herrschaftliche Bierhaus«. Bald nach 1800 ging die Gaststätte in den Besitz des Brauers Johann Jakob Denninger über, ihm folgte als Besitzer sein Schwiegersohn Franz Bardili. 1886 übernahm die Brauerei Tivoli das Haus, die darin bis 1889 eine Bierhalle betrieb.

Werbeanzeigen von Stuttgarter Brauereien aus den zwanziger Jahren.

Dann ließ sie das Haus abreißen, errichtete einen Neubau und eröffnete 1891 einen Bierausschank mit dem Namen »Deutsches Haus«. Als »Tübinger Hof« blieb die Gaststätte bis an die Schwelle unserer Tage erhalten. Gegenwärtig befinden sich dort, in der Tübinger Straße 17, ein türkisches Vergnügungslokal und ein Nachtclub.

Noch heute spricht man zu Recht vom »Honoratiorenviertele«, nicht von der »Honoratiorenhalben«. Ein kleiner Rest des Vorbehaltes, den man früher gegen das Bier hatte, hat sich erhalten. Noch Mitte des 19. Jahrhunderts war es für einen »soliden Bürger« undenkbar, in einem Lokal Bier zu trinken; Ausnahmen gab es höchstens beim Besuch von Gartenwirtschaften.

Dessenungeachtet nahm der Bierkonsum seit Beginn des vorigen Jahrhunderts ständig zu. Dies führte zur Grün-

Ein Gespann der Brauerei Rettenmeyer-Tivoli, die später in der Stuttgarter Hofbräu AG aufging.

27

Saalbau und Garten der Brauerei Dinkelacker, Stuttgart

dung mehrerer Brauereien. Als größter Bierkeller der Stadt wurde die Gaststätte »Zur Weißenburg« bezeichnet. Der Braumeister Johann Jakob Denninger, vorher Besitzer des »Herrschaftlichen Bierhauses«, eröffnete ihn im Jahre 1832 in der Olgastraße 93, also etwas unterhalb des eigentlichen Weißenburggeländes. Der große Wirtschaftsgarten war sehr beliebt. In diesem Lokal fand im Jahre 1834 der Festabend des Deutschen Naturforscher- und Ärztetages statt.

Bereits im Jahre 1803 hatte der Brauer J.M. Leins seine Biersiederei an der Rotebühlstraße eingerichtet. Die Brauerei ging später in den Besitz seines Schwiegersohnes Johann Christoph Hackh über, der den Betrieb erweiterte und als Gaststätte mit Saalbau »Zum Herzog von Württemberg« weiterführte. Der »Liederkranz« bevorzugte dieses Lokal, bis der Neubau der Liederhalle im Jahre 1864 bezogen werden konnte (vergleiche auch Seite 92). Die Hackhsche Brauerei mit der Gaststätte »Herzog Karl«, wie der Volksmund das

Stuttgarter Brauereigaststätten. Oben: Dinkelacker in der Tübinger Straße, um 1900. – Unten links: Die »Bräuhaus Schenke« von Hofbräu im Gebäude der ehemaligen Württembergisch-Hohenzollerischen Brauereigesellschaft in der Böblinger Straße, um 1930. – Unten rechts: Die »Stuttgarter Bürgerhalle« von Wulle in der Neckarstraße, um 1910.

Lokal nannte, bestand bis 1879; dann ging das Grundstück in andere Hände über.

Durch Umbau verwandelte der Brauer F. Heygis eine alte Mühle, die am Nesenbach stand, im Jahre 1813 in eine Bierbrauerei. 1830 verkaufte er sie an den Brauer Koppenhöfer; ihm folgte 1887 als Brauereibesitzer Carl Dinkelacker. Noch heute besteht die Brauerei Dinkelacker mit einer Brauereigaststätte an der Tübinger Straße.

An der späteren Olgastraße wurde 1823 die Aktien-Brauerei eröffnet, deren große Gartenwirtschaft viele Besucher anzog. Aber sie bestand nicht lange; die

Spötter deuteten die Bezeichnungen WSON der Windfahne als »Wir sieden ohne Nutzen«.

Der Brauer Paul Kolb gründete 1844 eine Brauerei am Fuße der alten Weinsteige. Zu ihr gehörte das Gasthaus »Zur goldenen Traube« (siehe Seite 68/69).

Neben einigen kleineren Biersiedereien bestanden die Tivoli-Brauerei an der früheren Militärstraße, die Brauerei Wulle (1859 gegründet) an der Neckarstraße und seit 1872 die Brauerei Münz an der Böblinger Straße mit dem »Englischen Garten«. Nach dem Zusammenschluß mit einigen anderen Betrieben entstand 1923 aus der Brauerei Münz die Stuttgarter Hofbräu AG.

Die Brauerei Robert Leicht (»Schwaben Bräu«) wurde 1876 außerhalb Stuttgarts in Vaihingen auf den Fildern gegründet, das damals noch nicht eingemeindet war.

Zu erwähnen ist auch die Weißbierbrauerei Sanwald, Silberburgstraße 157, mit einer Gaststätte, die seit 1905 besteht. Ihr geschmiedetes Schildzeichen entspricht der Wirtetradition.

Zu den seit dem Anfang des vorigen Jahrhunderts bestehenden Brauereigaststätten kamen später zahlreiche Bierschankhäuser hinzu. Besondere Erwähnung verdient das damalige Hotelrestaurant Michoud, Lindenstraße 5 (heute Kienestraße), das sich als »erster und ältester Ausschank des Pilsener Bieres in Stuttgart« bezeichnete.

Kaffeehäuser als Stiefkinder der Gastronomie

In Wien war es angeblich der pfiffige Spion Kolschitzky, der den Inhalt der Säcke voll grüner Bohnen, von den flüchtenden Türken zurückgelassen und als Kamelfutter gedeutet, einer profitablen Verwendung zuführte. Geröstet und gekocht ergaben die Früchte den aromatischen Trank, der, mit Zucker und Sahne bereichert, sich als recht wohlschmeckend erwies. So entstanden, wenn man der Legende glaubt, die Wiener Kaffeehäuser.

In unserer Stadt hatten einige magere Herbste in den Jahren nach 1700 den

Die Damengesellschaft im »Café de dames« im Königsbau um 1870.

Weinzähnen große Sorgen bereitet; der geliebte Trank war knapp und teuer.

Was gab es sonst, um die Kehlen zu laben? Im »Goldenen Becher« wurde erstmals im Jahre 1709 das schäumende Bier ausgeschenkt, das, wenn auch vermutlich mit einiger Skepsis getrunken, den Zechern schmeckte. Aber als 1712 das erste Kaffeehaus seine Pforten öffnete, waren die Gäste enttäuscht – das war kein Trank, der sich mit Wein oder Most hätte vergleichen lassen.

Die ältere Literatur erwähnt David Ulrich Aulber als Besitzer des Lokals, aber nachweisbar ist nur, daß er 1740, bei seinem Tode, als Cafétier bezeichnet wurde.

Vermutlich war Sigmund Andreas Beck der Inhaber des ersten Kaffeehauses. Er wird bereits 1694 als fürstlicher Hofcafétier erwähnt, denn die herzogliche Küche schätzte seit dem Ende des 17. Jahrhunderts den Türkentrank, der seine Verbreitung von London und Paris aus gefunden hatte.

Neben dem Alten Schloß, an der späteren Dorotheenstraße, öffnete dieses erste Café Stuttgarts seine Pforten. Aber gute Geschäfte mit der Kaffeesiederei blieben aus. Die Besitzer wechselten häufig; zudem waren sie auch nur im Nebenberuf als Cafétiers tätig.

Dennoch entstand 1739 in der Hirschgasse ein zweites Kaffeehaus, das

Café & Restauration von A. Kober in Stuttgart

Blick von der Königstraße zum »Café Kober« in der Schulstraße 18/20, um 1850.

vermutlich von dem bisherigen »Traiteur der fürstlichen Haustruppen«, G. Lazaro, betrieben wurde. Fortan gab es das »Große Kaffeehaus« neben dem Alten Schloß und das »Kleine Kaffeehaus« im Eckhaus an der Hirschstraße. Dort mündete eine schmale Gasse ein, die auf alten Stadtplänen als »Kaffeehausgäßle« verzeichnet ist. Das malerisch wirkende Gehöft ließ die behagliche Bauweise der Barockzeit erkennen.

Ein drittes Kaffeehaus, an der Karlstraße gelegen, kam im Jahre 1783 hinzu; es bestand aber nur kurze Zeit. Männer namens Clausenburg, Hörrmann und Rößlin werden neben Beck, Lazaro und Aulber als Kaffeehausbesitzer erwähnt. Die Betriebe scheinen wenig rentabel gewesen zu sein und darum zu häufigen Besitzwechseln veranlaßt zu haben. 1791 ging auch das »Kleine Kaffeehaus« wieder ein.

Erfolgreicher wirtschaftete der Cafétier Zacharias Glaser, der 1754 das »Große Kaffeehaus« übernahm. Er veranlaßte in den Jahren 1793 bis 1795 einen umfangreichen Neubau, den der Hof-

Backstube im »Kaffee Hammer« in Stuttgart-Gaisburg, Röntgenstraße 71, zu Beginn der dreißiger Jahre.

baumeister Reinhard Ferdinand Heinrich Fischer ausführte, der auch Schloß Hohenheim gebaut hatte. Das neue Haus wurde seit 1798 als Hotel unter dem Namen »König von England« geführt und kam damit zu besonderer Bedeutung (siehe Seite 90/91).

Im Jahre 1804 eröffnete der Küfermeister Lorenz Silber in dem von Bäckermeister L. F. Mühlbach gebauten Haus am Großen Graben, gegenüber vom heutigen Wilhelmsbau, ein Kaffeehaus, das sehr bald regen Zuspruch fand. Das Haus wurde später umgebaut und blieb,

als »Kleiner Bazar« bezeichnet, bis zur Zerstörung im Zweiten Weltkrieg erhalten (siehe Seite 92/93).

Am Schloßplatz entstand aus dem Wohn- und Atelierhaus des Bildhauers Dannecker und einem zusätzlich erstellten Nebengebäude ein Kaffeehaus, 1842 vom Wirt Hermann eingerichtet, das zwei Jahre später in den Besitz von Johann Christian Marquardt überging, dem Bruder des Hotelbesitzers Wilhelm Marquardt (siehe Seite 108 ff.). Das Café erlebte seine Glanzzeit durch die Künstler- und Literatengesellschaften »Glocke« und »Bergwerk«. Als Nachfolger übernahm der Küchenmeister Theodor Bechtel den Betrieb; er wurde den Hausfrauen durch die Herausgabe eines Kochbuches bekannt.

Zu einem beliebten Treffpunkt entwickelte sich ab 1859 das Café im Königsbau, das später von G. Männer bewirtschaftet wurde.

Dichter und Schriftsteller trafen sich im »Café Reinsburg«, Ecke Paulinen- und Marienstraße, das, wie das »Café Königsbau«, heute noch besteht (siehe Seite 126).

Die Schokoladenfabrikanten Florian Cordella und Georg Naber eröffneten nach 1830 ein Kaffeehaus an der Schulstraße, in dem als Spezialität Schokolade in Gläsern serviert wurde. Außerdem wurde, erstmalig in Stuttgart, ein Billardtisch aufgestellt, der viel Zuspruch fand. Das Café ging später in den Besitz des Wirtes Adolf Kober über; es führte ab 1866 eine Zeitlang den Namen »Zum König Karl«.

In der zweiten Hälfte des vorigen Jahrhunderts bürgerten sich Kaffee und Tee als Nachmittagsgetränk mehr und mehr ein. Auch der wachsende Reiseverkehr trug dazu bei, daß die Zahl der Cafés wuchs. Um 1900 gab es 22 dieser Lokale in Stuttgart. Vor allem in den repräsentativen Neubauten – Olgabau, Friedrichsbau, Wilhelmsbau, Eberhardbau und Olgaeck – durfte fortan ein Café nicht fehlen.

Was wären die Kaffeehäuser ohne die Konditoreien? Deren Entwicklung reicht zurück bis zu den Patisseriebäckereien, die nach französischen Vorbildern im

18. Jahrhundert entstanden. Aber als Berufsbezeichnung wurde der Name erst seit Mitte des vorigen Jahrhunderts erwähnt.

Als eine für Stuttgart typische Einkehrstätte kam die Konditorei Talmon-Gros (mit Café im ersten Stock), Eberhardstraße 16 bis 18, zu besonderer Beliebtheit. Aber auch das »Mohrenköpfle« in der Langen Straße 10 darf nicht unerwähnt bleiben. Später kam das »Café Sommer«, am Karlsplatz gelegen, hinzu, das heute noch besteht. Auch an die Kaffeehausbetreiber Lehrenkrauß und Mettenleiter erinnern sich ältere Stuttgarter noch.

In den Konditoreien waren Torten, Gebäcke und Naschwerk zu finden, wie sie die Hausfrauen seit alters als Schleckereien für die Festtage herstellten. Obst- und Käsekuchen gehörten dazu, Marzipan- und Schokoladentorten, auch kandierte Früchte und Fondant. Zur Weihnachtszeit gab's Hutzelbrot, Ausstecherle, Springerle und Zimtsterne. Fasnetsküchle erfreuten die Genießer beim Fasching, und zu Neuem Wein durfte der begehrte Zwiebelkuchen nicht fehlen.

Bekannt waren auch die süßen Stückle, die als »Nonnenfürzle« bezeichnet wurden. Nur sie wurden in den Konditoreien nicht bestellt – dazu waren die

Werbekarten des »Café Wilhelmsbau« Ecke König- und Marienstraße, das sogar über eine »Billard-Akademie« verfügte und von dessen Terrasse man einen schönen Blick auf die Königstraße hatte. Unten um 1910, rechts 1918.

Gäste, vor allem die Damen, zu »schenant«.

In den Nachmittagsstunden gaben Damenkränzchen den Cafés das Gepräge. Das war neu. In den davorliegenden Zeiten war es nicht üblich gewesen, daß Frauen eine Gaststätte aufsuchten, schon gar nicht ohne männliche Begleitung. Das galt als unschicklich und rufschädigend. Manche Cafés richteten nun einen Nebenraum behaglich ein, der ausschließlich für Damen reserviert blieb.

Die Kaffeehäuser waren die ersten, die Zeitungen und Zeitschriften auslegten. Dazu gehörten nicht nur die heimischen Blätter. Die Wirte Glaser und Silber waren in besonderem Maße darauf bedacht, auswärtige und auch ausländische Zeitungen zu halten, um damit ihre Stammgäste zu versorgen. Angeregt

STUTTGART — Café Wilhelmsbau

von dieser Lektüre bildeten sich kleine Lese- und Disputierzirkel, die regelmäßig zusammenkamen. Seit ihrem Bestehen galten die Kaffeehäuser als geheime Nachrichtenquellen, vor allem über Vorgänge am Hofe Carl Eugens, die nur flüsternd kolportiert wurden. Des Herzogs Verhältnis mit der Sängerin Bonafini, die Verhaftung der Sängerin Pirker, die, wie Carl Eugen vermutete, die Herzogin über seine Liebschaften unterrichtet hatte, die Gefangennahme des Dichters Schubart und seine zehnjährige Haft auf dem Hohenasperg und die Degradierung des Generals Rieger, der des Verrats beschuldigt wurde – diese und andere Themen boten Anlaß genug, des Herzogs despotische Launen zu kritisieren.

Die dreißiger Jahre des vorigen Jahrhunderts, die im Zeichen des Vormärz standen, boten viel Gesprächsstoff, der auf die Kreise der Fortschrittsbewußten beschränkt bleiben mußte. Stuttgart war keineswegs das biedermeierliche Idyll, als das es der alternde und philiströs gewordene Dichter Jean Paul beschrieb, sondern es brodelte recht erheblich in den Herzen der Demokraten.

Die Pariser Julirevolution und der Frankfurter Aufstand, die Verschwörung des Leutnants Koseritz in Ludwigsburg und andere revolutionäre Bestrebungen erregten die Bürgerschaft stark. Der Prozeß gegen den Buchhändler Gottlob Franckh und seine Genossen ließ die Härte der Regierung erkennen. Die Kaffeehäuser trugen mit ihren Disputierzirkeln nicht unerheblich zur Vorbereitung der Revolution 1848/49 bei.

Café Wilhelms-Bau — Aufgang zum Café

Café Wilhelms-Bau — Haupt-Partie der Raucher-Abteilung

31

Schildzeichen locken zur Einkehr

Allein die sogenannten »Schildwirtschaften« hatten das Vorrecht, am Haus auf ihre Existenz hinzuweisen und durch sichtbare Merkmale ihre Qualität zu bezeugen. Im Mittelalter konnten nur wenige Leute lesen und schreiben, und so wurde der Name der Gaststätte bildlich markiert. »Adler«, »Bär«, »Glocke«, »Löwe«, »Rebstock«, »Sonne« und andere Häuser kamen damit zu ihrer Kennzeichnung.

Traditionelle Wirtshausschilder. Oben: »Ritter« in Degerloch, 1987. Unten: »Schwarzer Bär« und »Goldenes Lamm« in Bad Cannstatt, beide um 1900, und »Kiste« in der Kanalstraße, 1987.

Gaststätten zu gründen, die zugleich als Herbergen dienten, war früher mit dem Erwerb eines Privilegs verbunden. Der Wirt mußte im Besitz der Bürgerrechte und eines eigenen Hauses sein. Diesen Vorzug bekundete er, indem er seiner Gründung einen besonderen Namen gab und ein entsprechendes Schildzeichen anbringen ließ. Die Schildwirtschaften unterschieden sich damit von den Gassenschenken, deren Betrieb anfänglich nur den Zunftangehörigen der Bäcker und Metzger erlaubt war.

Leider blieben in unserer Stadt nur wenige Schildzeichen erhalten. Aus dem Trümmerschutt des durch Bomben zerstörten Wirtshauses »Zur goldenen Traube« wurde das geschmiedete Schildzeichen geborgen. Im städtischen Lapidarium, Mörikestraße 24, blieb ein weiteres »Bierzeigel« aufbewahrt, das einst die Herberge »König von Württemberg« schmückte. Es ist eine Bildnisbüste des Königs Friedrich, vermutlich von dem Bildhauer Scheffauer modelliert.

Einige andere Schildzeichen sind noch im Gebrauch; sie stammen meist aus jüngerer Zeit. Eine Gaststätte an der Brennerstraße zeigt einen Nachtwächter, der mit seiner Laterne den Gästen »heimleuchtet«. Ein »Urbänle«, die Spottfigur der Kelterfeste, blieb in Cannstatt erhalten. Zum »Wirt am Berg« gehört die Figur eines Wengerters in alter Tracht mit Fahne und Weinkanne in den Händen. Eine neuzeitliche Drahtplastik, die mit Brezel, Gans und Weinglas andeuten soll, was der Wirt zu bieten hat, bezeichnet die »Bäckerschmide«.

Ein Mann, der eine »Kiste« auf dem Rücken schleppt, soll den Namen der Weinstube in dem kleinen Bürgerhaus an der Kanalstraße verdeutlichen. Die »Scheffelstuben« erhielten ein kunstvoll geschmiedetes Schildzeichen, das ansprechend wirkt. Auf die Siedlungen der schwäbischen Auswanderer weist das gemeißelte Relief hin, das die Fassade des »Hotel Ketterer« schmückt. Am »Ritter« in der Degerlocher Epplestraße kann man immer noch das geschmiedete alte Wirtshausschild bewundern, obwohl das Lokal heute einen italienischen Namen trägt (»Il Mulino« – die Mühle), der mit dem historischen nichts zu tun hat.

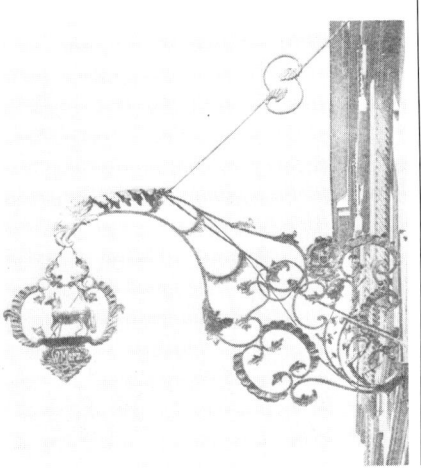

Gaststättenkultur und Zeitungsleser

Mit dem Beginn des vorigen Jahrhunderts, unter dem Einfluß des Empirestiles, wandelte sich das Wesen der Gastronomie. Die Nobelhotels entstanden, wie der »König von England« mit elegant eingerichteten Speisezimmern und festlich dekorierten Sälen. Kultivierte Gesellschaften verkehrten hier, die, modisch gekleidet, zu repräsentieren verstanden. Der Kaufmann, Kunstsammler und spätere Hofbankdirektor Gottlob Heinrich von Rapp wußte Künstler und Gelehrte um sich zu versammeln, die mit ihren Lebensformen auch die Kultur der Gaststätten prägten, in denen sie ver-

Wilhelm Hauff im Alter von 24 Jahren, kurz bevor er die Redaktion des »Morgenblatts für gebildete Stände« übernahm.

kehrten. Ähnliche Maßstäbe ergaben sich aus dem Wirken des Verlegers Johann Friedrich Cotta, 1817 als Freiherr von Cottendorf geadelt, der vor allem durch Schillers Zeitschrift »Horen«, durch das »Morgenblatt für gebildete Stände« mit den Beilagen »Intelligenzblatt«, »Kunstblatt« und »Literaturblatt« und mit einer Modezeitschrift die Bildungsgüter vermehrte.

Vor allem das Kaffeehaus des Wirtes Lorenz Silber im »Kleinen Bazar« an der oberen Königstraße (siehe Seite 92/93) wurde zu einem Treffpunkt der Intellektuellen und der schöpferischen, fortschrittsbewußten Kräfte. Als neuer Be-

suchertyp entstand der Zeitungsleser, der wissensdurstig auf Nachrichten aus aller Welt und auf seine Fortbildung bedacht war. Vor allem die Kaffeehäuser, deren Zahl sich ständig vermehrte, waren darauf bedacht, ihren Gästen eine reiche Auswahl an Zeitungen und Zeitschriften zu bieten.

Der »Schwäbische Merkur«, seit 1785 von dem Verleger Magister Christian Gottfried Elben herausgebracht, später mit der Beilage »Schwäbische Kronik«, erwies sich als ein den neuzeitlichen Anforderungen entsprechendes Blatt, das guten Anklang fand. Dazu kamen später

Johann Friedrich Cotta. Den zu seiner Zeit schon über hundert Jahre bestehenden Cotta'schen Verlag führte er zu Weltruhm.

oppositionell eingestellte Zeitungen, die demokratisches Gedankengut publizierten: vor allem der »Hochwächter« und nachfolgend der »Beobachter«, von dem streitbaren Journalisten Rudolf Lohbauer redigiert.

Das kulturelle Leben erhielt starke Impulse durch den Redaktionsstab des Cottaschen Verlages, dem der universell gebildete Adolf Müllner, der Lyriker Friedrich Rückert, der bienenfleißige Hermann Hauff und sein Bruder, der Dichter Wilhelm Hauff, der streitlustige Wolfgang Menzel, die überaus kritische Therese Huber und der Kunstschriftsteller Ludwig Schorn angehörten.

Eines großen Leserkreises erfreute sich die vom Verleger Cotta im Jahre 1798 gegründete »Allgemeine Zeitung«, die bald zum führenden politischen Blatt des Kontinents avancierte. Ihre Redaktion wurde jedoch, um der strengen Zensur zu entgehen, 1803 nach Ulm und 1810 nach Augsburg verlegt. Die J.G. Cotta'sche Buchhandlung, wie der Verlag offiziell hieß, brachte Goethes und Schillers Werke heraus und dazu auch die Bücher unzähliger, oft ebenfalls sehr prominenter anderer Autoren. Berühmte Schriftsteller, Denker und Dichter hielten sich in Stuttgart auf, um Cotta zu besuchen oder für ihn zu arbeiten. Sie gaben dem gesellschaftlichen Leben einen starken Auftrieb, und die Gastronomie kam damit zu reizvoller Entfaltung.

So, wie die Stadt sich räumlich ausdehnte, wuchs auch ihre kulturelle Bedeutung, der berühmte Dichter, Gelehrte und Künstler das Gepräge gaben. Nicht nur die Industrie entwickelte sich zu beachtlicher Größe, es mehrten sich auch die Kongresse angesehener Verbände, die befruchtend auf das Bildungswesen einwirkten.

»Drei Mohren«, »Sakristei« und »Hölle«

Das gibt es nicht gleich wieder, ein altes Gasthaus, das auf sein Wiedererstehen wartet. Dieses Kapitel gehört zunächst in die Sparte Baudenkmalpflege; ob es künftig zur Gastronomie zählen wird, bleibt abzuwarten.

An der Friedrichstraße stand bis zum Jahre 1977 der stattliche Fachwerkbau mit dem Schildzeichen »Drei Mohren«. Das Haus stammte aus dem 17. Jahrhundert, die Gastwirtschaft wird erst später erwähnt. Das niedrige, altertümliche Gebäude mußte einem Neubau weichen, den die Brauerei Dinkelacker errichten ließ.

Inzwischen hatte sich der »Verein zur Förderung und Erhaltung historischer Bauten« eingeschaltet, um das Haus zu retten. Das Gebälk wurde tatsächlich eingelagert, damit man es an anderer Stelle wiederaufbauen kann; im Ge-

spräch ist dafür eine Baulücke im Bohnenviertel.

Der ungewöhnliche Name »Drei Mohren« regt dazu an, über Gasthausbezeichnungen aus alter Zeit nachzudenken.

Vermutlich veranlaßten die mittelalterlichen Weihnachts- und Osterspiele dazu, auffällige religiöse Motive als werbende Merkmale zu verwenden. Es gab früher eine Gastwirtschaft »Drei Könige«. So regte wohl auch der Mohrenkönig zur Namensgebung an; entsprechend dem alten Brauche »Du mußt es dreimal sagen!« wurde eben der Name »Drei Mohren« gewählt und im Schildzeichen dargestellt. Auch das Gasthaus »Elefant«, das früher in der Friedrichstraße bestanden hat, verdankte seine Bezeichnung wohl den damaligen Umzügen, bei denen den Heiligen drei Kö-

Ganz oben: Die Hauptstätter Straße um 1900. Im vierten Gebäude von rechts befand sich ein Gasthaus mit dem ungewöhnlichen Namen »Zum Schiff« (heute Brühls Käse-Paradies). Links daneben die Gaststätte »Zum weißen Roß«, die noch immer existiert. In dem Haus ganz rechts befindet sich jetzt die »Sissy-Bar«. — Bild oben: »Zur Sakristei« in Heslach, Eierstraße 17, um 1930. Das Lokal wird heute noch unter diesem Namen geführt.

nigen ein ansehnlicher Troß mit exotischen Tieren folgte.

Überhaupt gab das kirchliche Leben viele Anregungen: »Glocke«, »Kreuz«, »Engel«, »Stern« und »Paradies« sind überliefert, »Sakristei« und »Himmel«, aber auch »Hölle«. Der Name der einstigen »Arche Noah« an der Ecke Bären- und Sporerstraße wurde allerdings zur »Arche« reduziert. Auch an anderen seltsamen Bezeichnungen fehlte es früher nicht; wer sich in der »Räuberhöhle« wohlfühlte, bleibt der Phantasie überlassen.

Dazu noch einige der kuriosen Namen Stuttgarter Gaststätten früherer Zeiten: »Zum Luftschiff Z 1« (Neckarstraße 110), »Zum Gänsepeter« (Hasenbergstraße 20), »Zum Bratwurstglöckle« (Hauffstraße 2), »Giftküche« (Ludwigsburger Straße 99), »Krokodil« (Schusterstraße 12), »Weibertreu« (Seyfferstraße 68) und »Zum Ewigen Licht« (Ludwigstraße 40).

Bildreihe oben: Die »Drei Mohren« in der Friedrichstraße 37. Links das Gasthaus im Jahr 1956, in der Mitte der Neubau der Brauerei Dinkelacker, rechts die Fassade mit dem Schildzeichen kurz vor dem Abriß 1977. — Die Anzeige in der Seitenmitte stammt etwa von 1912. Das Rettenmeyersche Bier gab es auch im »Elefanten« (heute »Münchner Löwenbräu«). — Unten: Das 1905 eröffnete Gasthaus »Silberner Hecht« neben dem »Büchsenbad«.

Vom Biergarten zum Höhenrestaurant

Der Freiheitsdrang, der den Vormärz prägte, ließ auch eine gastronomische Variante aufkommen. Für den Feierabend am Werktag lagen die Wirtschaften im Stadtinneren eben recht, aber am Sonntagnachmittag wollte man der Enge des Talkessels entfliehen. Einige Wirte wußten diesen Wunsch geschickt zu fördern: Sie begannen mit der Erschließung der Hänge und bereicherten ihre Gaststätten durch geräumige Wirtschaftsgärten, um zur Sommerzeit den Familien einen angenehmen Aufenthalt im Freien zu bieten. So bekamen die Stuttgarter neue Ausflugsziele, die außerhalb der engen Gassen lagen. Sie konnten unter Bäumen sitzen, vom erfrischenden Luftstrom der nahen Wälder umfächelt, und den Ausblick auf die malerische Stadtsilhouette genießen.

Einer der »Erfinder« dieser Neuheit war Christoph Friedrich Schnell, der im Jahre 1794 seinen Biergarten »Gelbes Haus« an der Ecke Hauptstätter und Christophstraße eröffnete. Zum Garten gehörten einige Pavillons mit Spieltischen, weitere Unterhaltungsmöglichkeiten boten Kegelbahnen, Karussels und Schaukeln.

Der geschäftstüchtige Cafétier Lorenz Silber erwarb im Jahre 1816 das Landhaus des Prinzen von Thurn und Taxis auf der Anhöhe über dem Paulinenbuckel, um dort eine Gartenwirtschaft einzurichten, die er »Silberburg« nannte (siehe Seite 94 ff.). Großer Beliebtheit erfreute sich auch der Biergarten der Aktien-Brauerei, an der oberen Wilhelmstraße gelegen, der in den Jahren 1832 bis 1859 bestand.

Die Kolbsche Brauerei folgte dem Beispiel des Konkurrenten und nutzte ebenfalls den malerischen Berghang. Mit ihrem Namen »Zur schönen Aussicht« wies die Wirtschaft an der Neuen Weinsteige auf ihre bevorzugte Lage hin.

Romantische Vorstellungen weckte der Name des Lokals »Zur Weißenburg« an der oberen Olgastraße (siehe Seite 113/114), das sich allerdings etliche hundert Meter unterhalb der historischen Weißenburg befand. Auch die Brauereien Koppenhöfer, Hackh, Tivoli und Weiß wußten die Vorliebe für sommerliche Biergärten zu nutzen und verbesserten auf diese Weise ihren Umsatz.

Aber bald genügte es nicht mehr, nur Tische und Bänke aufzustellen und die Gäste mit Speisen und Getränken zu versorgen. Die Sonntagsbesucher wurden anspruchsvoller. Musik gehörte dazu, vor allem Militärkapellen waren beliebt, Walzermelodien sollten erklingen, und am Abend kam auch der Tanz zu seinem Recht. Der Unterhaltung dienten kabarettistische Darbietungen, Volkssänger traten auf, Artisten und Spaßmacher. Stimmgewaltige Männerchöre erfreuten die Zuhörer, und die Kinder wurden mit allerlei Spielen beschäftigt. »Hier ist des Volkes wahrer Himmel« – so kamen die Biergärten zu ihrer Anziehungskraft und die Wirte zu ihrem Verdienst.

Weniger anspruchsvolle Gäste, die mehr die Naturverbundenheit suchten, fanden beim »Weißenhofbeck« die Erfüllung ihrer Wünsche (siehe Seite 75/76). Die Gartenwirtschaft beim späteren Killesberggelände bot eine weite Aussicht, und die benachbarte Meierei sorgte mit Käse, Butter und Bauernbrot für preiswerte Vespermahlzeiten.

Das aus dem Mittelalter stammende »Pragwirtshaus«, früher eine Raststelle der Fuhrleute, kam um 1820 als Ausflugslokal zu neuer Blüte (siehe Seite 65/66). Beim Ausbau der Straßenkreuzung in den fünfziger Jahren unseres Jahrhunderts wurde die Wirtschaft um einige Meter versetzt.

Um das Jahr 1770 hatte der Hofkammerrat Grüneisen auf der Anhöhe oberhalb der (späteren) Hohenheimer Straße ein Landhaus errichtet, das als »Kleine Solitude« bezeichnet wurde. Der Uhrmachermeister Stitz erwarb den Bau etwa 1790 und richtete eine Gartenwirtschaft ein, die bis 1824 bestand (siehe Seite 147). Sie erhielt den Namen »Stitzenburg«, ohne daß eine Beziehung zu einer Burg bestanden hätte. Als Nachfolger bewohnte die Familie von Spitzemberg das Landhaus, das in den Jahren 1869 bis 1881 wieder zur Gaststätte wurde. Dann ging das Gelände in den Besitz einer Baugesellschaft über, die mehrstöckige Mietshäuser errichten ließ.

Es gab damals, weiter oberhalb auf der Weißenburganhöhe gelegen, auch eine »Fellgersburg«. Die Brüder Fellger

Links: Das Gasthaus »Zur schönen Aussicht« in der Neuen Weinsteige 24. Bleistiftzeichnung von unbekannter Hand, um 1900. – Rechts: Der »Charlottenhof«.

hatten sie 1843 gebaut, um darin eine Molkenkuranstalt zu eröffnen. Der Bopser war seit längerem schon zu einem Ausflugsziel geworden, und die Bewirtschaftung der »Fellgersburg« zog weitere Besucher an. Sie bestand bis zum Jahre 1851. Nachfolgende Besitzer ließen eine Villa errichten, die der Fabrikant Ernst von Sieglin im Jahre 1898 erwarb und durch Neubauten erweiterte.

Die Besitzer der Gartenwirtschaften ließen es auch an kleinen, mehr oder minder sensationellen Überraschungen nicht fehlen, um die Besucher zu erfreuen und den Konkurrenzkampf zu gewinnen. Vor dem Büchsentor, bei der Widmannschen Kelter, hatte der Wirt Christian Friedrich Bubeck Mitte des 19. Jahrhunderts seine Gartenwirtschaft »Zur Kelter« eingerichtet, die sich in dem damals noch unbebauten Gelände guten Zuspruchs erfreute. Dort fanden im Jahre 1852, allerdings nicht erstmals in Stuttgart, Ballonaufstiege statt, die freilich nur der Schaulust dienten, nicht der

Terrasse und Saal des »Waldhaus-Kaffees der Guttempler-Vereinigung e. V.« in Stuttgart-Rohr, um 1925.

technischen Entwicklung der Luftfahrt. Das Gasthaus hatte allerdings keinen langen Bestand. Das sumpfige Gelände an der Seidenstraße, zwischen Breitscheid- und Rosenbergstraße, wurde später von der Firma Robert Bosch erworben, die darauf ihr Verwaltungsgebäude errichtete. Die Familie Bubeck bildete eine Wirte-»Dynastie« in Stuttgart, die fast ein Jahrhundert der Gastronomie prägte.

Immer anspruchsvoller wurde das Publikum. Bald genügten die bescheidenen Wirtschaften nicht mehr, und so entstanden die besser ausgestatteten Höhengaststätten.

Den Anfang bildete die »Wielandshöhe« an der Alten Weinsteige, am Aufstieg nach Degerloch. Die Wirtefamilie Seitz erwarb das Ausflugsgasthaus im

Um die Jahrhundertwende viel besucht war der Wirtschaftsgarten der »Stuttgarter Bürgerhalle« in der Neckarstraße.

Jahre 1929, ließ es umbauen und zum Hotel erweitern. Der durch Bomben beschädigte Bau konnte in den Nachkriegsjahren wiederhergestellt werden. Seit einigen Jahren ist die Wirtschaft jedoch geschlossen, was um so bedauerlicher ist, als man von dort einen einmaligen Blick auf den Talkessel hat.

Auf dem Hasenberg stand seit 1852 das »Jägerhaus«, das 1879, mit der Einweihung des Hasenberg-Aussichtsturms, zur Einkehrstätte wurde. Der Pächter Robert Xander erwarb 1902 das benachbarte Wohnhaus im Schweizer Stil und richtete es als Gaststätte »Waldhaus« ein. Von der Terrasse hatte man einen großartigen Ausblick bis hin zur Schwäbischen Alb. Das »Jägerhaus« wurde 1943 durch Bomben zerstört, das »Waldhaus« aber blieb erhalten und kam als Höhengaststätte unter dem Wirt Günter Lemme zu seiner Bedeutung (siehe Seite 116/117).

Seit 1890 gab es an der Hasenbergsteige sogar ein Luftkur-Hotel! Die Familie Wanner hatte hier den »Buchenhof« errichtet, der später ebenfalls eine großartige Terrasse erhielt (siehe Seite 137/138).

Im Zusammenhang mit der Werkbund-Ausstellung des Jahres 1927 und der Weißenhofsiedlung als Musteranlage entstand die Höhengaststätte »Schönblick«, die ihren Namen mit vollem Recht führte (siehe Seite 139). Als Hotel- und Saalbau war sie auch später gut frequentiert, darum bleibt es unverständlich, daß dieser Bau seit 1982 anderen Zwecken dient.

Fremdenverkehr – anno dazumal

Das Ständewesen der früheren Jahrhunderte wirkte sich deutlich spürbar in den Formen des Reiseverkehrs aus. Fürsten und Adelspersonen sowie geistliche und weltliche Würdenträger waren erwünschte Gäste der Stadt; allen anderen Besuchern gegenüber wurde vorsichtige, ja mißtrauische Zurückhaltung geübt.

Groß war die Furcht vor Spionen und Attentätern; arme Leute hatten unter der Willkür der Exekutive zu leiden; Flüchtlinge, Bettler und landfremde Kranke wurden am Tor abgewiesen oder in die außerhalb der Stadt liegenden Siechenhäuser gebracht.

Standespersonen hatten Anspruch auf ein Ehrengeleit zu einer Vorstellung in der Residenz. Ihnen wurden Quartiere im Alten Schloß oder im Fürstenhaus zugewiesen und auch in den schloßähnlichen Stadthäusern des Adels oder der Patrizier. Außerdem bestanden zeitweilig besondere Adelsherbergen in den Gaststätten »Adler«, »Goldener Becher« und »Goldener Hirsch«, und der »Bären« sowie der »Ritter St. Georg« galten als Nobelgasthöfe.

Die Einquartierung fremder Potentaten veranlaßte manche Wirte, die Bezeichnungen ihrer Häuser entsprechend abzuändern; so entstanden der »Petersburger Hof«, das Hotel »Zum Großfürsten« und der »Russische Hof« (»Hôtel de Russie«). Der »König von England« erhielt allerdings seinen Namen nicht nach einem Monarchenbesuch, vielmehr sollten damit aristokratische Beziehungen zur englischen Herrscherfamilie verdeutlicht werden.

Der gesellschaftliche Verkehr der Standesherren blieb auf die Hofkreise beschränkt; nur von Kaiser Joseph II., dem Habsburger, ist bekannt, daß er im Jahre 1777 im »Ritter St. Georg« übernachtete, als Bürgersmann gekleidet auftrat und sich mit Handwerksleuten unterhielt. Der Landadel, Geistliche und Offiziere genossen zwar auch eine bevorzugte Stellung vor anderen Reisenden, aber sie kehrten in allen gutbürgerlichen Gaststätten ein und schätzten die Geselligkeit der Stuttgarter, nicht minder die guten und wohlfeilen Weine. Professor Nikodemus Frischlin, Philologe und Dichter, erwies sich 1579 in der »Sonne« und 1585 im »Bären« als trinkfester, aber auch streitlustiger Zecher (siehe Seite 58/59 und 62ff.), der Abenteurer Casanova wurde 1760 als Falschspieler und Zechpreller im »Bären« ertappt und konnte sich der Verhaftung nur durch seine Flucht entziehen (siehe Seite 63). Der Komponist Carl Maria von Weber galt in den Jahren 1807 bis 1810, die er in Stuttgart und Ludwigsburg verbrachte, in den Gasthöfen als beliebter Unterhalter.

Plakate des Stuttgarter »Vereins für Fremdenverkehr« aus den Jahren 1890 (links) und 1909.

Zur »Table d'hôte« waren im »König von England« zahlreiche prominente Gäste versammelt, die dem kulturellen Leben in der Zeit um und nach 1800 das Gepräge gaben.

Reisenden Klerikern empfahl die Kirchenleitung eine – mehrfach wechselnde – »Geistliche Herberge«. Ein Adelsclub verkehrte um 1850 im Kaffeehaus Marquardt, übersiedelte aber später ins Hotel Marquardt. Für das Besitzbürgertum wurde die »Museumsgesellschaft« (siehe Seite 92–98) zum Treffpunkt, bei festlichen Veranstaltungen waren Fremde, vor allem Künstler und Gelehrte, als Gäste sehr willkommen.

Für die Reisenden, die nicht den bevorzugten Ständen angehörten, waren Pässe und Empfehlungsbriefe eine unerläßliche Voraussetzung zur Aufnahme in die Stadt. An den Toren kontrollierten die Wachen jeden Ankömmling und no-

Plakat des Verkehrsvereins aus den frühen dreißiger Jahren und Werbeanzeigen Stuttgarter Hotels von 1912.

tierten Namen und weitere Angaben. Die Wirte hatten die zur Übernachtung eintreffenden Gäste im Rathaus zu melden, zeitweilig wurden besondere Erlaubnisse ausgestellt, vor allem für längerdauernde Besuche. Verdächtige Personen wurden abgewiesen oder, wenn Fahndungsberichte vorlagen, verhaftet; andere Verdächtige mußten sich täglich bei der Polizei melden.

Um und nach 1700 wurden Reisende, die aus pestverdächtigen Ländern kamen, zunächst unter Quarantäne gestellt. Die Isolierstation bestand für etwa drei Jahrzehnte im späteren Gasthaus »Zur goldenen Traube«, das damals vor den Stadtmauern lag (siehe Seite 68/69).

Bauern, die mit ihren Fuhrwerken landwirtschaftliche Erzeugnisse zum Markt brachten, hatten ein Pflastergeld zu zahlen. Die »Akzise« bestand als städtische Steuer bis zur letzten Jahrhundertwende.

Die Stadttore wurden bei Eintritt der Dunkelheit geschlossen, Stuttgarter Bürger, die später heimkehrten, hatten

einen »Sperrkreuzer« zu berappen, damit sie Einlaß fanden. Später eintreffende Reisende mußten in einem der Gasthäuser außerhalb der Stadt übernachten. Erst am Morgen wurden die Tore wieder geöffnet.

Es bestanden also besondere Vorschriften zur Überwachung des Reiseverkehrs; sie wurden aber wohl nicht immer sehr streng gehandhabt. Sonst wäre dem Dichter Schiller, der als Regimentsarzt 1782 desertierte, die Flucht nach Mannheim wohl kaum gelungen.

Dem Gasthauswesen gab der Reiseverkehr einen starken Auftrieb. Die Unterbringung war im Mittelalter meist recht primitiv, aber seit dem 16. Jahrhundert wurden Fremden Zimmer mit Betten und Waschgelegenheiten zur Verfügung gestellt. Die Bewirtschaftung war seitdem gesichert, es fehlte weder an abwechslungsreichen Speisen noch an guten Weinen, die Preise unterlagen der Kontrolle durch die Stadtverwaltung. Die Wirte hatten auch für die Kutschpferde zu sorgen, darum gehörte

39

In den ersten Jahrzehnten unseres Jahrhunderts wuchs die Stadt rapid; bald waren die Hänge des Talkessels bebaut. So entstand Bedarf an kleineren Hotels außerhalb des Zentrums. Im Bild das Hotel »Zum Kronprinzen«, Seestraße 22.

zu jeder Herberge ein geräumiger Stall. Für die Fremden wurden Reisemöglichkeiten nach anderen Städten vermittelt; auch auf die Beschäftigung der Fuhrleute, die Handelsgüter verfrachteten, waren manche Wirte bedacht.

Um 1680 setzte der Betrieb von Postkutschen ein. Anfänglich bestand die Landpost innerhalb Württembergs, dann übernahm die Thurn- und Taxissche Reichspost den Reiseverkehr mit Ordinari- und Extra-Kutschen. Vom 18. bis Mitte des 19. Jahrhunderts war der Postplatz, der heutige Rotebühlplatz, das Zentrum des Reiseverkehrs.

Der Eisenbahnbau veränderte seit 1846 die bisherige Situation. Nun wurde der Bahnhof in der Schloßstraße, der heutigen Bolzstraße, zum wichtigsten Verkehrsknotenpunkt, und in unmittelbarer Nähe und längs der Friedrichstraße entstanden zahlreiche Gasthöfe. Zum Hotel ersten Ranges wurde das von Wilhelm Marquardt gegründete Unternehmen, das seit 1858 bestand.

Weitere Veränderungen brachte der Bau des neuen Hauptbahnhofs, in dem 1922 der Betrieb aufgenommen wurde. Der Hindenburgbau, das »Schloßgarten-Hotel« und das Hotel »Graf Zeppelin« übernahmen seitdem die Aufgaben der Gastronomie, und das »Reichsbahnhotel« (heute »Intercity Hotel«) konnte sich rühmen, das erste im Bahnhof selbst untergebrachte Hotel Deutschlands zu sein.

Wo ein grüner Besen winkt

Bei allen Freunden des Rebensaftes beliebt sind die Besenwirtschaften, in anderen Gegenden auch Rad-, Faß-, Straußwirtschaften oder Buschenschenken genannt. Kenner wissen sie zu finden, obgleich diese Lokale in Stuttgart selten geworden sind. Aber in der näheren und weiteren Umgebung der Stadt wird noch immer hier und da an einem Haus ein »grüner Besen« angebracht, ein belaubter oder ein Tannen- oder Fichtenast. Manchmal wird die Besenwirtschaft sogar durch ein Zeitungsinserat angezeigt.

Jede Besenwirtschaft ist nur für eine bestimmte Zeit geöffnet, meist vier bis sechs Wochen lang. Dabei sind die Termine über das ganze Winterhalbjahr verteilt, damit die Viertelesschlotzer nicht aus der Übung kommen.

Eine Besenwirtschaft ist kein Gasthaus, sondern der private Ausschank eines Wengerters. Bis zum Zweiten Welt-

krieg war es üblich, daß er dazu seine »gute Stube« und sein Schlafzimmer ausräumte und darin Tische und Bänke aufstellte, um möglichst viele durstige Zecher unterzubringen. Die Winzerfamilie selbst zog in dieser Zeit in irgendwelche Kammern oder zu Verwandten.

Heute ist dies die Ausnahme, denn viele Weingärtner haben ihre Keller als Besenwirtschaft ausgebaut. Aber noch immer ist das enge Beieinander das besondere Merkmal dieser Lokalitäten, der Nährboden der Gemütlichkeit. Es gibt weder befrackte Kellner noch Platzreservierungen, weder Tischtücher noch Servietten. Der Wirt zapft aus einem der großen Lagerfässer oder -tanks »den Roten« und »den Weißen« in Krüge und füllt damit die Henkelgläser. Die Hausfrau bringt dazu eine kernig-schmackhafte Beikost; Käse gehört dazu, hausgebackenes Bauernbrot, Grieben- oder Leberwurst und Sauerkraut. Wer es vorzieht, sein Vesperbrot mitzubringen, wird nicht etwa schief angesehen, denn das ist hier des Landes Brauch.

Recht hemdsärmelig geht es in den Besenwirtschaften zu, feierliche Vorstellungen mit Titeln und anderen Prädikaten sind nicht beliebt, zumal sehr bald verwandte Seelen zueinander finden, die das weinmäßig-herzliche Du verbindet. Ganz unprogrammgemäß verläuft der Abend, jeder kann und darf reden, wie ihm der Schnabel gewachsen ist.

Es gibt die wortgewandten Erzähler und auch die besinnlichen Zuhörer, Spaßvögel sind beliebt, Langweiler werden mit einem »Prost, Nachbar!« kaltgestellt. An Gesprächsstoff fehlt es nicht, denn allein der Wein regt zu mehr oder weniger tiefsinnigen Betrachtungen an. Goethes Mahnung »Greift nur hinein ins volle Menschenleben! Ein jeder lebt's, nicht vielen ist's bekannt – und wo ihr's packt, da ist's interessant!« kommt zur vollen Geltung.

Mancher schwätzt sich den Ärger vom Herzen, andere reiten ihr Steckenpferd vor, und aus dem anfänglich Schüchternen wird sehr bald, beim zweiten oder dritten Viertele, ein geselliger Plauderer. Ein stimmgewaltiger Tenor eröffnet den Reigen, und bald erklingen die altbekannten Volks- und Trinklieder, an denen im Schwäbischen kein Mangel ist. So wächst beim Singen und beim Plaudern, bei Humor und guter Laune die Zecherrunde zu einem Freundschaftsbunde zusammen, der die Vorzüge der Besenwirtschaft zu preisen weiß.

Angeblich erwähnt schon der römische Schriftsteller Publius Syrus um das Jahr 45 v. Chr. Besenwirtschaften. Immerhin haben ja die Römer auch bei uns den Wein eingeführt. Gesichert sind Hinweise auf Straußwirtschaften aus dem Jahr 791 n. Chr., die in Urkunden vom Hofe Karls des Großen zu lesen sind. Damals durften die Wengerter den minderwertigen Wein direkt ausschenken, während die besseren Tropfen an die adeligen Weinbergbesitzer abgeliefert werden mußten.

Bei uns haben die Besenwirtschaften einen recht profanen Ursprung; er hängt mit dem Steuerärger zusammen. Bei guten Herbsten blieb den Wengertern ein erheblicher Bestand in den Lagerfässern, der nicht abzusetzen war. Aber die Gebinde mußten geleert werden, um die neue Ernte aufzunehmen. Da hatte die Obrigkeit ein Einsehen; sie verzichtete für den Rest des Jahres auf die üblichen Steuern, und damit konnte der Wein billiger angeboten werden. Um diesen

Vorteil zu verkünden, wurden junge Fichtenzweige über der Eingangstür angebracht.

»Als das Holz teurer wird, befiehlt die Herrschaft, statt Fichtenmaien nur Besen zum Fenster hinaus zu hängen. So zahlreich sind also diese ›Besenwirtschaften‹ geworden.« So schildert G. Freiherr von Schauenburg in seinem 1908 erschienenen Buch »Der süddeutsche Weinbauer« die Entstehung des Namens dieser Wengerterwirtschaften. Ob Besen oder Zweig – Kenner verstanden das Zeichen. Sie ließen sich die Gelegenheit, billiger zu einem Viertele zu kommen, nicht entgehen, und bald feierte eine fröhliche Runde diesen Glücksfall.

Voraussetzung war von alters her, daß die Winzer nur selbstgezogene Gewächse ausschenkten, also kein Gast-

hausgewerbe mit der Besenwirtschaft verbunden war. Die Schildwirte wollten keine Konkurrenz aufkommen lassen; darum war den Besenwirten verboten, warme Speisen zu verabreichen, Musikanten einzusetzen oder gar Tanzveranstaltungen zu organisieren.

Aber das brauchten sie auch nicht. Der eigene Reiz der Besenwirtschaften sorgte zu allen Zeiten dafür, daß an trinkfesten Gästen kein Mangel war.

Zum Vespern in die Beiz

Zum Stuttgarter Alltag von anno dazumal gehörte die »schöpferische Pause«, das Vespern. Das war keine Zeitbestimmung, eher ein Ausdruck persönlicher Neigungen. Mancher fing damit sein Tagwerk an, andere ersetzten damit die Mittagsmahlzeit, die meisten aber wählten dazu die Nachmittage, um, wenn es ihnen gefiel, bis Mitternacht zu »veschbre«. Gänzlich verschwunden sind die kleinen Vesperbeizen zwar nicht, aber nur die Kenner wissen sie noch zu finden.

Am längsten bewahrte die »Kochenbas« das urtümliche Gepräge. An der Ecke Immenhofer-/Olgastraße bestand wohl seit alters eine Gassenschenke,

Besenwirtschaften findet man, von Stuttgart aus gesehen, eher neckaraufwärts und im fränkischen Teil von Baden-Württemberg; Straußwirtschaften sind im südlicheren Schwaben verbreitet, und Radwirtschaften gibt es im Bottwartal, vor allem aber in der Bodenseegegend. Angezeigt wird jedoch immer dasselbe, nämlich ein zeitweiliger Direktausschank eines Weingärtners in seinem eigenen Haus.

»Zum Immenhofer«, die im Jahre 1860 in den Besitz der Familie Koch überging. Pauline Koch, eine mit reichem Mutterwitz ausgestattete Frau, verstand es, eine gemütliche kleine Beiz zu betreiben. In der Nachbarschaft war die »Base« (Kusine) Koch überaus beliebt, und die kleine Wirtsstube wurde nach und nach stadtbekannt. Dort war alles beieinander, was das Herz eines rechten Viertelesschlotzers begehrte: die kleine Stube mit ihrem noch kleineren Nebenraum; gescheuerte Tischplatten, glattgehobelte Bänke und abgetretener Parkettboden schufen eine urige Gemütlichkeit. Der Wein war gut, denn davon verstand die »Kochenbas« etwas, und billig dazu, denn sie wollte ihre Gäste nicht neppen. Es war ihr recht, wenn mancher Gast sein Vesperbrot mitbrachte, andernfalls gab es eine bescheidene Beikost, nämlich Ripple oder Backsteinkäs.

So war es jedenfalls früher – inzwischen ist die »Kochenbas« eine seriöse Weinstube geworden, die schwäbisch-traute Behaglichkeit aber ist geblieben.

Die alten Beizle der Innenstadt bestehen längst nicht mehr, nur die ältesten

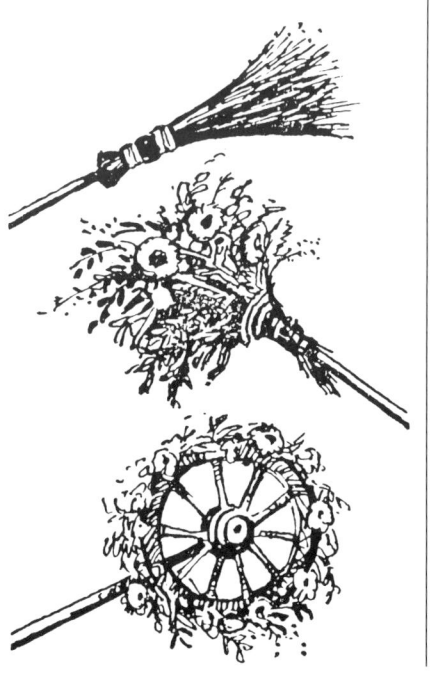

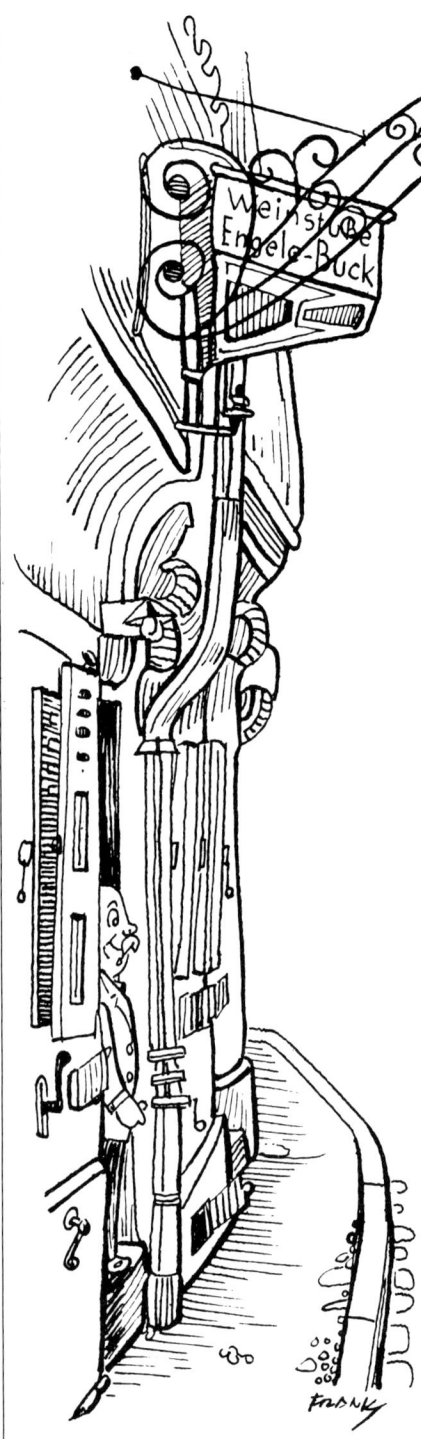

Gäste kamen vielmehr in die Buchbinderwerkstatt, und dort wurden »der Rote« und »der Weiße« ausgeschenkt. Statt mit dem üblichen Besen kündigte Helfferich mit einem Utensil aus seiner Werkstatt an, daß bei ihm Wein-Zeit sei; die Zecher amüsierten sich königlich, wenn sie die Pappschüssel, also den Leimtopf, zum Fenster heraushängen sahen.

Zu besonderer Beliebtheit kam die Beiz »Zur Baßgeige« in der Karlstraße 18. Der Besitzer war, so berichtet es die Überlieferung, ein gebürtiger Botnanger, deren Necknamen »Baßgeigenjäger« auf den Wirt übertragen wurde. Das Lokal bestand bis etwa 1890, dann ging das Haus in den Besitz der Firma Breuninger über.

Die »Bettlade« in der Dreherstraße 1 stand dort, wo sich heute die Hertie-Tiefgarage in der Schmalen Straße befindet. Die Wirtschaft kam wohl zu ihrem Namen, weil der schmale Raum, eingezwängt zwischen die eichenen Pfosten des Fachwerkhauses, den Vergleich aufkommen ließ. Auch die »Bettlade« war ursprünglich eine Besenwirtschaft, die nur im Spätherbst für einige Wochen betrieben wurde; im vorigen Jahrhundert jedoch hatte sie sich zur Gaststätte gemausert.

Eine sehr alte Wirtschaft war die »Ilge«, deren Name Lilie bedeutet. Sie diente vielleicht sogar als Herberge und gab darum der Gasse und dem Platz bei der heutigen Rathausgarage den Namen. In ihrer Nähe entstand später das

Gasthaus »Zum Anker«, das seinen Namen erhielt, weil dort die Neckarschiffer und -flößer einkehrten. Sie brachten Güter und Brennholz auf dem Wasserwege nach Cannstatt und verkauften ihre Ladungen in Stuttgart. In den vierziger Jahren des vergangenen Jahrhunderts kamen allwöchentlich Schiffsleute aus Heilbronn und Mannheim in den »Anker«, um die ländlichen Auswanderer nach Amerika in Empfang zu nehmen. Von Cannstatt aus ging es dann auf dem Seeweg ins »Land der unbegrenzten Möglichkeiten«.

»Das alte ›Gasthaus zum Anker‹ wurde von dem Wirt Baur im Jahr 1842 weggerissen und das jetzige Haus an dessen Stelle erbaut; es ist heute noch

Oben: Ein Anziehungspunkt für Weinzähne ist seit alters die »Kochenbas« in der Immenhofer Straße 33, Ecke Olgastraße. Seit 1955 kümmert sich hier Emmy Rettenmaier um das Wohl der Gäste. Die Aufnahme stammt aus dem Jahr 1962. – Links: Die Weinstube »Zum goldenen Engel«, kurz »Engele Buck«, bestand bis 1944 als Vesperwirtschäftle an der Hirschstraße. Die Federzeichnung wurde 1936 von H. Frank angefertigt.

eine ganz gute Einkehr für mittlere Leute«, heißt es in einer Beschreibung aus dem Jahr 1891.

Als Vesperwirtschäftle recht beliebt war die kleine Weinstube »Engele Buck« an der Hirschgasse, hinter dem alten

unserer Mitbürger können sich noch an sie erinnern. Da gab es die »Pappschüssel« in der Ilgenstraße 13, heute von der Rathausgarage überbaut. Um 1860 gehörte sie dem Buchbindermeister H. Helfferich. Er besaß einen Anteil an einem Weinberg, und damit war er berechtigt, eine Besenwirtschaft zu betreiben. Wie bei Besenwirtschaften üblich, gab es keine eigene Gaststube. Die

Rathaus gelegen. Das »Engele Buck« bewahrte die Atmosphäre einer echten Beiz bis 1944.

Eine der ältesten Gassenschenken war die »Brezel«, die vor dem Oberen Tor, an der späteren Marienstraße, stand. Sie verschwand bereits im 18. Jahrhundert beim Bau der Legionskaserne.

Die Beizle waren die rechten »Brutplätze« für Spaßmacher, Witzbolde und Originale. Die Bühlersche Weinstube im Bohnenviertel wurde nach dem einfallsreichen »Krabbadusel« benannt. Es gab in früheren Zeiten den »Fedraschmidt« und das »Mostkasino«, eine Fülle gemütlicher kleiner Vesperstuben, die meist schon um 1900 den Ansprüchen der neuen Zeit nicht mehr genügten und von denen die letzten durch Kriegseinwirkungen zerstört wurden.

Stuttgarter Nachtleben

Immer wieder flammt in unseren Tagen die Diskussion auf, ob nicht die »Sperrstunde« generell von Mitternacht auf 1 oder 2 Uhr verlegt oder sogar ganz abgeschafft werden sollte. Nur eine Handvoll Lokale – von der Striptease-Bar bis zum Straßen-Imbiß – verfügt über eine Ausnahmegenehmigung. Zwischen 5 und 6 Uhr morgens herrscht absolute Nachtruhe; nur die Autobahnraststätte und die Gaststätte im Großmarkt dürfen um diese Zeit Gäste bewirten.

Trotz alledem kann man heute von einem geradezu ausschweifenden Nachtleben sprechen, wenn man unsere Zeit mit früheren Zeiten vergleicht. So verfügte etwa ein herzoglicher Erlaß vom 15. September 1673, »daß nach 9 Uhr nach dem mit der Trommel beschehenen Zapfenstreich sich Niemand, wer der sei, ohne Ausnahme, ohne brennendes Licht auf der Straße betreten lassen solle; wer auch um diese Zeit noch in Wirtshäusern in Sauß und Schmauß sich betreffen lassen wird, selbiger ohne Unterschied wer man auch sei, soll durch die Patrolle hinweg und unter die Corps de garde gebracht, die Nacht darin behalten, am Morgen aber der betreffenden Stelle zur Bestrafung übergeben werden.«

Die Stuttgarter scheinen keineswegs sehr brave Untertanen gewesen zu sein,

Die Königstraße vor 1828. In der Bildmitte ein Réverbère, eine hängende Öllaterne. Zum Füllen, Anzünden und Löschen mußte der Laternenanzünder das Seil lösen, das an dem Haus links befestigt war. Dieses Haus gehörte übrigens dem Verleger Cotta.

Mit diesen Wirtschaften verschwand ein Kapitel altschwäbischen Volkstums, das sich in der behaglichen Atmosphäre der malerischen Altstadthäuser unverfälscht erhalten hatte. Eine nachbarlich vertraute Gesellschaft hatte sich dort zusammengefunden. Fuhrleute und Arbeiter, Handwerksmeister und Professoren, dazu die Bauern, die zum Wochenmarkt in die Stadt kamen, auch Künstler und Literaten fehlten nicht, Privatiers und Pensionäre – eine buntgemischte Gesellschaft, in der Rang und Titel nicht viel galten, wohl aber eine einfallsreich-witzige Unterhaltungsgabe. Dort blühte eine weinfrohe Poesie, die auf ihre Weise dem Alltag eine heitere Seite abzugewinnen wußte und die treffsicher die Meinung des »Kleinen Mannes auf der Straße« bekundete.

denn schon am 8. Mai 1674, also nur gut ein halbes Jahr später, mußte der Erlaß erneuert werden.

Brav scheinen sie auch in anderer Hinsicht nicht gewesen zu sein, unsere Vorfahren. 1646 erließ Herzog Eberhard III. ein Dekret, als dessen Empfänger der Vogt von Stuttgart genannt wird: »Du Vogt vernehme, waß Gestalten, ohnerachtet dieser höchst kläglichen Zeiten, sowohl an Werk-, als auch Sonn- und Feiertägen, bei nächtlicher Weil das Gassatum gehen, Schreyhen, Jauchzen, hin- und Widerlaufen und dabey vorübergehende Schlaghändel, auch andere Insolentien bei ledigen und Handtwerksburst, insonderheit aber bei jungen Weingärtnern, auf öffentlicher Gassen allzugemein werden will – du Vogt sollest solche auf jedesmahliges Betreten, einem Andern zum Exempel, in das auf dem Markt stehende Narrenhauß bei hellem Tag ohnnachläßig einstecken, und alldorten nach Verbrechen abbüßen lassen. Und soll dieser Befehl auf öffentl. Canzel abgelesen werden.«

Das »Narrenhaus« war damals das Gefängnis; es befand sich im Herrenhaus, das mitten auf dem Marktplatz stand.

Eine Straßenbeleuchtung, wie wir sie heute kennen, gab es damals nicht. Zwar waren an 40 Häusern sogenannte »Feuerpfannen« angebracht, mit Harz und Pechringen gefüllt, sie wurden jedoch nur zu besonderen Anlässen oder in Notfällen angezündet, etwa bei Menschenaufläufen oder einer Feuersbrunst. Erst 1714 befahl Herzog Eberhard Ludwig die Beleuchtung des Schloßplatzes; diese wurde 1716 zwar ausgeführt, 1732 aber wieder abgeschafft, als der Hof nach Ludwigsburg verlegt wurde. Nebenbei: Die Hausbesitzer mußten damals noch zwölf weitere Jahre lang Abgaben für die Straßenbeleuchtung zahlen, obwohl es diese gar nicht mehr gab.

Nach dem großen Hirschgassenbrand 1761 werden endlich 770 Laternen zur Straßenbeleuchtung angeschafft, 15 Jahre später aber beschließt man, sie nur anzuzünden, wenn der Herzog anwesend ist. 1786 werden die Réverbères eingeführt, mitten in der Straße hän-

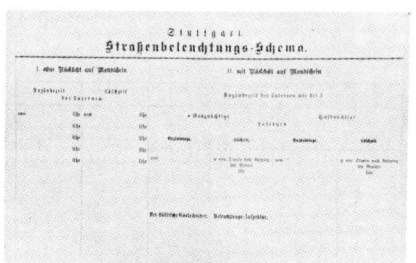

Elektrische Straßenbeleuchtung

nach System Stuttgart

Die gesetzlich geschützten

Aufhängevorrichtungen

liefert als Alleinhersteller
die Firma

Erhard Haller

Großhandlung und Fabrikation
elektrischer Bedarfs-Artikel

Stuttgart

Militärstraße 16 / Fernsprecher 23258 und 23259

gende, mit einem Hohlspiegel versehene Laternen, die zum Anzünden mittels einer Schnur herabgelassen werden können.

Nach der Errichtung eines privaten Gaswerks auf den Spitaläckern (bei der heutigen Seidenstraße) wird die Straßenbeleuchtung 1845 auf Gas umgestellt; die Stadt spart dadurch schon im ersten Jahr 1200 Gulden. Die Gaslaternen gab es noch bis in unser Jahrhundert, als dann nach und nach die Elektrifizierung erfolgte.

Tiefe Dunkelheit bestimmte also in früheren Jahrhunderten das nächtliche Bild der Stadt. Wer sich um diese Zeit auf die Straße wagte, nahm eine Kerze oder eine Laterne mit, und noch 1814 wird befohlen, »es müsse jedermann, der sich nach 10 Uhr auf der Straße betreten lasse, mit einem brennenden Licht in der Laterne versehen sein, widrigenfalls der Übertreter ohne Unterschied des Standes auf die Haupt- oder Polizeiwache geführt wird«.

Aber auch die Gaststätten leisteten ihren Beitrag zur Straßenbeleuchtung, denn seit alters war eine leuchtende Laterne über der Tür ihr Zeichen. Allein die gleißende Lampe lockte zur Einkehr in eine Herberge. Den Wirt zu nächtlicher Stunde herauszuklopfen, durften freilich nur gut zahlende Gäste wagen, vor allem fremde Reisende. Wenn die Torwache die Ankömmlinge passieren ließ, dann mußte es sich um Standespersonen handeln, also durfte der Wirt nicht zögern, sie aufzunehmen. Die Laterne war sogar ein vielversprechendes Symbol: Der Wirtestand wollte sich deutlich von dem hartherzigen Mann in Bethlehem unterscheiden, der dem Heiligen Paar ein Nachtlager verweigert hatte.

Oben links: Der Verlängerung des Vertrages mit der in Genf ansässigen privaten Gasgesellschaft 1869 gingen heftige Diskussionen voran, ob ein städtisches Gaswerk errichtet werden sollte. – Oben rechts: Auch das Laternenanzünden war bürokratisch organisiert. – Mitte: Annonce aus dem Jahr 1925. – Unten: 1915 gab es im Hotel Royal eine »Savoy Bar«: mondänes Nachtvergnügen für die Stuttgarter.

Stuttgarter Narren, Spaßmacher und Originale

Zur schwäbischen Volkspoesie gehört das Necken und Foppen; in jeder Zecherrunde blüht die Freude an knitzen Vergleichen, mit denen der nüchterne Alltag in humorvolle Bilder gefaßt wird. Da gibt es keinen, der nicht dazu reizte, glossiert und »veräppelt« zu werden. Die größte Portion Humor besitzt, wer sich selber auf den Arm nehmen kann, getreu Goethes Ausspruch: »Wer sich nicht selbst zum besten halten kann, der ist gewiß nicht von den Besten!«

Mit den »Sieben Schwaben« entstand ein Kapitel Selbsterkenntnis, das schmunzelnd anerkannt wurde.

Erfundene oder tatsächlich geschehene Ereignisse waren es, die die Grundlage für die Spitznamen der Stuttgarter Vorortbewohner abgaben. Die Heslacher wurden als »Blaustrümpfler« bezeichnet, die Botnanger als »Baßgeigenjäger«, die Cannstatter als »Mondlöscher« und die Feuerbacher als »Talkraben«. Die Stuttgarter selbst werden von alters her als »Stäffelesrutscher« verspottet. Keiner kam ungeschoren davon, »denn Gott verhüte, daß das Necken unter den Landsleuten abkomme, es wäre dies ein übles Anzeichen, daß auch das Lieben unter ihnen abgekommen ist« (Berthold Auerbach).

So kamen sie alle zu ihren Necknamen, der »Bohnekarle« und der »Käsnanz«, der »Sellarichfrieder« und der »Lettapäppel«. Im Bohnenviertel heimisch war der »Krabbadusel«, ein schwäbischer Till Eulenspiegel, der voller lustiger Streiche steckte. Es war der Wengerter Rudolf Bühler, der auch eine Besenwirtschaft betrieb. Im Nebenberuf war er als Hornist der Freiwilligen Feuerwehr eine stadtbekannte Figur. Seinen Spitznamen erhielt er, weil er einmal einen Krähenschwarm mit Brotbrocken, die er zuvor in Wein getunkt hatte, fütterte, so daß die Vögel betrunken um

Fasching Anfang der dreißiger Jahre, hier im Gasthaus »Zur Sonne« in Stuttgart-Wangen, Ulmer Straße 308.

ertollten. Außerdem verstand er es trefflich, allerlei Grimassen zu schneiden und die Stimmen von manchen Zeitgenossen, die aufgefallen waren, zu imitieren. Andere zu »strählen« war sein besonderes Vergnügen. Die Persiflierten nahmen es ihm nicht übel, und die Lacher hatte er sowieso auf seiner Seite.

Im Zwillichkittel, mit einem Leiterchen über dem Arm und einem Kleistertopf zog der »Papp-Jean« Johann Bauder durch die Gassen, mit einem ganzen Rudel Lausbuben im Schlepptau, die seine Streiche johlend begrüßten. Als Zettel- und Plakatankleber verdiente er sein Brot, und er liebte es, mit dem Kleisterpinsel um sich zu spritzen. Oft trug er auch noch einen Helm auf dem Kopf, der zum Lachen reizte. Bei Umzügen bot er, meist grotesk maskiert, eine lustige Figur; als Couleurdiener bedachten ihn die Studenten mit mancherlei schnurrigen Aufträgen. Beim Cannstatter Volksfest baute er einen Stand auf und verkaufte Bilderbögen, die ihn als Karikatur zeigten. Zudem gehörte er zur Zunft der Moritatensänger. Seine Erzählungen von einem angeblichen Amerikabesuch reizten die Lachmuskeln, weil er dabei kauderwelschte und glossierte. Zuwei-

len trug er ein Fernrohr bei sich, um Neugierige einen Blick ins »Jenseits« werfen zu lassen. In allen Beizle war er wohlgelitten, nur die Polizei nahm ihn manchmal am Kragen, wenn seine Possen allzu drastisch wirkten.

Der »Kuhsattler« kam zu seinem Namen, weil er einmal in der Dunkelheit und besoffen eine Kuh statt eines Pferdes sattelte und auch noch verkehrt aufsaß. Sein Domizil war der Schloßplatz, und den Reisenden diente er als Fremdenführer. Seine Narreteien trugen ihm genug ein, so daß er sich an der nächsten Theke wieder stärken konnte für neue Albernheiten.

Bedächtigen Schrittes, angetan mit einem schwarzen Gehrock und einem verbeulten Zylinder, wanderte das »Herrgöttle« durch die Lokale, um »des Herrgotts wegen« die Gäste zu bitten, ihm ein Viertele zu stiften. Von der Jugend verspottet, ohne aber darum seine steife Würde aufzugeben, zog er seine Runden durch die Altstadtgassen.

Es gab den »Nesenbachmatros«, der die tollsten Abenteuer schildern konnte, die er angeblich auf hoher See erlebt hatte. In Wirklichkeit aber hat er die Stuttgarter Stadtgrenzen nie verlassen.

Die Gaisburger hatten ihren »Wakamba«. Das war ein Schlaukopf, dem das tägliche Schaffen nicht mehr behagte. Er verdingte sich bei jedem Zir-

Der versalzene Hummelsbraten
zu Fegerloch.

Die harte Griessuppe
beim Wirth Halstuch in der Kronprinzstraße.

kus, der nach Stuttgart kam, als »Neger«. Dazu hatte er sich schwarz bemalt und entsprechend kostümiert. Da staunten die Zuschauer über den Wilden, der seine Zähne fletschte, als wolle er sie fressen.

»Hasch koi Angscht, Bub?« fragte ein Älterer den Knirps, der sich eng an den Wilden drängte. »Noi, 's isch doch moi Vadder!« kam als Antwort. Seitdem war Wakambas Karriere zu Ende, aber der Spottname blieb an ihm hängen, und die Gaisburger mußten es hinnehmen, zuweilen als Wakambas gefoppt zu werden.

Ein Original der Stöckachgegend war der »Klarinettenmuckel«. Er hatte einst als Militärmusiker gedient; später leitete er eine kleine Kapelle, die freilich mehr durch ihre groteske Kostümierung auffiel, als sie durch Harmonien entzückte. Der Dirigent fuchtelte mit seiner Klarinette herum, anstatt ihr Töne zu entlocken. Aber seine Späße wurden belacht, und die Zehnerle klimperten zahlreich auf den herumgereichten Teller.

Mit einem Fässle, angefüllt mit Sardinen oder Kieler Sprotten, hausierte der »Affenkarle« in den Lokalen. Er ließ allerlei Spott mit sich treiben und zeigte dazu sein affenartiges Grinsen. Vom »Spatzenfärber« wurde erzählt, daß er Gassenvögel fing, um sie gelb anzustreichen und als »Kanari« an naive Leute zu verkaufen.

Auch das weibliche Geschlecht fehlte nicht im Corso der Originale. Bekannt war das »Kaffeebembele«, ein Hutzel-

weible, das jedem erzählte, es habe in der Jugend bessere Tage gesehen. Die Alte schlich bettelnd durch die Lokale und dankte den Gebern mit allerlei possierlichen Gesten.

Die temperamentvolle »Apfelricke«, scharfzüngig und spottlustig, wußte sich als Marktfrau erfolgreich durchzusetzen.

»O Anna Scheufele, du bist a Teufele« – mit diesem Kehrreim begrüßten die Kaltentaler ihre Mitbewohnerin, um in ihr das »Ewigweibliche« zu verehren. Der berühmteste Sohn des benachbarten Heslach freilich war der frei erfundene Traugott Armbrüstle. Dieser Wengerter, Dichter, Philosoph und Komponist war das Phantasieprodukt einer einfallsreichen Stammtischrunde, die ihrem Heimatort die Note musischer Beschwingtheit sichern wollte.

Oben: Derartige Einblatt-Drucke, jeweils durch ein Gedicht ergänzt, dienten gegen Ende des letzten Jahrhunderts dem Amüsement der Stuttgarter. Sie wurden in Läden und auf dem Volksfest verkauft. – Links: Die Degerlocher hießen »Hummelhenker«, weil sie einmal einen Stier, schwäbisch »Hummeler«, aus dem Stall führen wollten und dabei so lange an seinem Nasenring zogen, bis das Tier erstickte. Im »Adler« in »Fegerloch« kam es zu einer Schlägerei, als es ein Außenstehender wagte, die Stammgäste an diese Begebenheit zu erinnern. – Rechts: Ein Gast bestellte im Wirtshaus »Halstuch« in der Kronprinzstraße abends eine Grießsuppe, weil er einen verdorbenen Magen hatte. Doch die Köchin Marie verwechselte den Grieß mit dem Stubensand, der zum Auskehren verwendet wurde. Die Suppe war ungenießbar.

»A Schütz, der net zecht, isch em Deufel z'schlecht«

Büchsenknall und Schützenfeste – ohne sie wäre das Volksleben früherer Zeiten überhaupt nicht denkbar gewesen, jedenfalls hätte es vieler reizvoller Bilder entbehrt. Zur Huldigung der Regenten, zum Empfang hoher Würdenträger und auch bei anderen Anlässen donnerten die Böller, zum Wettbewerb versammelten sich von weit her erfolgreiche »Brettlbohrer«, und die Krönungen der

Schützenkönige waren jeweils Anlaß zu gewaltigen Zechereien.

Das Armbrustschießen wurde seit dem 15. Jahrhundert als Wettbewerb betrieben, seit 1482 bestand die St. Sebastians-Bruderschaft bei der Stiftskirche.

Die Geschichte der Stuttgarter Schützenfeste reicht bis 1501 zurück. Aus diesem Jahr ist ein Dokument erhalten, in

dem beschrieben wird, wie etliche Hundert wehrhafte Männer für sechs Wochen zusammenkamen, um ihre Fertigkeiten zu beweisen. Im Jahre zuvor war die Stuttgarter Schützengilde gegründet worden, die damit der älteste Stuttgarter Verein ist. Ihre Schießstätte hatte sie vor den Toren der Stadt am »Mittleren See« angelegt. Diese Schießstätte wurde in späteren Zeiten fünfmal innerhalb Stuttgarts verlegt. Die Büchsen- und Schützenstraße erinnern daran noch heute.

Jedes der Schützenfeste wurde glanzvoll gefeiert, und natürlich durfte auch die Bewirtung nicht fehlen. Ob bei den älteren Schützenhäusern eine Gaststätte vorhanden war, ist nicht mehr zu ermitteln; es ist aber wohl anzunehmen.

Aus der Chronik geht hervor, daß Regenten und hohe Würdenträger das Schützenwesen zu allen Zeiten unterstützt haben. Es fehlen auch nicht die Hinweise auf den oft zitierten Durst nach »Zielwasser«, und den Hunger vertrieb die »Schützenwurst«. Beim Deutschen Bundesschießen, das im Jahre

1875 stattfand, wurde das größte der Lagerfässer im Keller des Alten Schlosses, das mehr als 33 000 Liter faßte, gleich zweimal geleert.

Das heutige Schützenhaus in Heslach, Burgstallstraße 99, wurde 1895 von Karl Hengerer gebaut; es wurde 1944 stark

Alte Schützenhäuser. Oben: Am Büchsentor, etwa Ecke Leuschner-/Lange Straße (ab 1716); darunter: Rotebühlstraße 102, Ecke Schwabstraße, 1840 eröffnet, später »Westendbierhalle«; rechts: Schützenstraße, Ecke Kanonenweg (heute Haußmannstraße), 1863 eingeweiht, später Lokal »Zur Uhlandshöhe«. — Links: Eine militärische Schießbahn bestand auf dem Gelände des heutigen Dornhaldenfriedhofs.

Das Heslacher Schützenhaus.

beschädigt und 1954 wiederhergestellt. Zum Heslacher Schützenhaus gehört eine Gaststätte, deren großer Saal für Festlichkeiten genutzt wird. Besonders stolz ist die Schützengilde, die hier residiert, auf einen wertvollen Silberschatz aus Talern, Medaillen und Pokalen, darunter der 1682 von Herzog Friedrich Karl gestiftete »Schwanenbecher«.

Der Schützenverein Tell fand in dem 1976 neuerbauten »Schützenhaus Tell«, einer Gastwirtschaft mit Kegelbahn und großer Terrasse in der Burgholzstraße 91 in Stuttgart-Münster, seine Heimat. Das »Neue Schützenhaus« der Schützengesellschaft Stuttgart liegt direkt auf der Grenze zwischen Feuerbach und Botnang und beherbergt heute eine Pizzeria, ebenso wie das Weilimdorfer »Schützenhaus« in der Pforzheimer Straße. Der Schützenverein Plieningen und die Schützengilde Stuttgart-Vaihingen erhalten die Tradition ebenso aufrecht wie das »Schützenhaus« im Stadtteil Mönchfeld.

47

Otto, Seppl und Lina

Den Namen Otto Flaig dürfte noch so mancher aus den Erzählungen der Eltern und Großeltern im Ohr haben. Als Alleinunterhalter zog der sangesfreudige Flaig durch Stuttgarter Gaststätten, um die Besucher mit Werken der leichten Muse zu erfreuen. Begonnen hat er damit im Bierhaus »Bardili«, Tübinger Straße 11 (siehe Seite 27).

Otto Flaig, der über die Malerei zur Musik und mimischen Darstellung gefunden hatte, stellte im Jahre 1890 die »Komikergruppe Otto, Seppl und Lina« zusammen, die ein heiteres, oft improvisiertes Varietéprogramm aufführte. Große Kunstgenüsse wurden wohl kaum geboten, die lustigen Drei begnügten sich damit, die Tradition des Bänkelsängertums fortzusetzen. Aber

in den Bierhallen und in den kleinen Beizle des Bohnenviertels fanden sie ein dankbares Publikum. Eintrittsgeld wurde zu diesen Veranstaltungen nicht erhoben, aber wenn die Zuhörer so recht in Stimmung gekommen waren, ging die Lina mit dem Teller herum, um Spenden einzusammeln.

Später übernahm Otto Flaig den »Stuttgarter Hof« in der Bergstraße (heute Firnhaberstraße). Im angegliederten Saal, »Singspielhalle« genannt, trat das komische Trio mit Musikbegleitung auf.

Erst nach der Jahrhundertwende löste sich das Ensemble auf; inzwischen war das Varieté im Friedrichsbau entstanden, und die Stuttgarter waren anspruchsvoller geworden.

Oben: Werbekarte des »Stuttgarter Hofs« mit Otto Flaig als stolzem Besitzer. Auf dem rechten Teilbild kann man einen Auftritt der Komikergruppe sehen. – Rechts: Die Brauereigaststätte »Bardili«.

Gastronomie um 1900

Die »Wirtschaftsgeschichte« ist um das Jahr 1900 von der räumlichen Entfaltung geprägt und vom Bestreben nach effektvoller Wirkung durchdrungen. Die wirtschaftliche Blütezeit im letzten Viertel des vorigen Jahrhunderts, die sogenannte Gründerzeit, sowie die Entwicklung der Industrie und der schnelle Bevölkerungszuwachs bedingten die Errichtung neuzeitlicher Lokale, abweichend von der bisherigen Tradition.

Die Wirte dieser Betriebe, meist Pächter, bemühten sich um ein »weltstädtisches« Gepräge (Restaurant »Monopol«, Königstraße, mit »American Bar«) oder um eine räumliche Ausschmückung, die Gewölbe oder Säulenhallen vortäuschte (Restaurant »Kaiserhof«, Marienstraße) und die in Anzeigen und auf Postkarten der Reklame wegen noch größer und

Oben: Werbekarte des Restaurants »Monopol«, Königstraße 18 A, aus dem Jahr 1898. – Rechts: Gewölbe des »Kaiserhofes«, Marienstraße 10.

prunkvoller dargestellt wurde, als sie in Wirklichkeit war.

Nicht zu leugnen ist, daß diese Lokale – wie der »Lindenhof« in der Hauptstätter Straße und der »Stuttgarter Hof« in der Bergstraße – auf moderne technische Einrichtungen bedacht waren, um den Gästen möglichst rasch und preiswert

eine große Auswahl von Speisen und Getränken bieten zu können.

Die Eröffnung dieser Lokale wirkte damals sensationell und zog, wenn auch nur zu Beginn, viele Gäste an. Aber keine dieser Wirtschaften hatte längeren Bestand, meist wechselten die Pächter in rascher Folge. Es fehlte oft die solide Basis, die den traditionellen Stuttgarter Gaststätten eigen war.

Zentrallager, Bäckerei· u.
Verwaltungs-Gebäude.

Mosterei·Gebäude u. Lagerplatz

Keller Wolframstrasse

Zumindest im Ausmaß eine Stuttgarter Spezialität war der »Spar- und Consumverein«, aus dem sich nach dem Zweiten Weltkrieg der »Konsum« und später — nach größeren Zusammenschlüssen — der »coop« entwickelte. Der »Spar- und Consumverein« war nach englischem Vorbild 1864 von Eduard Pfeiffer, dem Vorsitzenden des »Vereins zum Wohl der arbeitenden Klassen«, gegründet worden. Unter zähem Festhalten am Genossenschaftsgedanken bahnte sich der Verein, trotz zahlreicher Widerstände, mit Hilfe des Arbeiterbildungsvereins seinen Weg. Schon in frühen Jahren wurden eigene Herstellungsbetriebe angegliedert. Gegen Ende des 19. Jahrhunderts nahm der Verein einen ungeheuren Aufschwung. Auf einem über 11 000 Quadratmeter großen Grundstück in der Wolframstraße konnte 1899 ein Neubaukomplex bezogen werden. Er umfaßte neben einem Verwaltungsgebäude ein großes Lagerhaus, in dem Waren zur Versorgung der vereinseigenen Läden gelagert wurden, eine Bäckerei, in der neben dem Kleingebäck täglich 25 000 Laibe Brot hergestellt wurden, eine Konditorei, ferner ein Mehlmagazin, eine Teigwarenfabrik, ein Brennmaterialienlager und — so heißt es in einer zeitgenössischen Beschreibung — »ein für einen großen Fuhrpark berechnetes Stallgebäude und Futtermagazine« (Bild oben). Unter den drei Gebäuden dehnte sich die Kellereianlage aus, die auf 1500 Quadratmeter Grundfläche Lagerfässer für 1000 Hektoliter Wein umfaßte (unteres Bild). In guten Zeiten betrug der Tagesverbrauch (!) an Wein 2500 Liter. 1904 wurde eine Mosterei errichtet, ab 1905 wurde auch Limonade selbst hergestellt. Die Kapazität der Mosterei reichte bald nicht mehr aus, und so wurde 1913 auf einem über 10 000 Quadratmeter großen Grundstück an der Rosensteinstraße eine größere Anlage gebaut (mittleres Bild). Ihre Tagesleistung betrug 100 000 Liter! — Im Jahr 1925 besaß der Spar- und Consumverein 46 Lebensmittelläden umd zwei Spezialgeschäfte für Textilwaren und Schuhe, er beschäftigte 425 Angestellte, Arbeiter, Verkäuferinnen und Handwerker, verfügte über fünf Lastautos und 13 Pferdefuhrwerke und wies die stolze Zahl von 40 000 Mitgliedern auf. Sämtliche wirtschaftlichen Gewinne wurden an die Mitglieder ausgeschüttet.

»Gott gab die Zeit, die Eile erfand der Teufel«

Die Jahrhundertwende stand im Zeichen einer Fülle sensationeller Überraschungen. Durch die Straßen knatterten die ersten Automobile, im Hotel Marquardt erstrahlten hell die Bogenlampen, die Straßenbahn schaffte die Pferde ab, und 1907 wurden auf dem Cannstatter Wasen die ersten Flugversuche unternommen, als »Grashupfer« verspottet.

Da wollte auch die Gastronomie nicht abseits stehen und schaltete auf Tempo. Eine vielbestaunte Neuerung waren die »Automaten-Büffets«, als deren erstes 1907 der »Rathaus-Automat«, Marktplatz 10, eröffnet wurde. Wer ein Zehnerle riskierte, dem füllte sich das Glas mit schäumendem Bier, ohne daß ein dienstbarer Geist sich darum bemühte. Recht appetitlich wirkte der gläserne Zylinder, in dem leckere Brötchen, belegt mit Wurst oder Käse, dargeboten wurden. Auch Limonade gab's oder Kuchenstücke, jeweils für einen Groschen.

Damit hatten vor allem junge Leute ihren Spaß; schon das automatische Ausspülen der Gläser erschien als kleines Wunder, mehr noch der genau abgemessene Strahl des goldenen Gerstensaftes.

Mitunter aber klappte die Sache nicht recht, und es ergab sich ein unterhaltsames Palaver zwischen Fachleuten und Laien über die Zuverlässigkeit oder die Mängel der Technik. Davon profitierte dann ein anderer der Gäste, der vielleicht mit erstauntem Blick feststellte, daß der Brötchenautomat sich als spendierfreudig erwies: Für einen Zehner servierte er einen Happen nach dem anderen, bis das Aufzugsgerät leer war.

Wie die Pilze schossen die Automaten-Büffets aus dem Boden; es gab den »Charlotten-Automaten« an der Charlottenstraße, den »Residenz-Automaten« an der Schloßstraße, außerdem einen »Kaiser-Automaten«, einen »Königs-Automaten«, einen »Monopol-Automaten« und einen »Postplatz-Automaten«. Allerdings hatten diese Unternehmungen keinen langen Bestand, nach 1914 erlagen sie den Beschränkungen durch die Kriegsverhältnisse.

Einige wurden zu Beginn der zwanziger Jahre wiedereröffnet, aber auch sie konnten sich nicht lange halten. Dafür wurden in manchen Gaststätten die Spielautomaten eingeführt, die sich bald großer Beliebtheit erfreuten; auch die mechanische Versorgung mit Tabak- und Süßwaren kam dazu. Aus den Automatenbetrieben der ersten Zeit wurden Schnellgaststätten und Stehbierhallen, die dem Tempo des großstädtischen Verkehrs entsprachen. Aber sie taten dem seßhaften Zecherwesen keinen Abbruch; zum geruhsamen Feierabend gehörte die gediegene Atmosphäre der traditionellen Bierhäuser und der gemütlichen Weinstuben.

Oben: Der »Postplatz-Automat« am Alten Postplatz; ein Bild aus dem Jahr 1910. Die beiden Häuser, die man auf diesem Foto sieht, sind die einzigen, die — nach den Kriegszerstörungen und der völligen Umgestaltung des Alten Postplatzes zum Rotebühlplatz in den sechziger Jahren — noch stehen. Sie schließen die Calwer Straße nach Westen ab. Statt in den »Postplatz-Automaten« kann man heute in dem neu renovierten Gebäude beim »Bruddler« einkehren. Im Haus rechts daneben, dem ehemaligen Palais Gültlingen, befanden sich 1910 die »Hamburger Fischhallen«, heute lädt dort das Lokal »Zum Paulaner« ein. Die Straßenbahn fuhr damals die Gartenstraße hinauf, die jetzige Fritz-Elsas-Straße. Die Soldaten, die man im Vordergrund sieht, marschierten vermutlich zur Rotebühlkaserne, in der heute das Finanzamt untergebracht ist. - Links: »Dörr's Schnellgaststätte« lautet die Aufschrift auf der Schaufensterscheibe. Zugkräftiger war offensichtlich das Wort »Automat«. Diese »Einkehr für jedermann« (so der Werbespruch) befand sich in der Königstraße 10b (heute »Europa-Apotheke«). Die Aufnahme stammt aus dem Jahr 1939.

Wie die »Gesellschaft Zigeunerinsel« entstanden ist und wie sie zu ihrem Namen kam

Romantische Erinnerungen an frühere Zeiten fehlen auch in den Vorstädten nicht. So traf sich im Jahr 1910 ein Kreis einfallsreicher Leute in der Gaststätte Kälin, Lerchenstraße 31 im Stuttgarter Westen, um einen Bürgerverein zu gründen, der Frohsinn und Geselligkeit pflegen sollte. Dazu wurde als »Schultheiß« Wilhelm Kruger gewählt, der sehr bald mit seinem Geschick eine große Zahl von Mitgliedern vereinte.

Nun fehlte nur noch eine ausdrucksvolle Bezeichnung für den Bund. Hin und her wurde beraten, bis einer der Anwesenden auf den früher verwendeten Spottnamen »Zigeuner« für die Bewohner des Viertels um die Seiden-, Lerchen- und Hölderlinstraße hinwies, der fast in Vergessenheit geraten war. Im 17./18. Jahrhundert war das Gebiet noch gänzlich unbebaut gewesen, und zuweilen hatten wandernde Zigeuner dort ihr Lager aufgeschlagen, weil sie in der Stadt nicht aufgenommen worden waren.

Mit fröhlichen Mienen wurde dem Vorschlag zugestimmt, und damit hatte die »Gesellschaft Zigeunerinsel« ihren Namen weg. Sie entwickelte sich zu einem Karnevalsverein, der die Romantik des Wandervölkleins pflegte und seitdem mit ansprechenden Bildern viel zur lustigen Poesie der Stuttgarter Fasnet beigetragen hat.

Schwäbische »Schmeckenswürdigkeiten«

Eine wohlbegründete Weisheit der Gourmets ist es, eine fremde Gegend auf dem Wege über die Gaumenfreuden kennenzulernen. Nicht wenige Besucher unserer Stadt legen Wert darauf, schwäbische Gerichte zu kosten, um sich so ein Urteil über Land und Leute zu bilden.

Sie haben es heute nicht mehr ganz einfach, denn auch die Schwaben haben in den letzten Jahren die Genüsse fremder Küchen zu schätzen gelernt. So bekommt man in Stuttgart beinahe an jeder Ecke Pizza, Souvlaki oder Kebab, man kann ägyptisch, afghanisch, arabisch, argentinisch, chinesisch, französisch, griechisch, indisch, israelisch, jugoslawisch, koreanisch, mexikanisch, österreichisch, russisch, schweizerisch, spanisch, türkisch, tunesisch, ungarisch, vietnamesisch oder zypriotisch tafeln, auch koscher oder vegetarisch.

Aber es gibt auch noch Restaurants und Wirtshäuser, die – aus Tradition oder als besondere Spezialität – Schwäbisches auf den Tisch bringen. Hier bekommt man Linsen und Spätzle, Ripple auf Filderkraut, Hirnsuppe, saure Nierle und Kutteln (Pansen), Maultaschen natürlich, Kässpätzle und »Gaisburger Marsch«, ein Gericht, das – nicht mehr Suppe, noch nicht Eintopf – Rindfleisch, Spätzle und Kartoffeln in einer Fleischbrühe vereint, die gerösteten Zwiebeln obenauf nicht zu vergessen.

Eine gedruckte Wirteordnung des Jahres 1582, herausgegeben vom Stuttgarter Rat, bestimmte die Art der Speisen und dazu die Preise:

»Voressen, Suppe, Braten, Fleisch, Gemüs und Brot, dazu einen guten Tischwein = 4 Batzen, wenn Fische dazu = 10 Kreuzer, Morgensuppe, Brüh und Fleisch, dazu Käs und Brot = 2 Batzen, Hammelfleisch mit Sauerkraut und Gebackenes = 3 Batzen, Bratfische, Käse und Hippen = 2 Batzen und 6 Kreuzer, Stallmiete für 2 Rosse = 2 bis 3 Pfennig.«

Nobler freilich ging es in den Kreisen der »Ehrbarkeit«, der Patrizier, zu. Anno 1774 waren sie im Ratssaal versammelt, um den Geburtstag Herzog Carl Eugens zu feiern. Adlerwirt Schnell hatte die Verpflegung übernommen; er legte dem Rat nachher diese Rechnung vor:

»Krebssuppe mit einem Eierkäs mit gebackenen und gesottenen Krebsknöpflen, 3 fl. [Gulden] 48 kr. [Kreuzer], Bœuf à la Mode 3.30, Gefülltes Kraut mit gebackenen Brieslen 2.40, Süßes Gemüs 3 fl., Pasteten mit Schwarzwildbret 4 fl., Schnecken in Sardellensauce 1.40, Aal 8 Pfund 9.30, 10 Citronen dazu 1 fl., Forellen mit Essig und Pfeffer 6 fl., 4 Fasanen 9 fl., 10 Citr. 1 fl., großer Rehziemer 2 fl., Endiviensalat 24 Kr., Zellerichsalat 24 Kr., Bricke mit Häringsalat 2.24, Preßkopf 1.12, Gerauchte Zungen 1.12, Schunken 1.12, Brot, schwarz und weiß 1.12, Gesulzter Kapaun 2.24, Gesulztes Wildbret 2 fl., 2 Citronentorten 4 fl., 2 Mandeltorten 3.40, Zimmtbögen 2.24, Mandelsterne 2.24, Weinbaches 1.12, Wiener Törtchen 2.12, Mandelkränzlen 1.40, Gußhippen 1.24, Pyramide mit Konfekt 6 fl. (und da der Knecht Adam die Porzellanfigur verbrochen 2 fl.), Käs, Butter und Äpfel 54 Kreuzer, 3 Maß guten Kaffee 4 fl., Wein: 1 Fäßchen 3 Imi, in Flaschen 9 Maß, mit Schauessen ausgespült 5 Maß, zus. 4 Imi 4 Maß [das entspricht 51,7 Litern], den Eimer zu 90 fl. = 24.45, Nachts Thee mit Zucker 1.12, Zucker und Citronen zur Limonade 1.20. Zus. 118 fl. 39 Kr. Ferner an 9 Trompeter, Pauker und Ratsdiener für 11 fl. 3 Kr. Den Armen 475 Laiblen Brot à 6 Kr., 475 Pfd. Fleisch à 5 Kr. 4 Hlr. [Heller], 12 Imi Wein à 34 fl., zusammen 117 fl., 52 Kr., Trinkgeld 3.54. Insgesamt 251 fl. 28 Kr.«

Für denselben Betrag, den sie verkonsumiert hatten, gaben die Ratsherren also Brot, Fleisch und Wein an die Armen. Ein nachahmenswertes Beispiel!

Die Wirtshäuser im einzelnen ...

»Güldener Hirsch«, »Hirsch«, »Hirschbräu«

Wie die Hirschstraße zu ihrem Namen kam

Schon mancher wird sich gefragt haben, wie sich der Name Hirschstraße erklärt, mitten in der Innenstadt, wo wir sonst kaum auf Tiernamen bei den Straßenbenennungen stoßen.

Dieser Hirsch hat nur mittelbar etwas mit dem Wappentier zu tun, weil nämlich Gastwirtschaften früher gern heraldische Namen »im Schilde« führten. Und eines der alten Stuttgarter Wirtshäuser war der »Hirsch«. Er stand an der später nach ihm benannten Straße; etwa dort, wo man heute »Mongolian Barbecue« essen und bei Schuh-Grau und Uhren-Heinrich einkaufen kann.

1559 wird der »Güldene Hirsch« zum erstenmal erwähnt. Wahrscheinlich aber bestand er bereits seit 1413 als bescheidene Trinkstube im Hinterhaus. Das Vorderhaus an der späteren Hirschstraße stammte wohl aus dem Anfang des 15. Jahrhunderts und gehörte seit 1430 der Familie Welling von Vöhingen. Diese adelige Sippe zählte zur »Ehrbarkeit«, den Patriziern, aus deren Reihen die Bürgermeister und Räte hervorgin-

gen. Gegen Ende des Mittelalters verließen viele Ritterfamilien ihre einsam gelegenen, unwirtlichen Burgen, um das bequemere Stadtleben zu genießen. Adelsherren traten in den Hofdienst ein oder in die Stadtverwaltung, andere heirateten Töchter der reichen Bürgerfamilien oder wandten sich dem Kaufmannsstande zu.

Der Übergang von den Adelssitzen zu den städtischen Lebensformen trug zur Kultivierung des Stadtlebens und damit auch zur Verbesserung der Gaststätten bei. Aus primitiven Trinkstuben wurden ansehnliche Speiseräume, statt Nachtlagern mit Strohschütten dienten fortan Zimmer mit Betten zur Übernachtung.

In dem stattlichen, mehrgeschossigen Fachwerkbau mit hohem Giebel, dem Haus der Familie Welling, übernachtete angeblich im Jahr 1511 sogar der Bayernherzog Ludwig. Es war Frühjahr, und Herzog Ulrich von Württemberg feierte mit unerhörter Pracht seine Vermählung mit der Herzogin Sabina von

Bayern-München. Zwar wird man Ludwig, den Schwiegervater, in Wirklichkeit im Schloß einquartiert haben, aber da die Stadt mit damals etwa 7000 Einwohnern insgesamt 16000 Gäste aufzunehmen hatte, ist anzunehmen, daß zahlreiche Würdenträger bei Welling und im »Hirsch« Aufnahme gefunden haben.

Das Fest selbst zog damals die ganze Stadt in ihren Bann. In der Chronik lesen wir:

»Ulrich reitet am 2. März seiner Braut, welche von Heidelberg her fuhr, von Stuttgart aus auf die Brag entgegen, gleich ihr rot gekleidet, von Gold und Edelstein strotzend, mit rotem breitgekrämptem Hut und doppeltem Federbusch, mit silberstoffenen Halbstiefeln, goldenen Sporen und kostbar besetztem Degen. Glänzend war seine Begleitung, an Berittenen tausend; Rennspiele gleich beim Zusammentreffen des Brautpaars und darauf im Hirschbad (späteren Königsbad) belustigten unterwegs beim Zug gegen die Stadt. In ihr selbst gings mit Umwegen in die Stiftskirche, vor welcher Prälaten und Geistliche in langer Reihe aufgestellt waren und an deren Hauptthüre der Bischof Hugo von Konstanz, ein Mann von hohem Wuchs und voll Würde, das Brautpaar empfing; er steckte der Braut einen vom Herzog ihm übergebenen Ring an die Hand und sprach den Segen über beide, worauf sie vor dem Altar kniend beteten. Von der Kirche zog das neue Ehepaar ins Schloß zur Beschlagung der Decke in Gegenwart etlicher Fürsten und Fürstinnen. In der Nacht war Ball in der Dürnitz des Schlosses. Am andern Morgen überwies Ulrich seiner Gemahlin vor Zeugen die Morgengabe nebst den kostbarsten Geschmeiden, welche sie kniebeugend hinnahm. Darauf um 8 Uhr abermals glänzender Kirchgang zu einem prachtvollen Hochamt. Fürsten, hohe Geistliche, Grafen und Herren strömten von nah und fern zusammen, von den Insaßen des Landes nicht zu reden. Die Zahl der Pferde wurde auf 6000 geschätzt. Edle Frauen und Fräulein nahmen 350 am Feste teil. Etliche Tage lang wurden 16000 Menschen hier und dort gespeist. Ein 8röhriger Brunnen beim Schloßeingang sprudelte für jedermänniglich roten und weißen Wein.

Man verzehrte 136 Ochsen, 1800 Kälber, 130 Schweine, 570 Kapaunen, 5200 Hühner, 2759 Krammetsvögel [das sind Drosseln], 11 Tonnen Salmen, 90 Tonnen Heringe, 120 Pfund Nelken, 36 Pfund Ingwer, 40 Pfund Safran, 35 Pfund Süßholz.

Eine schöne Bürgerwache, 800 Mann stark, mit Trommlern und Pfeifern, wurde aus dem ganzen Lande erlesen; sie war vor den Ämtern mit roten, zerschlitzten und gelb unterlegten Pluderhosen und dergleichen Puffärmeln ausgestattet und hatte sich selbst mit rotem Barett und weißem Federbusch, Harnisch und Hellbarte zu versehen. Turniere, Ritterspiele, Gastmahle, Tänze und Musik aller Art brachten, 7 Tage lang und mehr, die lustigste Kurzeweil. Abgesehen davon, daß eine Spottrede des Truchsessen Andreas v. Waldburg

Linke Seite: Innenansicht 1898. – Rechts: Das »Hirschbräu« 1942.

Grafen v. Sonnenberg den Grafen Felix v. Werdenberg dermaßen reizte, daß dieser sich durch Ermordung seines Beleidigers, eines bejahrten und hochgeachteten Kriegsmanns, rächte, verlief alles in bester Eintracht und Ordnung. Freilich ›der überaus köstliche Geschmuck beim Tanz, Rennen und Stechen, Tag und Nacht, das übermäßig Silbergeschirr, die mehr denn stattliche Traktation auch in allen Häusern der ganzen Stadt ist männiglich eine Verwunderung gewesen, also daß viele dafür gehalten, daß man mit diesen unmenschlichen Kosten ein ganzes Land sollte verthun haben.‹ Das um so mehr,

als teure Zeit war. Der Scheffel Dinkel, der 1506 noch 20 Kreuzer 5 Heller galt, war 1511 bis auf 2 Gulden gestiegen.«
Soweit die Chronik.

Bis ins 16. Jahrhundert befanden sich das hochaufragende Haus am Marktplatz und der »Hirsch« im Besitz der angesehenen Familie. Sebastian Welling (gestorben 1532) wurde Bürgermeister und Präses der »Landschaft«, des Landtags. Andere Familienmitglieder amtierten als Richter und Ratsherren. Bei den damals oft kärglichen Gehältern waren die Einnahmen aus der gutflorierenden Gaststätte sehr erwünscht.

Immer wieder wird im Laufe der Jahr-

hunderte die Gaststätte, die zugleich Herberge war, erwähnt. Von 1818 an war auch die sogenannte »Geistliche Herberge« im »Hirsch«, die den evangelischen Pfarrern des Landes angewiesen war. Seit 1741 hatte sie sich im »Schwanen«, später im »Bären« befunden.

Weil der gutbesuchte Gasthof auch noch über einen nach hinten gelegenen Saal verfügte, wurden bis ins 19. Jahrhundert die meisten Hochzeiten der wohlhabenderen Bürgersfamilien im »Hirsch« gefeiert. Dabei ging es allerdings nicht ganz so feudal wie zu Herzog Ulrichs Zeiten zu. Der Pfarrer und Dichter Sebastian Sailer schildert ein Hochzeitsessen aus der zweiten Hälfte des 18. Jahrhunderts wie folgt: »Subba-Kraut ond Kuttelfleak, grauße Stücker Speack − Zwetschga − brotne Gä's on Dauba − Bauraküechle − Rendfloisch − Rüeba − Sulz ond Reis − Brotwürscht − Oierbrand − süeßa Schbeis.«

Unter dem Namen »Hirschbräu«, den es zuletzt führte, wird das Lokal noch

Um die Jahrhundertwende.

manchem alten Stuttgarter in Erinnerung sein. 1944 fiel das schöne Fachwerkhaus mit seinem geschmiedeten Schildzeichen im Bombenhagel in Schutt und Asche. Heute erinnert nur noch der Name der Hirschstraße an diese Herberge … Immerhin! Denn einst gab's in Stuttgart auch die Bechergasse, die Engel-, Kaffeehaus- und Ochsenwirtsgasse, die Römisch-Königs-Wirts- und die Rappengasse, den Bären- und den Ilgenplatz, allesamt nach Gasthäusern benannt − und allesamt verschwunden im Dunkel der Geschichte.

»Zum Stern«

Wo heute noch die Ratsherrn sitzen

Die zweite Hälfte des 16. Jahrhunderts stand im Zeichen einer günstigen wirtschaftlichen Entwicklung. Herzog Christoph hatte im Jahre 1550 die Regierung übernommen, und damit trat eine Beruhigung der Gemüter nach konfessionellem Streit ein. Die Klärung der religiösen Auseinandersetzungen belebte Handel und Gewerbe und regte die Schaffenskräfte an.

Mit dem Umbau des (Alten) Schlosses wurde begonnen; an die Stelle der finsteren Wasserburg trat der heute noch bestehende Bau mit seinen wuchtigen Türmen. Das Alte Lusthaus entstand inmitten von Gärten, die nach italienischen Vorbildern angelegt wurden. Das aus dem 15. Jahrhundert stammende Rathaus erhielt einen Mörtelputz, der mit heraldischen Motiven und Ornamenten bemalt wurde. Im Jahre 1584 wurde mit dem Bau des Neuen Lusthauses begonnen, eines prächtigen, palastartigen Renaissancegebäudes, das für heitere Festlichkeiten bestimmt war.

Da wollten auch die Gastwirte nicht zurückstehen, sondern ihre Häuser dem Zeitgeschmack anpassen. Julius Hartmann erwähnt in seiner 1886 erschienenen Stadtchronik, im 16. Jahrhundert hätten die Gasthäuser »Kreuz«, »Engel«, »Hirsch«, »Adler«, »Ochsen«, »Stern«,

»Bären« und »Krone« bestanden. Das ist wohl aber so zu verstehen, daß sie damals umgebaut oder erneuert wurden und aus diesem Anlaß in zeitgenössischen Akten oder anderen Schriftstücken auftauchen. Denn die Wirtschaft »Zum Stern« wurde vermutlich zusammen mit dem Rathaus im Jahre 1468 errichtet; sie stand unmittelbar daneben und diente wohl oft den Ratsherrn zur Erholung nach langen Sitzungen. Inhaber war nach 1500 der Magister Johann Wernlin, der Ahnherr der Bürgerfamilie Wörnle.

Der »Stern« war ein stattlicher Bau mit rundbogigen Arkaden im Erdgeschoß, die später zugemauert wurden.

Im Jahre 1824 kam das Haus in den Besitz der Stadtverwaltung, die darin die Botenmeisterei unterbrachte. Als 1899 ein neues, größeres Rathaus geplant wurde, riß man den ehemaligen »Stern« ab. Er stand etwa dort, wo sich heute der große Sitzungssaal des Gemeinderats befindet.

Oben: In der Bildmitte das Rathaus aus dem 15. Jahrhundert. Hinter dem Marktbrunnen sieht man das Haus, in dem bis 1824 der »Stern« bestand. Links davon das Gasthaus »Zur Sonne«. Die Aufnahme stammt aus dem Jahr 1901.

»Hirschbad«, »Königsbad«, »Zum Kaiser Napoleon«, »Zum großen Mann«

Erst Badestube, dann Geschäftshaus

In der Nähe des Stöckachs entdeckte man im 15. Jahrhundert eine Mineralquelle. Sie wurde gefaßt, und der geschäftstüchtige Bader Hans Schneider eröffnete im Jahre 1478 eine Badestube, der er den Namen »Hirschbad« gab. Eine Wandersage regte dazu an, diesen Namen zu wählen: Man munkelte nämlich, es sei ein Hirsch gewesen, der das Heilwasser als solches erkannt hatte. Anzunehmen ist, daß beim »Hirschbad« auch eine Bewirtschaftung nicht fehlte, die die Badegäste mit Speisen und Getränken versorgte.

Aus dem Jahr 1540 stammt die Nachricht, das bisher stark frequentierte Bad sei »in Abgang gekommen«, weil es kein Holz gegeben habe, um das Wasser zu erwärmen. Knapp 200 Jahre lang lag das Bad brach, bis 1724 der Kaufmann Erhard Friedrich Andreä das Bad erneuerte und mit einer Gaststätte verband. Zum Wirtshaus gehörten ein großer Saal mit Nebenräumen und eine Herberge mit 14 Zimmern. Den Badegästen standen

Oben: Die »Retraite«, das Landhaus König Friedrichs, und – etwa in der Bildmitte, hinter den drei Pappeln – das »Königsbad«. – Rechts: Nach 1827 hieß das »Königsbad«, jetzt in Privatbesitz, »Gast- und Badehaus Zum Großen Mann«.

20 Kabinette zur Verfügung. Die Ärzte Gesner und Gmelin hatten das Wasser untersucht und es als heilwirksam bei Ischias, Rheumatismus und Lähmungserscheinungen empfohlen. Die gute Bewirtung wurde gelobt, die Stuttgarter trafen sich dort zu festlichen Veranstaltungen.

Im Jahr 1808 ließ König Friedrich dann die »Königlichen Anlagen«, den heutigen Schloßgarten, einrichten und

anpflanzen. Dabei wurde eine neue, noch kräftigere Quelle entdeckt. Der König, dessen Sommerschlößchen »Retraite« ganz in der Nähe lag, erwarb das Badhaus, ließ es 1809 samt dem anstoßenden Gasthof abbrechen und beauftragte seinen Hofbaumeister Nikolaus Friedrich von Thouret, ein neues Bad zu entwerfen. Der Bau ging rasch voran, und schon am 1. Juni 1811 konnte das »Königsbad« sich im neuen Gewand der Öffentlichkeit präsentieren. Wegen der Nähe der »Retraite« gehörte auch die Hofgesellschaft zu den zahlreichen Gästen des Bades.

Im Jahre 1827 ging das Objekt in den Besitz des ehemaligen Kammerdieners Ehrenfried Burk über, der sich als tüchtiger Gastwirt erwies. Aus Verehrung für den französischen Kaiser wählte er den Namen »Gast- und Badhaus zum Kaiser Napoleon«. Das aber gefiel den Gästen nicht, zumal ein Schildzeichen mit dem Bilde des Korsen dazu gehörte. Um Ärger zu vermeiden, nahm Burk das Bild des Franzosen ab und ersetzte es durch ein Schild mit einem großen N, von Sternen umgeben. Die Lokalität wurde umbenannt und hieß fortan »Gast- und Badhaus zum Großen Mann«.

Das Haus selbst bildete ein großes Viereck mit einem Innenhof und enthielt neben einem Saal 50 Bade- und Wohn-

räume. Eine Sensation waren die getrennten Hähne für kaltes und warmes Wasser. Natürlich gehörte auch eine Gartenwirtschaft mit schattigen Plätzen und reizvollen Pavillons dazu.

Auch unter den späteren Besitzern blieb der gute Ruf des Hauses erhalten. Das erste der Stuttgarter Schillerfeste fand im Jahre 1825 im »Königsbad« statt. Bis zur Mitte des vorigen Jahrhunderts war das Bad die größte der damals vorhandenen Einrichtungen. Die Gaststätte allerdings verkam nach und nach zu einem einfachen Bierhaus.

Das Grundstück ging 1871 in andere Hände über, aus dem Bad wurde später das Geschäftshaus des Verlagsbuchhändlers Eduard Hallberger, des Gründers der »Deutschen Verlagsanstalt«. Die Gaststätte bestand bis zum Jahre 1908.

Wie überall, so spielten auch in Stuttgart im Mittelalter die Badestuben eine wichtige Rolle im gesellschaftlichen Leben. Die Ausstattung war denkbar primitiv. Gebadet wurde in hölzernen Zubern; warme und kalte Güsse, aus Kannen über die Leiber geschüttet, dienten der Durchblutung. Der Bader war als Heilgehilfe ausgebildet, er massierte und setzte Blutegel an, er verstand auch etwas von der Wundbehandlung und der Chirurgie.

Andere Zeiten, andere Sitten: Fröhlich und unbeschwert ging es zu in den mittelalterlichen Badestuben. Die Geschlechtertrennung war unbekannt, und das Vesper gehörte ebenso zum Bad wie die Musik.

Aber die Bäder dienten nicht nur der Reinigung; sie galten auch der Unterhaltung und dem »süßen Leben«. Männer und Frauen badeten nackt in den gleichen Bütten, dazu wurde getafelt und getrunken, Musikanten und Sänger fanden sich ein, um für Unterhaltung zu sorgen. Denn es war durchaus üblich, mehrere Stunden im Bade zu verweilen, einander zu besuchen und sich Neuigkeiten zu erzählen.

Diese Idyllen endeten im ausgehenden Mittelalter, seit Seuchen eingeschleppt wurden und die Ärzte dem Wasser die Schuld gaben, Krankheiten zu verbreiten. Auch hatte die Geistlichkeit an dem Treiben Anstoß genommen und es als sündig bezeichnet. Schließlich schritt die Obrigkeit ein und verbot den Betrieb der Badestuben – eine Maßnahme, die erst zu Beginn des 18. Jahrhunderts aufgehoben wurde.

Die Bausorgen des Sonnenwirts

Eines der ältesten Gasthäuser war die »Sonne« in der Eichstraße 2, 1484 erstmalig erwähnt. Der Name läßt vermuten, daß der Ausschank bereits viel früher entstanden ist: Sonne, Mond (Mondschein) und Sterne wurden schon von den ersten Wirten als Bezeichnung gewählt, um damit auf eine Bedeutung hinzuweisen, die über dem Alltag lag.

Aus dem Jahr 1484 aber ist das Protokoll einer Ratssitzung erhalten, in der Gabriel Clefner als Sonnenwirt erwähnt wird. Er hatte Bausorgen, denn sein erweitertes Haus hatte er mit der Rückfront auf die Mauer des »Bürgerhöfles« setzen lassen, das der Stadt gehörte. Das Gasthaus lag unmittelbar neben dem Rathaus, vermutlich kam ein Stallgebäude hinzu, denn seit der Mitte des 15. Jahrhunderts setzte der Reiseverkehr lebhafter ein, und für die Rösser mußte gesorgt werden. Aber die Stadt wußte ihre Rechte eifersüchtig zu wahren; des Wirtes Protest half nichts, der Neubau mußte abgebrochen werden.

Ein andermal wird die »Sonne« im Jahr 1579 erwähnt. Als Gast eingekehrt war der trinkfreudige Nikodemus Frischlin, Dichter, Philologe und Professor in Tübingen, der als streitsüchtig und jähzornig bekannt war. Er hatte ein loses Mundwerk und suchte Händel mit jedermann. Dem Wirt warf er vor, ihm schlechten Wein für teures Geld vorgesetzt zu haben; es gab einen erregten Wortwechsel, der mit einem Hinauswurf endete. Frischlin kehrte fortan im »Bären« ein, und auch dort kam es zu einem unliebsamen Vorfall, der übel endete.

Frischlins Anschuldigungen waren gewiß unberechtigt, denn die »Sonne« erfreute sich eines guten Rufes. Das Gasthaus war im 16./17. Jahrhundert im Besitz der Familie Weckherlin, die zum Patriziat der Stadt gehörte und deren Mitglieder als Dichter und Diplomaten hervortraten.

Die Gaststätte bestand bis zum Jahre 1894, dann ging das Haus in den Besitz der Stadtverwaltung über. Der Name »Sonne« wurde mehrfach erneut verwendet; heute gibt es in Stuttgart allein fünf »Sonnen«.

Die historische »Sonne« war das erste Gasthaus, das – im Jahr 1522 – als »Schildwirtschaft« bezeichnet wurde. Wenig später schon werden fünf weitere erwähnt, denen dieses Prädikat zukommt. Ihnen stand das Recht zu, ein Schildzeichen an der Hausfront anzubringen, das als Gütemerkmal gewertet wurde. Die Stadt überwachte diese Lokale besonders, weil sie dem Adel, der »Ehrbarkeit« und den Reisenden als Einkehrstätten dienten.

Aus diesem Vorrecht gegenüber den Gassenschenken entwickelte sich später der Rechtsbegriff der »Konzession«, der allerdings einer größeren Zahl von Gaststätten zuerkannt wurde, die den üblichen Voraussetzungen entsprachen.

Nachtlager für den unerwünschten Thronfolger

In einer Urkunde des Jahres 1495 wird die Herberge am Tunzhofer Tor erstmalig als »das nuw huse bi dem tunzhofer tore« erwähnt. Dieses Tunzhofer Tor war damals selbst noch neu; Graf Eberhard im Bart hatte es 1490 etwa bei der heutigen Bolzstraße als nördlichen Abschluß des Großen Grabens, der heutigen Königstraße, errichten lassen. Es ersetzte das innere Tunzhofer Tor zwischen der Alten Kanzlei und dem Prinzenbau.

Es war früher durchaus üblich, eine Herberge vor den Toren einzurichten. Die Stadt war mißtrauisch gegen fremde Reisende und wollte sie möglichst nur tagsüber in ihren Mauern sehen. Eine freundlichere Behandlung wurde nur den Standespersonen und der höheren Geistlichkeit zuteil; diese waren bevorzugte Gäste, die im Schloß oder in den Adelshäusern einquartiert wurden. Zudem blieben zur Nachtzeit die Tore geschlossen; wer zu spät kam, dem blieb

Herzog Eberhard II. von Württemberg.

nichts anderes übrig, als außerhalb zu übernachten.

Außerhalb übernachten mußte im Jahre 1495 auch der nachmalige Herzog Eberhard II., nicht etwa weil er zu spät kam, sondern weil er im Schloß nicht aufgenommen wurde. Seines jähzorni-

gen Wesens und seiner wankelmütigen Haltung wegen war er sehr unbeliebt. Graf Eberhard im Bart, der im selben Jahr zum ersten Herzog von Württemberg erhoben wurde, hatte sich geweigert, seinen Vetter Eberhard II. als Nachfolger zu bestimmen. Dieser Eberhard II. konnte wohl das Ableben des Regenten nicht erwarten; seine Ankunft in Stuttgart erschien verdächtig, darum erfolgte die Ausweisung aus der Stadt. Das Mißtrauen war berechtigt, denn als Herzog erwies sich Eberhard II. als ein schlechter Landesvater, der nur zwei Jahre, von 1496 bis 1498, regierte und von den

Landständen abgelehnt wurde. Kaiser Maximilian verfügte seine Absetzung, zumal sich der Herzog mehrfach schwer vergangen hatte. Eberhard II. mußte das Land verlassen, er starb im Jahre 1504 in der Burg Lindenfels im Odenwald. Der ungewöhnliche Vorfall auf der sogenannten Siechenwiese, wo die Herberge vor dem Tunzhofer Tor stand, war also ein böses Omen.

Die Herberge selbst wurde später in »Grüner Baum« umbenannt und befand sich lange Jahre im Besitz der Familie Föhr. Im Jahr 1806 ging das beliebte Gasthaus in den Besitz von Hofküfer Gauger über, der es abriß und durch ein großes Eckhaus, 1817 gebaut, ersetzte, in dem er ein Café eröffnete. Das »Café Gauger« bildete den Grundstock für das spätere Hotel Marquardt am Schloßplatz (siehe Seite 118 ff.).

(siehe Seite 118 ff.)

Der erste Bierausschank

Dort, wo heute der Breuninger-Mittelbau an den Breuninger-Markt stößt, stand einst ein stattliches Fachwerkhaus. Im 17. Jahrhundert renoviert und umgebaut, blieb das Haus im wesentlichen unverändert; es wurde erst im Jahre 1913 aus Anlaß des Kaufhausbaus abgebrochen. Erhalten blieb lediglich der Schlußstein mit der Jahreszahl 1594; er wurde am Breuningerbau eingemauert.

Hier befand sich einer der ältesten Gasthöfe unserer Stadt. Der »Goldene Becher« wurde irgendwann im 15. Jahrhundert gegründet und bestand bis 1790. Zwei Straßen gab er seinen Namen: der Bechergasse, der heutigen Marktstraße, und dem Bechergäßle oder Becherwirtsgäßle, später Becherstraße, einem heute völlig überbauten Seitenweg.

Die Überlieferung weiß zu berichten, daß im Jahr 1532 Kaiser Karl V. als Gast in den Räumen des »Goldenen Bechers«

Ausschnitt aus dem Stadtplan von 1794. Haus 593 war der »Goldene Becher«.

weilte, und angeblich soll im Jahre 1782 auch der Räuberhauptmann Hannickel die Gaststätte besucht haben.

Nachweisbar ist, daß im Jahre 1709 der »Goldene Becher« als erste Stuttgarter Bierwirtschaft neu eröffnet wurde; nur steht nicht fest, ob es sich um ein eingeführtes oder ein in Stuttgart hergestelltes Gebräu handelte. Wir wissen auch nicht, wie die Gäste auf diese Neuerung reagierten. Immerhin wurde damit ein Getränk angeboten, das nicht mehr im gleichen Maße von den Wachstumsbedingungen abhängig war wie der Wein. Als Nachteil erwies sich allerdings, daß der Gerstensaft teurer war als das heimische Rebenblut.

»Ratskeller«

»Des Ratsherrn Trunk ist ernste Pflicht,
'ne trockne Lampe leuchtet nicht«

Das alte Rathaus, das im Jahr 1899 abgebrochen und durch einen Neubau ersetzt wurde, war kein Palast. Es entsprach mit seinen einfachen Renaissanceformen so recht der beschaulich-schwäbischen Lebensweise. Der im Jahre 1456 genehmigte, aber erst 1468 errichtete Fachwerkbau wurde zwar später mehrfach im Äußeren verändert, behielt aber sein bescheidenes Gepräge. Dazu gehörte ein Sitzungssaal, der zugleich als Trinkstube diente. Darin aufbewahrt wurden eine silberne Stute, »der Stadt Willkomm« genannt, also ein Trinkbecher ansehnlichen Formats, außerdem 50 silberne Trinkgefäße, mit dem Stadtwappen verziert. Jedes neubestellte Mitglied des Rates hatte einen Becher zu stiften.

Die Überlieferung berichtet, daß bei den Ratssitzungen stets eine gefüllte Weinkanne auf dem Tisch stand; es wurde also nicht vergessen, »die Lampe zu befeuchten«!

Der Ratskeller wird erstmals im Jahre 1544 erwähnt; er diente allerdings nicht als öffentliche Gaststätte. Die großen Lagerfässer bargen wohl immer eine

Oben: Restaurationsraum und Küche des »Ratskellers«. Die Aufnahmen stammen aus dem Jahr 1905.

gute Lese, und auch eine Probierstube dürfte nicht gefehlt haben.

Sie verstanden gut zu leben, die Stadtväter von anno dazumal, denn die Speisekarte einer solchen »Nachsitzung« aus dem Jahre 1592 zählt auf: »1. Spanferkel oder Kapaunen, gesottenes Rindfleisch und Brathühner oder eingemachtes schwarzes Wildbret, 2. gesottene Karpfen in Nägeleinsbrühe, Sauerkraut mit Hammelfleisch und Gebackenes, 3. Kalbsbraten, Krammetsvögel, Bratfische, Käse, Obst, Nüsse, Kastanien und Hippen.«

Der Wirt, der das Essen zu richten hatte, erhielt pro Person 15 Kreuzer, den Wein und das Wildbret lieferte der Hof.

Zur Tradition des Rathauses gehörte die Stiftung des Bürgermeisters Wolf Friedrich Lindenspür, die 1648 eingerichtet wurde. Sie bestimmte, daß von den Zinsen alljährlich zwei Mahlzeiten serviert werden sollten, die eine für die Beamten des Vogts, des Rates und für die Geistlichkeit, die andere für »verbürgerte, hausarme Leut«, um versöhnlich zu wirken. Das »Lindenspür-Mahl« bestand bis zum Ende des 18. Jahrhunderts, dann übernahm die Armenkasse das Legat. Die Lindenspürstraße erinnert heute noch an den Wohltäter.

Eine öffentliche Gaststätte wurde in dem Neubau des Rathauses eröffnet, der in den Jahren 1900 bis 1905 entstand. Man hatte es damals sogar sehr eilig mit dem Ausschank und begann bereits am 1. November 1904 damit.

Einer der beiden Architekten, der Berliner Professor H. Jassoy, beschrieb das Lokal damals mit folgenden Worten:

»Im Ratskeller, der das gesamte Untergeschoß der Vorderfront einnimmt, besteht die Hauptdekoration in einer Kachelwandbekleidung, deren Motive dem Wein- und Obstbau entlehnt sind. Er ist eingeteilt in eine Haupthalle und daran anschließende Einzelräume. An der Ecke Eichstraße und Marktplatz befindet sich die Ratsherrntrinkstube, welche ähnlich ausgeschmückt ist, aber als Hauptschmuck noch eine Reihe schädelechter Geweihe erhalten wird. Küchenanlage und Nebenräume des Ratskellers sind in die Hirschstraße gelegt. Unter der Haupthalle des Ratsweinkellers befindet sich, durchgehend von der Hirsch- nach der Eichstraße, der Weinlagerkeller mit seinen schönen Fässern.«

König Wilhelm II. selbst war es, der zur Ausschmückung der Ratsherrntrinkstube einige Jagdtrophäen stiftete. Bei

Werbeanzeige aus dem Jahr 1925.

Empfängen prominenter Besucher der Stadtverwaltung wurden die Gäste regelmäßig im Ratskeller bewirtet. An den Tagen vom 15. bis 20. März 1920 übernahm die Ratskellergaststätte die Verpflegung der Mitglieder der Reichsregierung und der Nationalversammlung, die während des Kapp-Putsches nach Stuttgart ausgewichen waren.

Das Rathaus wurde 1944 teilweise durch Bomben zerstört, aber der Keller blieb erhalten. Zusammen mit dem Wiederaufbau entstand die neue Gaststätte »Ratskeller«, die 1956 eröffnet wurde.

»Zum goldenen Bären«, »Grünes Haus«

Spektakel um einen Dichter und einen Abenteurer

Nicht immer ging es in den Stuttgarter Gaststätten friedlich zu, die adeligen Herren waren zuweilen arrogant und aggressiv, wenn sie glaubten, daß ihre Standesehre verletzt würde, und auch die Bürgerschaft, vor allem die angesehenen Leute, wollten sich die Rüpeleien nicht gefallen lassen.

Anno 1585 gab es im »Bären« einen unliebsamen Zwischenfall, der recht bezeichnend für die damalige Zeit war. Im Mittelpunkt stand der Philologe und Dichter Nikodemus Frischlin (1547 bis 1590), der Professor in Tübingen war. Seine lateinischen Komödien hatten ihm ein gutes Ansehen verschafft und seinen Ehrgeiz geweckt. Herzog Ludwig, auf die Förderung des Geisteslebens bedacht, hatte den Dichter aufgefordert, zu seiner Regierungsübernahme im Jahr 1569 eine Komödie in Latein zu schreiben, die, im Saal des Schlosses aufgeführt, dem Dichter viel Beifall eintrug.

Zur Hochzeit des Herzogs im Mai 1585 hatte Frischlin erneut eine lateinische Komödie verfaßt, in der er die Deutschen mit den Nachbarvölkern und den alten Römern verglich. Diesmal jedoch wurde das Spiel kühl aufgenommen und sogar von vielen Gästen abgelehnt. Der Dichter hatte nämlich durch Spöttereien den Adel, vor allem die Junker, tief verletzt, so daß der Haushofmeister Christoph von Degenfeld meinte, wer mit Frischlin esse und trinke, sei kein Redlicher von Adel. Als der Festdichter während der Hochzeitsfeierlichkeiten sich in der Dürnitz des Alten Schlosses zum Nachtessen setzte, wurde er von den Junkern des Saales verwiesen und durfte nur im herzoglichen Tafelzimmer speisen.

Frischlin war in jenen Jahren Stammgast im »Bären«, und als er wieder einmal im kleinen Stübchen mit Wirt und Wirtin zusammensaß, trank er dort mit einem Becher Wein einem Unbekannten höflich zu. Dieser aber, ein Herr von Schilling, gab ihm zur Antwort: »Ich friß und sauf mit euch nit, ihr seid ja der Dr. Fröschlin.« Der schlagfertige Dichter war um eine bissige Erwiderung nicht verlegen und fügte hinzu, so heiße er nicht.

Nun mußte es scheinen, als ob Frischlin seinen Namen verleugnete. Schilling verständigte die Ritter in der großen Stube, diese drangen nun mit drohenden Gebärden auf den Dichter ein, und es entstand ein Getümmel, daß der so Bedrängte dachte, »es werd mein Kirchhof sein«. Frischlin verschanzte sich über Nacht in dem Nebenzimmer und konnte endlich im frühen Morgengrauen fliehen. »Dann ich diese Nacht, sagt er, nicht viel geschlafen und all Augenblick besorgen müssen, es möchte etwa ein Bärenhäuter mir eine Schmach beweisen«, schilderte Frischlin selbst diese ungemütlichen Stunden.

Aber der Gelehrte war alles andere als etwa ein harmloser Zeitgenosse. Er hatte einige Zeit zuvor bereits im Gasthaus »Zur Sonne« räsonniert (siehe Seite 58). Im Jahre 1590 ergab sich ein neuer Zwischenfall. Frischlin wurde wegen boshafter Äußerungen gegen Herzog Ludwig, der ihn bisher protegiert hatte, verhaftet und wegen »Schändung der Fürstenehre« als Gefangener nach der Burg Hohenurach gebracht. Obgleich die Haft nicht sonderlich streng war, versuchte Frischlin zu fliehen. In einer Nacht kletterte er an einem Seil, das er aus Kleidungsstücken zusammengeflochten hatte, aus dem Fenster. Aber das Seil riß, er stürzte in den tiefen Burggraben und fand dabei den Tod. Herzog Ludwig erwies sich als großmütig, er verzieh dem Spötter und sorgte für ein würdiges Begräbnis des Dichters.

175 Jahre später entstieg ein eleganter Kavalier vor dem »Bären« einer prächtigen Kutsche. Die Hofhaltung des Herzogs Carl Eugen, verschwenderische Feste, venezianisches Maskentreiben, glanzvolle Opernaufführungen und repräsentative Jagden waren die Magneten, die den Abenteurer Giacomo Casanova – der sich, selbsternannt, als Chevalier de Seingalt bezeichnete – nach Stuttgart zogen. Wie immer bei seinen Reisen, die ihn kreuz und quer durch die Lande führten, war er auf galante Abenteuer bedacht, im gleichen Maße aber auch auf Gelderwerb durch Kartenspiele, bei denen er durch geschickte Manipulationen zu ansehnlichen Gewinnen kam.

Der Bärenwirt war recht erfreut über den noblen Besucher. An Gesellschaft fehlte es dem Abenteurer nicht. Bald traf er italienische Landsleute, die zum Ensemble des Hoftheaters gehörten, darunter den berühmten Kapellmeister Jomelli. Bereits am ersten Abend wurde die Oper besucht, und dort wußte sich Casanova in Szene zu setzen. Er applaudierte nämlich eifrig, und das fiel auf. Denn Herzog Carl Eugen war anwesend, und erst wenn der Regent seinen Beifall spendete, durften auch die anderen Besucher ihre Gunst bezeugen. Die Eigenmächtigkeit Casanovas war geschickt plaziert, denn der Herzog verzieh nicht nur diese Anmaßung, er ließ den Abenteurer in seine Loge kommen, um ihn zu begrüßen.

Der Dorotheenplatz, der einstige Bärenplatz, um 1830. Das Gebäude mit den Arkaden ganz links war das »Grüne Haus«, vormals Gasthof »Zum goldenen Bären«. Der Sigmund-Brunnen (Bildmitte), eine Schöpfung des Hofbaumeisters Friedrich Nikolaus von Thouret aus dem Jahr 1800, wurde später an die Ecke Hauptstätter/Jakobstraße versetzt und steht heute auf dem Wilhelmsplatz. An der Stelle des Brunnens und des langgestreckten Baus dahinter, des Alten Marstalls, befindet sich heute die Markthalle. Ganz rechts das Alte Schloß.

Der nächste Abend war dem Kartenspiel vorbehalten. Mit drei Offizieren versuchte Casanova sein Glück, er kam aber diesmal nicht auf seine Kosten. Seine Kontrahenten kannten auch die Tricks, um Trümpfe einzusammeln, und sie nahmen ihm mehr Geld ab, als er bei sich hatte.

Nun drehte der Enttäuschte den Spieß um, er bezeichnete seine Mitspieler, die in der Tat nicht korrekt gehandelt hatten, als Gauner und Schurken, und es fehlte nicht viel, dann wäre es zu einem Duell gekommen.

Casanova versprach, seine Schuld am nächsten Tage zu bezahlen, aber er hielt sein Wort nicht und speiste die Fordernden mit Versprechungen ab. Sie veranlaßten schließlich seine Verhaftung, aber durch Vermittlung des Herzogs erreichte Casanova, daß er im »Bären« unter Hausarrest gestellt wurde. Drei Tage verbrachte er in seinem Zimmer, dann gelang ihm die Flucht zu nächtlicher Stunde. Sein Reisewagen und seine Ausstattung blieben zurück – dafür sorgte der Bärenwirt, der die Zechschuld beglichen haben wollte. Es gab aber noch einige andere Gläubiger, die leer ausgingen.

Sieben Jahre später wagte sich Casanova wieder nach Württemberg; diesmal reiste er nach Ludwigsburg, der zweiten Residenz des Herzogs. Um zu Geld zu kommen, hatte er sich einen anderen Streich ausgedacht. In einer Ulmer Herberge hatte er einige Offiziere der Ludwigsburger Garnison kennengelernt, denen er mit einem gefälschten Briefe nachwies, daß er als Geheimsekretär des Herzogs angestellt sei und ein Jahresgehalt von 1200 Gulden beziehe.

Mit ihnen fuhr er nach Ludwigsburg, und die Offiziere verbreiteten die Kunde, daß der neue Geheimsekretär des Regenten seinen Dienst angetreten

Nikodemus Frischlin: Stuttgart

Dort, im Tale versteckt, unfern den Hügeln des Neckars,
Liegt eine Stadt, ein Garten vordem erzhufiger Stuten,
Badens Markgraf gründete sie, so lautet die Sage,
Reich an Gut ist der Ort und gesegnet durch Gaben des Bacchus,
Mauerngleich erheben sich rings weintragende Hügel,
Weit und breit grünt alles von üppigem Rebengeranke,
Nie auch versagt der Kelter den Most die schwellende Traube.

Frischlin schrieb dieses Gedicht 1577 in lateinischer Sprache.

Giacomo Casanova.

habe. Zugleich fanden sich allerlei katzbuckelnde Männer ein, die Casanovas Fürsprache erbaten und ihm dafür größere Geldsummen übergaben. Auch an lustiger Gesellschaft fehlte es nicht, Schauspieler und Tänzerinnen, wiederum meist italienische Landsleute, sorgten für vergnügliche Unterhaltung. Aber nach fünf Tagen war der Traum ausgeträumt; Casanova flüchtete rechtzeitig, weil des Herzogs Ankunft gemeldet wurde. So entging der Schwindler der Bestrafung, zurück blieben die enttäuschten Bittsteller, die um ihr Geld geprellt waren.

Die Bärenstraße, ein kleiner Verbindungsweg vom Marktplatz zur Sporerstraße, erinnert noch heute an Frischlins Stammlokal und Casanovas Herberge. Gaststätte und Herberge »Zum goldenen Bären« wurden im Jahre 1585 erstmalig erwähnt, das Haus bestand aber wohl bereits im 15. Jahrhundert. Es war ein stattlicher Bau mit saalartigen Räumen, Fremdenzimmern und Stallungen, an dem großen, nach ihm benannten Bärenplatz gelegen. Dieser Platz, 1811 in Dorotheenplatz umbenannt, befand

Der »Römische König« auf einem nachempfundenen Aquarell von P. Rudler aus dem Jahr 1946.

sich genau dort, wo heute die Markthalle steht, und der Gasthof selbst nahm die ganze Breite zwischen der heutigen Bärenstraße und der Münzstraße ein.

1791 wurde der »Bären« nach einem Umbau in »Grünes Haus« umbenannt. Die Gaststätte bestand bis 1869, dann ging das Gebäude in den Besitz von Werner & Müller über. Dem Bekleidungsgeschäft dient es noch heute als Verkaufsraum, es ist noch immer grün angestrichen, und auch ein Teil der tiefen, gewölbten Weinkeller aus alten Zeiten ist noch erhalten.

»Römischer König«

Wo die Bäcker und Metzger feierten

Inmitten der altertümlichen Häuser stand der »Römische König«. Bis in das 16. Jahrhundert reichte die Geschichte der Wirtschaft und Herberge zurück. So bekannt war sie, daß der daran vorbeiführende Weg nach ihr »Römisch Königgaß« oder »Römisch Königwirtsgäßle« genannt wurde. Es war die heutige Holzstraße, damals ein schmaler Durchgang, der die Hauptstätter Straße fortsetzte und später mit dem Waisenhaus verband. Der Gasthof stand genau an der Stelle, an der nach dem Zweiten Weltkrieg die Firma Möbel May einen Neubau errichtete; heute befindet sich dort die Handarbeitsabteilung »Handorama« von Breuninger.

Als der Wirt J. Steudle das Lokal übernommen hatte, pflegte er die Überlieferung der Zünfte weiter, und zu seinen Stammgästen gehörten vor allem die wohlhabenden Bäcker- und Metzgermeister aus der näheren Umgebung.

Um die Mitte des vorigen Jahrhunderts war es Brauch, daß die Meister ihre Hochzeiten und andere Festlichkeiten im »Römischen König« feierten. Dabei ging es zuweilen hoch her, zumal oft tagelang gefestet wurde. Hundert und noch mehr Hochzeitsgäste waren keine Seltenheit. Die Räume waren keineswegs besonders groß, aber je enger sich die Gäste zusammendrängten, um so vergnüglicher wurde die Stimmung.

Das Gebäude selbst war recht ansehnlich, denn Ställe und Remisen gehörten dazu, der Ausspannhof diente den Bauern, die zu den Wochenmärkten in die Stadt kamen, und auch den Boten, die Verbindungen mit den Dörfern in der Umgebung herstellten.

Die Nachbarschaft bildete die malerische Altstadt mit altertümlichen Fachwerkhäusern und engen Gassen. Kleine Läden boten billigen Hausrat an, in den Höfen werkelten Flaschner, Schreiner und Schuhmacher, in den Ställen quiekten zuweilen die Ferkel, und in bretternen Verschlägen wurden Kleinvieh, Gänse und Hühner gehalten. Für die Ausstattung der Fasnachtsbälle sorgte ein Maskengeschäft, das Ritterrüstungen, bunte Kostüme und allerlei Zubehör feilbot. Ein Hauch poesievoller Romantik durchwehte die kleinen Gassen.

Seit dem ausgehenden Mittelalter bestanden in Stuttgart wie in anderen Städten die Zünfte der Handwerksmeister. Sie besaßen zumeist eigene Häuser, in denen die Zusammenkünfte der Mei-

Das »Pragwirtshaus« um 1910. Links neben dem Gaststättennamen wird am Haus auf den Fernsprechanschluß hingewiesen: Telefonnummer 31, Amt Feuerbach.

ster stattfanden. Nur fehlen die Nachweise, ob damit Gaststätten in Verbindung standen oder ob bestimmte Lokale als Treffpunkte der Zünfte galten. Der »Römische König« war zweifellos kein Zunfthaus, wenn dort auch, nachweisbar seit dem 18. Jahrhundert, vor allem Bäkker und Metzger als Gäste verkehrten,

weil die Zunfthäuser in der alten Form nicht mehr bestanden.

Es gab damals in Stuttgart auch eine ganze Anzahl Gesellenherbergen, die vor allem dazu bestimmt waren, den wandernden Gesellen eine Bleibe zu bieten, soweit diese nicht im Haus des Meisters unterkommen konnten.

»Pragwirtshaus«

Der Elefant im Porzellanladen

Der Name »Prag« für das Tal zwischen Killesberg und Burgholzhof hat wohl am allerwenigsten etwas mit der Hauptstadt der Tschechoslowakei zu tun. Schon in der Römerzeit führten wichtige Verkehrswege über den Pragsattel. Wer vom Main und vom Unterland her kam, mußte über diesen Paß, wenn er nach Süden wollte. Auch der Weg von Straßburg und Pforzheim zum Kastell nach Altenburg ging über die Prag, und im Mittelalter führte die Hauptreichsstraße Württembergs von Bruchsal nach Ulm über den Pragpaß. Vielfach ist vermutet worden, daß an diesem strategisch so

wichtigen Punkt früher eine Burg stand; urkundliche Beweise gibt es dafür jedoch nicht.

Ebenso unklar ist, wovon sich der Name »Prag«, »Brag«, »Bragckh« oder (mittelhochdeutsch) »brac« herleitet. Die Forscher vermuten, daß es sich um ein frühes Fremdwort handelt, das die Einheimischen von den Reisenden aufgegriffen haben.

Wenn wir auch nicht genau wissen, ob es jemals eine Pragburg gegeben hat – sicher ist auf jeden Fall, daß es ein »Pragwirtshaus« gab und immer noch gibt. Es entstand schon im 15. Jahrhun-

dert als Gassenschenke und Herberge und war vor allem bei den Fuhrleuten beliebt, die nach steiler Anfahrt auf die Höhe ihren Rössern und sich selbst eine Verschnaufpause gönnten.

Das »Pragwirtshaus« kam im vorigen Jahrhundert zu seiner Bedeutung als Ausflugslokal. Dort spielte sich jenes Elefantenabenteuer ab, von dem die Überlieferung verschiedene Fassungen zu berichten weiß. Aus dem im Jahre 1816 aufgelösten Tiergarten, bei der »Retraite« an der Neckarstraße gelegen, hatte ein unternehmungslustiger Zirkusbesitzer den starken Elefantenbullen »Jumbo« erworben. Aber der beschwerliche Fußmarsch mit dem Zirkustroß behagte dem Rüsseltier nicht. Mit lauten Trompetentönen wurde die Anhöhe bei der Prag erstiegen, und vor dem Wirtshaus steigerte sich die Wut des Elefanten zu einem Tobsuchtsanfall. Sei es, daß die Gäste den Bullen gereizt hatten oder daß der Durst ihn quälte – mit wildem Stampfen zerschmetterte er Türen und

Fenster und richtete arge Verwüstung an.

Den Schaden hatte der Zirkusbesitzer zu bezahlen und obendrein noch die Kosten für einen fahrbaren Käfig, in dem das Tier die Reise fortsetzen sollte. Aber bald nach der Abfahrt ging auch dieses Fahrzeug in Trümmer.

So zog der Elefant weiter neben den Wagen her, bis der Zirkus nach Venedig kam.

Dort verursachte »Jumbo« einen neuen gefährlichen Zwischenfall; Soldaten wurden alarmiert, und weil Gewehrkugeln nicht genügten, endete das Elefantenleben durch einen Kanonenschuß.

Diese Zeichnung stammt aus der Zeit der Jahrhundertwende; die Größenverhältnisse entsprechen nicht ganz der Wirklichkeit. Rechts unten erkennt man das »Pragwirtshaus«. In der Bildmitte die Gebäude der Kunstakademie, die heute noch stehen. Das große Giebelhaus links davon beherbergte den »Weißenhof« (siehe Seite 75/76). Direkt über ihm sieht man in der Ferne den Hasenbergturm, ganz rechts am Horizont den Bismarckturm.

Die Venezianer kamen zu billigem Braten, und das Skelett wurde der Universität zu Padua überwiesen, wo es heute noch vorhanden sein soll.

Statt des Süßwarenladens befand sich in dem Haus rechts die Gaststube des »Wilden Manns«. Das Foto stammt von 1913.

Wilhelm Marquardt, der spätere Hotelbesitzer, erhielt im »Wilden Mann« als Lehrling seine Ausbildung.

Angesteckt von der Reimfreudigkeit seines Chefs, erwies sich auch der Hausknecht Seifriz als Gelegenheitsdichter, der mit Versen die gespendeten Trinkgelder quittierte. Die Stätte seiner Wirkung war die äußere Stube, in der vor allem Boten und Frachtfuhrleute von der nahen Hauptstätter Straße einkehrten. Die Kette von Seifriz' Taschenuhr war so gespickt mit Anhängseln, daß das Sprichwort umging: »Der hängt so viel an sich hin wie des Wildenmannwirts Hausknecht.«

Unter dem nachfolgenden Besitzer G. Vöhringer versammelten sich Tübinger Studenten zu trinkfesten Ferienkneipereien. Zu den Besuchern gehörte auch der Pianist G. M. Mozart, Sohn des berühmten Komponisten, der in den Jahren 1818/19 in Stuttgart weilte.

1827 wurde das Haus an den Kaufmann Johann Conrad Reihlen verkauft und der Gasthausbetrieb eingestellt. Der stattliche Fachwerkbau erhielt 1867 eine Gedenktafel. Sie erinnerte an einen Brand in der Karlstraße, der 150 Jahre zuvor gewütet hatte und dem 52 Häuser zum Opfer gefallen waren. Seit 1931 steht an der Stelle des »Wilden Manns« das Breuninger-Hochhaus.

»Wilder Mann«

Der Wirt als Reimeschmied

Im Schwäbischen war der Gasthausname »Wilder Mann« einst sehr beliebt; er weist auf eine alte Sage hin. Auch in Stuttgart fehlte der Name nicht; das entsprechende Wirtshaus, Marktstraße 13, wird 1716 erstmals erwähnt, bestand aber wohl bereits in früheren Zeiten.

Zu besonderer Anziehungskraft kam das Lokal zu Beginn des vorigen Jahrhunderts durch den Besitzer Friedrich Christoph Heinrich. Er hatte die Gabe, aus dem Stegreif dichten zu können, und zum Vergnügen seiner Gäste nutzte er sie weidlich aus. Aktuelle Ereignisse nahm er in seinen Reimen ebenso aufs Korn wie Spott auf sich ziehende Zeitgenossen, und wir dürfen annehmen, daß so manche fröhliche Runde ihn mit ständig neuen Vorschlägen ermunterte. Es sind erzählende Gedichte von ihm überliefert, manchmal schmiedete er aber auch Verse, die nur Assoziationen antippten und völlig ohne Verben auskamen. Zwei Beispiele finden sich auf der nebenstehenden Seite.

Auch die liebenswürdige Wirtin und ihre Kochkünste wurden von den Gästen des »Wilden Manns« hoch gelobt.

Wildenmannwirt Heinrich über einen Großbrand

Ben amol im »Schatte« gsessa,
Han a Breckele Brotes gessa,
Kommt a Lärma do vor's Haus,
I guck glei zum Fenster naus.
Aber wia bin i verschrocka
Wia m'r läutet d' Rathausglocka,
Der Tambor wirbelt drunter nei –
's muaß a Feuerlärma sei.
»Feuerjoh, d' Laterne raus,
's brennt ins Kaufmann Lotters Haus!«
Und ins Bortamacha Thamma
Sieht mer scho die helle Flamma,
Der Dirrlamm schreit zum Fenster
    raus:
Wär i no in Kornthal draus!

O heiliger Sankt Florian,
Bewahr mei Haus, zend andre an.
Die alt Schnurre sitzt uf'm Bank
Und ist halbe hen vor Angst.
D' Hauderer, dia kommet glei,
Reitet an d' Stadtschreiberei,
Mit de Schimmel, mit de Rappa
Zieget se raus da Feuerwaga,
Und wia hot der Wimpff so glacht,
Wia der Hohlarm hat so kracht!
Michel spreng, du fauler Blitz,
Gohst mer glei an d' Rothausspritz,
Wenn d' mer net bald nore machst,
So nehm de mit uf d' Burgerwacht!
Jetzt stellet Euch derweil in d' Front

Bis der Feuerreiter kommt!
Vornadraus der Sattler Rapp
Mit em Bombo uf der Kapp,
Hintedrei der Stadtrat Schön
Hoißt et Leut zum Löscha gehn.
Älles sprengt an Feuersee
Und streckt do et Köpf en d' Höh.
Endlich kommt der Metzger Motz,
Der schreit ällweil: Ziag am Klotz!
Jetzt kommt vom Pfaffasee es Wasser
Und lauft runter durch
    d' Hirschgassa,
Em Hirschwirth laufts zur Hausthür
    nei –
O wär des doch Dreibatzawei!

Wildenmannwirt Heinrich über die Stuttgarter Welt

Lirum larum Polizei,
Handwerksburschen, Beckasäu,
Seifensieder, Bürstenbinder,
Hammerschlag und Teufelskinder,
Musikanten, Schoppenglas,
Dobelbauer, rote Nas.

Taglioni, Kaiser Franz,
Jägerchor und Jungfernkranz,
Ypsilanti, Griechenschmerz,
Metternich ein schlechtes Herz.
Edelmarder, Herbstvakanz,
Stadtratswahl und Eselsschwanz.

Trauerwagen, Dudelsack,
Pudelkappe, Lumpenpack,
Käfersälble, Büchsenranz,
Seidepudel, Hundsvakanz,
Bruder Nestel, altes Werk,
Petersburg und Gablenberg.

Leutnant Erbe, Waterloo,
Heldenthaten, Bohnenstroh,
Heringsseel, Professor Zorn,
Eßlingen und Paderborn,
Sandwirt Hofer, Dankbarkeit,
Preßbeschränkung, Dunkelheit.

Wachtparade und Stadtreiter,
Große Räusche, Bärenhäuter,
Palästina und Planie,
Philosophen, Stockrindvieh,
Hoflakaien, Adelsblut,
Beckentöchter, Übermut.

Steuerräte und Diäten,
Schlingelsplatz und Brandraketen,
Kirschenfest und Badwirt Burk,
Goldfasanen, Silberburg.
Genovefa, Meißners Skizz',
Sattler Rapp und Feuerspritz.

Müllners Schuld und Pumpernickel,
Rosenkränze und Testikel,
Pfandgesetze, strenge Büttel,
Obrigkeit und Bauernkittel;
Das Tedeum singet recht,
Hol mer de Balbiererskecht.

Bohnenviertel, Schnupftabak,
Wekherlin und Siegellack,
Wachsfiguren und Schulmeister,
Pädagogen, böse Geister,
Fräuleinstift und langer Stall,
Hofzahnärzte, Doktor Gall.

Schneider Fischer, Gartenhaus,
Katharinen-Armenhaus,
Schöne Mädchen, Negligée,
Wasserleitung, Bärensee,
Pfaffensee und Wassersnot,
Oben Schmutz und unten Kot.

Hofbaumeister, Rosenstein,
Griebenwürst und saurer Wein,
Hundetax und Bürgersteuer,
Schlechte Lichter, Metzger Reyher,
Pfandgesetz und Jammerthal,
Große Schlingel überall.

Viele Juden, schlechte Brauer,
Erbsenzähler, Viehbeschauer,
Pelzwerk und auch kurze Waren,
Hieroglyphen, Dromedaren,
Rattenfallen, Taubenreff,
Wer vorbeigeht, kriegt sein Treff.

Dampfmaschinen, Bärentreiber,
Sauerkraut und grobe Schreiber,
Baurapresser, Hungerquellen,
Apotheker, Bauchaufschwellen,
Ochsenmetzger, Siechenhaus,
Wildenmannwirt, schöner Schmauß.

»Sieh dich für«, »Goldene Traube«

Rotwein als Heilmittel

Gastronomie und Medizin weisen nur wenige Berührungspunkte auf. Zuweilen freuen sich die Ärzte über eine Leberzirrhose, an der ein Gastwirt nicht ganz unschuldig ist, und natürlich sind in der Regel auch die Mediziner dem Rebensaft nicht abgeneigt. Bekannte Ärzte sind als Stammtischfreunde in die Geschichte eingegangen, und Justinus Kerner, dem Weinsberger Arzt, verdanken wir das Trinklied »Wohlauf noch getrunken den funkelnden Wein« und das nicht minder weitverbreitete »Preisend mit viel schönen Reden«.

Es gibt aber noch einen weiteren Berührungspunkt. In Stuttgart wie in anderen Städten hatte man in früheren Zeiten die Seuchengefahren als eine Gottesgeißel hingenommen; wirksame Abwehrmaßnahmen kannte man nicht. Erst seit dem Ende des 17. Jahrhunderts hatte Österreich an seiner Südostgrenze hermetische Absperrungen verfügt, um das Einschleppen der Pest zu verhüten. Stuttgart entschloß sich im Jahre 1713, eine eigene Quarantänestation einzurichten. Reisende, die aus seuchenverdächtigen Ländern kamen, wurden hier 40 Tage lang isoliert festgehalten, bis die Unbedenklichkeit ihres leiblichen Zustands ärztlich attestiert wurde. Zuvor hatte es in den Kranken- und Siechenhäusern nur Isolierstationen für bereits erkrankte Personen gegeben.

Ein Gasthaus bei der Ziegelhütte am Fuße der Alten Weinsteige wurde nun durch einen Zaun abgesperrt und diente als Quarantänestation. »Sieh dich für« nannte es der Volksmund. Der Arzt und das Pflegepersonal blieben isoliert, und besondere Schutzmaßnahmen wurden angewandt, um zwar die Insassen ausreichend versorgen zu können, aber dennoch Kontakte mit der Bevölkerung zu vermeiden. Küche und Keller standen zur Verfügung, auch die Dienstleute dafür. Es soll ein recht munteres Treiben in dem Hause geherrscht haben, zumal den unter Quarantäne Stehenden geraten wurde, soviel wie möglich Rotwein zu trinken, welcher als gutes Heilmittel galt.

Als die Pestgefahr gebannt schien, wurden die Vorschriften zur Isolierung der Reisenden gelockert, und bereits in den dreißiger Jahren des 18. Jahrhunderts wurde die Quarantäne aufgehoben beziehungsweise auf die Krankenhäuser beschränkt.

Seit 1742 trug das Gasthaus den Namen »Zur goldenen Traube«; es erhielt ein zierlich geschmiedetes Rokokoschildzeichen, das bis an die Schwelle unserer Tage erhalten blieb.

Das »Residenztheater« in der Heusteigstraße 105, Ecke Lehenstraße, um 1905.

Im Jahre 1845 kam das Haus in den Besitz des Brauers Paul Kolb (1812 bis 1895), der auf dem Gelände seine Bierbrauerei einrichtete. 1873 wurde die Straße, in der als Haus Nummer 14 die Wirtschaft »Zur Goldenen Traube« stand, zu Ehren des Brauers und Stadtrats Kolbstraße getauft. (Sie bildet die talseitige Fortsetzung der Lehenstraße.)

1898 mauserte sich das Gelände zu einem Anziehungspunkt weit über Stuttgarts Grenzen hinaus, als hier das »Apollotheater« eingerichtet wurde. Diese Varietébühne bestand auch nach der Eröffnung des großen Varietés im »Friedrichsbau« im Jahre 1900 fort und wurde später unter dem Namen »Residenztheater« ein paar Häuser weiter in die Heusteigstraße 105 verlegt, wo es bis 1922 bestand.

Die »Goldene Traube« selbst wurde in den sechziger Jahren abgerissen; heute befinden sich hier Lastwagen-Parkplätze der Brauerei Dinkelacker.

Die »Goldene Traube« etwa 1958.

Gastwirtschaft Schick, »Sakristei«

Das Stuthaus, die »Keimzelle« Stuttgarts

Wir leben in einer temporeichen Zeit. Mit 100 oder 150 Stundenkilometern rasen wir über die Autobahnen, von da nach dort, von dort nach hierhin. Es ist schon fast die Ausnahme, wenn wir uns einmal eine Stunde Pause in einer der Raststätten am Fahrbahnrand gönnen. Eine wahre Völkerwanderung setzt an schönen Wochenenden und bei Schulferien ein; wie wilde Horden fallen dann die Urlauber über die Erholungsgebiete her.

Völkerwanderungen gab es auch schon in früheren Zeiten, nur die Geschwindigkeit hat sich heute verschärft. Der Bewegungsdrang war es auch, der uns die frühesten Zeugnisse menschlicher Kultur im Stuttgarter Gebiet beschert hat. Wandernde Sippen hinterließen vor über 10 000 Jahren in Zuffenhausen, Cannstatt und Untertürkheim ihre Spuren. Etwa um das Jahr 2500

v.Chr. machten Steinzeitmenschen auf dem Birkenkopf »Rast«. Das Tempo müssen wir uns allerdings gegenüber heute sehr verlangsamt vorstellen; Tausende von Pfeilspitzen, Messern, Schabern und anderen Werkzeugen, die man hier gefunden hat, deuten darauf hin, daß diese Rast Jahre oder sogar Jahrzehnte gedauert hat. Dann zogen die Nomaden weiter, vielleicht Richtung Neckar, vielleicht weiter hinein in die Wälder.

Stuttgart bestand damals natürlich noch lange nicht, das Tal war vollständig bewaldet. Zwar hat man am Hasenberg Gräber aus der Zeit der »Schnurkeramiker« entdeckt (16. bis 13. Jahrhundert v.Chr.) und beim Hauptbahnhof ein Keltengrab gefunden, zum Zentrum der Besiedelung wurde jedoch das günstig am Neckar gelegene spätere Cannstatt. Sicher ist allerdings, daß schon seit der

späten Keltenzeit ein Fernweg das Stuttgarter Tal durchquert hat, der von der Feuerbacher Heide oder vom Pragsattel zum Bopser führte. Der Nesenbach war damals ein ansehnliches Flüßchen mit mehreren Nebenarmen, und in der Gegend der Stiftskirche bildeten Sauerwasserkalktuffplatten eine natürliche Furt.

Um das Jahr 90 n.Chr. bauten die Römer in Cannstatt ihr großes Kastell. Sie brachten angeblich auch den Weinbau nach Schwaben, ganz sicher aber *nicht* ins Stuttgarter Tal. Den Wald hatte die »Großstadt zwischen Wald und Reben« schon immer; die Reben dürften zuerst am Cannstatter Neckarufer gewachsen sein.

Erste Belege für eine dauerhafte Besiedelung des Alt-Stuttgarter Raumes stammen aus dem 6. bis 8. Jahrhundert n.Chr. Wieder war es Cannstatt, das mit der Altenburg das Zentrum der Region

bildete; im Stuttgarter Kessel gab es jedoch Gehöfte und kleine Weiler, in denen sich alamannische Bauern ansiedel-
ten. Straßennamen erinnern noch heute
an diese Orte namens Tunzhofen und
Immenhofen. Der Landgeschichtler Professor Hansmartin Decker-Hauff hat die
These aufgestellt und belegt, daß zudem
noch ein von einem fränkischen Stamm
bewohnter Weiler namens Frankenbach
in der Gegend des heutigen Charlottenplatzes existiert hat.

Eine Hochzeit im Jahr 947 n. Chr. hat
ganz entscheidende Bedeutung für die
Stuttgarter Geschichte. Der damals etwa

siebzehnjährige Sohn von Kaiser Otto
dem Großen und seiner Gemahlin, der
englischen Prinzessin Eadgith, der Ala-
mannenherzog Ludolf oder Luitolf, vermählte sich mit der schwäbischen Her-
zogstochter Ita, die zu dieser Zeit etwa
20 Jahre alt und die reichste Erbin
Deutschlands war. Zu den Besitzungen
ihrer Mutter Reginlinde gehörte aller
Wahrscheinlichkeit nach auch das Stuttgarter Tal; der verballhornte Flurname
Relenberg und die gleichnamige Straße
erinnern daran noch heute.

Der umtriebige Ludolf regierte nur
fünf Jahre, von 949 bis 954. Die schwä-

*Um die Jahrhundertwende ging das Stut-
haus samt den Nebengebäuden in den Besitz
der Metallwarenhandlung Zahn-Nopper
über. Aus der Fassade wurde ein großes, über
zwei Etagen gehendes Schaufenster heraus-
gebrochen. Dadurch wurde der Kern des
Stuthauses, ein steinerner Wohnturm,
wieder deutlich. Noch im zweiten Stock waren die Mauern fast zwei Meter dick.*

bischen Herzöge hatten damals ihren
Sitz am linken Neckarufer, entweder
beim heutigen Stadtteil Berg oder beim
Gebiet der heutigen Wilhelma, oder sogar noch ein bißchen neckaraufwärts,

70

wo heute der als »Brie« bekannte Teil von Cannstatt liegt.

Wo sich jetzt die Mittleren und Unteren Anlagen erstrecken, im Nesenbachtal also, bestand in jenen Jahren ein zusammenhängendes Wiesengebiet, das sich im Besitz des Herzogs befand. Hier hatte sich wohl ein zur Hofhaltung gehöriges Wildgehege befunden, das zu Ludolfs Zeiten aber vermutlich schon aufgelassen war. Als der Herzog nun zu militärischen wie zivilen Zwecken Pferde benötigte, richtete er in diesem Gebiet um 950 ein Gestüt ein. Das Gelände dieses Gestüts reichte von Berg oder sogar vom Neckar bis zu dem alten keltischen Fernweg, der immer noch benützt wurde, also etwa bis zum Schillerplatz. Ein wehrhafter Turm diente wohl zur Verteidigung und gleichzeitig dem Gestütsverwalter als Wohnsitz.

Es dürfte nicht lange gedauert haben, bis um diesen massiven Steinturm, das sogenannte »Stuthaus«, weitere Häuser und eine kleine Kapelle errichtet wurden. Diese Kapelle entwickelte sich in vielen Baustufen zur Stiftskirche, wie wir sie heute kennen, und die kleine Ansiedlung wuchs im Laufe der Jahrhunderte zu der Stadt, deren Namen heute noch »Gestüt« bedeutet: Stuttgart.

Wie lange der »Stuotgarten« bestand, wissen wir nicht, das Stuthaus jedoch überdauerte die Zeiten. Um 1320 wird das Chorherrenstift mit der dortigen Grablege der Württemberger von Beutelsbach im Remstal nach Stuttgart verlegt; den Chorherren diente das Stuthaus – mittlerweile umgebaut – als Wohnung.

Der letzte der Stiftsgeistlichen im Stuthaus war Michel Kreber. Im Zuge der Reformation wechselte er zum Protestantismus über, als Herzog Ulrich 1534 das Stuttgarter Stift auflöste. 13 Jahre später konnte Kreber aus dem verbliebenen Stiftsvermögen das Stuthaus für sich kaufen. Seit damals befand sich das Stuthaus in Privatbesitz; mehrfach wurde es umgebaut. 1621 wird ein Provisor (Verwalter) als Hausbesitzer genannt, im 18. Jahrhundert waren es mehrere Schneider, denen das Haus gehörte.

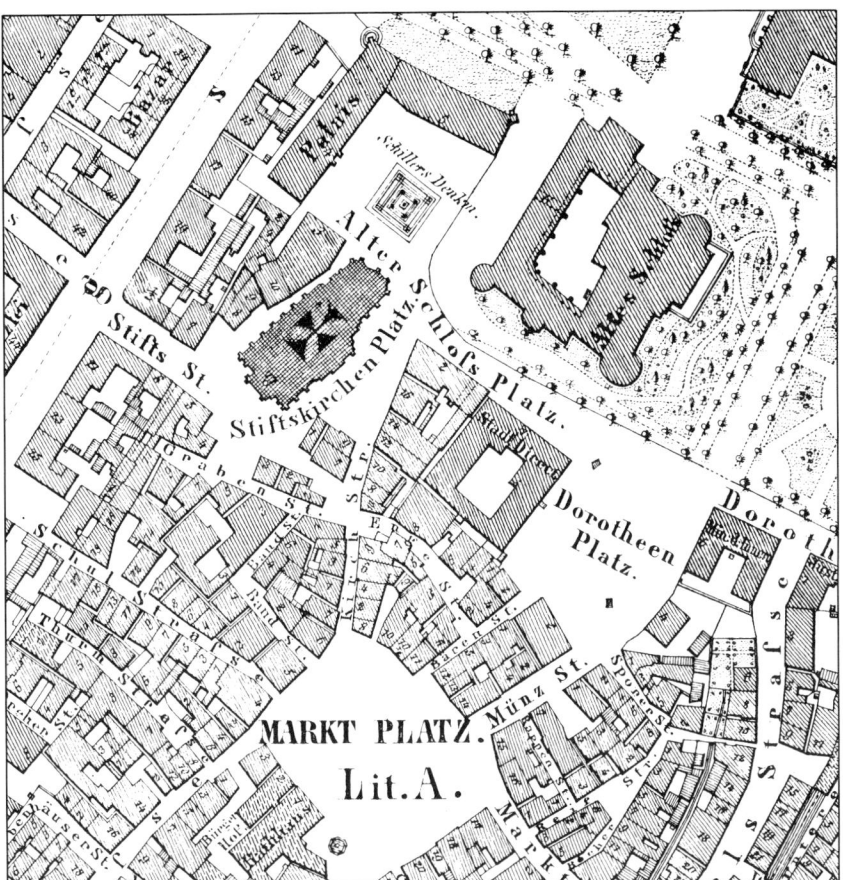

Einer dieser Schneider hieß Johann Christian Schick. Er war der Vater des Malers Gottlieb Schick, der mit seinen klassizistischen Gemälden, von denen einige in der Stuttgarter Staatsgalerie bewundert werden können, zu hohem Ansehen kam. Dieser Schneider Schick war im Nebenberuf Wirt und betrieb im Stuthaus eine kleine Gastwirtschaft.

Ob er sie selbst eingerichtet oder schon von seinen Vorgängern übernommen hat, ist unbekannt. Wir wissen jedoch, daß sich bei ihm allerlei Prominenz versammelte. Christian Friedrich Sattler, der für den Hof Herzog Carl Eugens tätige Historiker, verkehrte hier ebenso wie der Maler Nicolas Guibal, der Dichter Christian Friedrich Daniel Schubart oder wie Gottfried Plouquet, Pfarrer und Professor für Logik und Metaphysik an der Hohen Carlsschule.

Von nun an hatte die Wirtschaft Bestand. Um 1820 erhielt sie den Namen »Sakristei«, die gegenüberliegende Sakristei der Stiftskirche dürfte dafür Pate gestanden haben. Das ganze 19. Jahr-

Ausschnitt aus einem Stadtplan von 1855. Die Häuser nordwestlich der Stiftskirche zählten zur Stiftstraße, darunter als Nummer 8 das Stuthaus. Südöstlich der Stiftskirche sieht man die heute nicht mehr existierende Grabenstraße mit dem »Alten Steinhaus« (11), dem »Goldenen Rössle« (9) und den »Alten Post-Stiftsstuben« (7).

hundert über bildete die Gaststätte mit ihrer gemütlichen Atmosphäre einen Anziehungspunkt für die Stuttgarter Weinzähne.

Kurz vor der Jahrhundertwende ging das Stuthaus mitsamt den Nebengebäuden in den Besitz der »Vereinigten Eisenhandlungen Zahn & Comp. und Friedrich Nopper« über. Noch mancher alte Stuttgarter wird sich an diese Verkaufsräume von Zahn-Nopper erinnern.

Im Juli 1944 wurde die Stuttgarter Innenstadt von Großangriffen britischer Bomber in Schutt und Asche gelegt. Zahn-Nopper selbst blieb zwar zunächst verschont, am Morgen des 26. Juli 1944 griff jedoch der Brand der Stiftskirche auf die Gebäude bis zur Königstraße über. Auch das hohe spitzgiebelige Haus in der Stiftstraße 8, das ehemalige Stuthaus, stand in Flammen.

Die relativ gut erhaltene Ruine wurde erst nach dem Zweiten Weltkrieg mitsamt den Nebengebäuden abgetragen; nur der Fruchtkasten am Schillerplatz, der das Ende des kleinen Gäßchens bildete, in dem auch das Stuthaus stand, wurde wiederaufgebaut. Dabei war der Abbruch des Stuthauses gar nicht einfach zu bewerkstelligen, denn die Mauern wiesen an einigen Stellen eine Dicke von zwei Metern auf.

Wo sich einst die historische »Keimzelle« Stuttgarts befunden hat, erhebt sich heute die Hinterfront eines modernen Geschäftsgebäudes, und ein schmuckloser Brunnen sprudelt vor sich hin. Nichts erinnert in dieser Gasse, die mittlerweile »Am Fruchtkasten« heißt, noch daran, daß hier vor 1000 Jahren

Pferde vorgeführt wurden und daß vor 100, 200 Jahren in dem Eckhaus fröhliche Zecher zusammensaßen.

Zur Nachbarschaft gehörte das sogenannte Alte Steinhaus in der Grabenstraße, neben dem Stuthaus das älteste erhalten gebliebene Bauwerk Stuttgarts. Der stattliche Wohnturm wurde 1936 restauriert, erhielt aber durch Bombenwürfe 1944 starke Schäden. Ungeachtet der Wünsche zahlreicher Heimatfreunde gelang es auch in diesem Fall nicht, eine Wiederherstellung des historisch wertvollen Bauwerks zu erreichen.

Zwischen dem Alten Steinhaus und der »Alten Post-Stiftsstube« (siehe Seite 23/24) stand das schon im 17. Jahrhundert erwähnte Wirtshaus »Zum goldenen Rössle«. Es war eines der gemütlichen Beizle, die von Fuhrleuten, Bauern und Marktbesuchern bevorzugt wurden. Auch dieses Haus wurde ein Opfer der Kriegseinwirkungen.

»Zum Ritter Sankt Georg«, »Petersburger Hof«

Der Kaiser reiste inkognito

Die zweite Hälfte des 18. Jahrhunderts bescherte den Stuttgartern eine Fülle abwechslungsreicher Erlebnisse. Es wimmelte von prominenten Besuchern, und aufregende Geschehen folgten einander in raschem Wechsel. Dazu trug in erster Linie Herzog Carl Eugen (1728 bis 1793) bei, dessen Persönlichkeit während seiner fast fünfzigjährigen Regierungszeit viele fürstliche Gäste anzog, und der mit seinen Neigungen – erotischen, despotischen und musischen – die Zeitgenossen beschäftigte. Die Stadt kam zu einer neuen Blüte, und die Gastwirte profitierten davon.

Als bei einem Großbrand im Jahre 1761 in der Gegend der heutigen Hirschstraße 41 Wohnhäuser von den Flammen zerstört wurden, füllte man mit dem Schutt den sogenannten »Kleinen Graben« hinter der Stadtmauer auf, die spätere Eberhardstraße. So ergab sich neues Bauland, und diese Gelegenheit ergriff der Besitzer des »Großen Kaffeehauses«, Georg David Rall. 1772 ließ er hier ein stattliches Hotel und Restaurant errichten, dem er den Namen »Zum Ritter Sankt Georg« gab. Lange Zeit galt dieses Gasthaus als eine der vornehmsten Einkehrstätten in Stuttgart.

Schon fünf Jahre nach der Eröffnung, am 7. April 1777, quartierte sich hier Kaiser Joseph II. ein, als er für einige Zeit in Stuttgart weilte. Seiner Gewohnheit entsprechend, verzichtete er auf alle höfischen Ehren, kleidete sich wie ein Bürgersmann und durchstreifte als Spaziergänger die Gassen. Nur kurz begrüßte er den Herzog im Schloß, länger weilte er in der Akademie (der späteren Hohen Carlsschule), in der Bibliothek und im

Ganz links: Das »Alte Steinhaus« in der Grabenstraße nach Entfernung des Putzes im Frühjahr 1935. – Daneben: Dasselbe Gebäude nach der Restaurierung und der Wiederherstellung der Fenster im Jahr 1936.

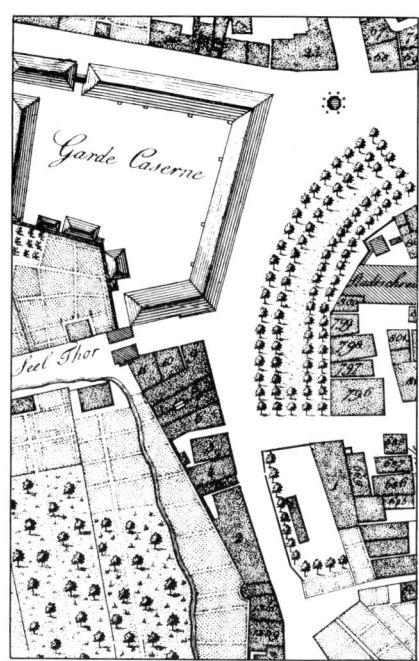

Ausschnitt aus dem Stadtplan zum Adreß-buch von 1794. Alle 1374 Privatgebäude der Stadt sind durchnumeriert, als Haus Nummer 1 zählt der »Ritter Sankt Georg« am »Langen Graben«, der heutigen Eber-hardstraße. Links oben die Legionskaserne (jetzt Wilhelmsbau).

Marstall; er besuchte auch eine Opern-vorstellung, unternahm einen Ausflug zum Lustschloß Solitude und wirkte bei allem wie ein aufmerksamer Reisender, der reizvolle Eindrücke sammelt.

Noch einmal fünf Jahre später be-suchte der russische Großfürst Paul den Herzog Carl Eugen. Auch er kehrte im »Ritter« ein, allerdings nur kurzfristig, um mit seinem Gefolge zu sprechen, das in der Herberge untergebracht war.

Als nach dem Tod Georg David Ralls im Jahr 1803 der Wirt Gottfried Häcker (1772 bis 1843) das Haus übernahm, änderte er den Namen in »Petersburger Hof«.

Dies sollte an die russischen Gäste erinnern, die früher hier gewohnt hatten; Häcker, ein großgewachsener, stattlicher Mann, wollte aber wohl auch vermei-

Werbezettel zur Neueröffnung 1874. Das ovale Bild zeigt die Ecke Eberhard- und Steinstraße; links im Hintergrund sieht man die beiden Türme der Stiftskirche.

den, daß er selbst mit dem Spitznamen »Ritter St. Georg« belegt würde.

Der geräumige Speisesaal erhielt nun eine neue Ausstattung, dazu kam ein Porträt von Kaiser Joseph. Die Überlie-ferung berichtet, der Monarch sei bei der Taufe eines der Kinder des Wirtes dabei-gewesen. Die heitere Stimmung des Fa-milienfestes habe den Kaiser dazu ange-regt, dem Täufling 300 Dukaten und dem Wirt das Bild zu stiften. Das Porträt blieb bis zur Aufgabe des Hotels erhal-ten.

Wirt Häcker war eine vielseitige und gewandte Persönlichkeit, der seine Gäste ausgezeichnet zu unterhalten wußte. Er hatte zunächst Jurisprudenz studiert, dann als badischer Offizier mehrere Länder durchstreift; erst durch seine Heirat wurde er in Stuttgart ansäs-sig. Vor allem Künstler und Literaten waren es, die sich von diesem unterhalt-samen Erzähler, der zudem immer gute Remstäler Weine vorrätig hatte, angezo-gen fühlten. Zu den Stammgästen ge-hörte der Komponist Carl Maria von Weber, der in den Jahren 1807 bis 1810 in Stuttgart und Ludwigsburg weilte.

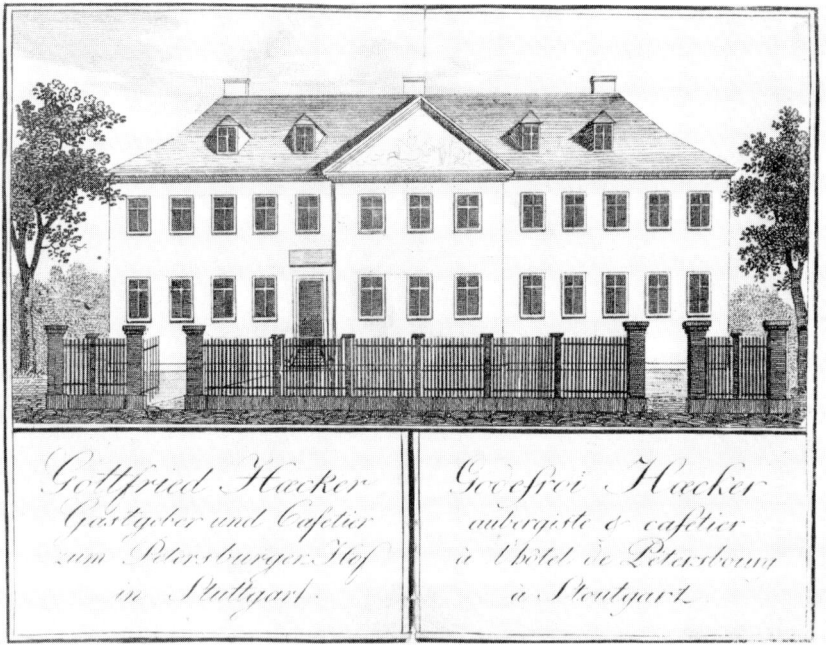

Gottfried Häcker
Gastgeber und Cafetier
zum Petersburger Hof
in Stuttgart.

Godefroi Häcker
aubergiste & cafetier
à l'hôtel de Petersbourg
à Stoutgart.

RESTAURANT PETERSBURGER-HOF. G. KREHL
STUTTGART.

SCHLOSS & BRAUEREI
+BRANNENBURG+
OBERBAYERN

Oben: Der »Petersburger Hof« im Jahr 1890. Links führt die Hirschstraße in Richtung Stiftskirche. – Mitte: Lithographiertes Werbeblatt, um 1820. – Unten: Reklamekarte (um 1900).

Offiziell war er Sekretär des Prinzen Ludwig; sein Dienst bestand jedoch im wesentlichen darin, Gläubiger des Prinzen hinzuhalten und neue Kredite aufzunehmen. Die Stunden in fröhlicher Runde, die er im »Petersburger Hof« verlebte, dienten dem Musiker zur wohlverdienten Erholung. Heitere Lieder erklangen zur Lautenmusik, und an übermütigen Streichen war kein Mangel. Nebenbei komponierte Weber an der Oper »Silvana«, wobei ihm seine Liebe zu der Sängerin Margarete Lang Antrieb gewesen sein dürfte.

Leider fand das Idyll am 10. Februar 1810 ein tragisches Ende. Ohne seine Schuld wurde Weber in einen Korruptionsfall verwickelt und nach sechzehntägiger Haft zusammen mit seinem etwas leichtsinnigen Vater des Landes verwiesen. Die Stammtischrunde trauerte über diesen Verlust, wußte sich aber mit der Gesellschaft des Bildhauers Friedrich Distelbarth und des Malers Eberhard von Wächter darüber hinwegzutrösten, die nun für die Unterhaltung sorgten. Wirt Häcker allerdings war nicht so leicht zu trösten. Von »seinem« Prinzen Ludwig hatte Carl Maria von Weber offensichtlich gelernt, wie man mit Schulden umzugehen hat; bei seiner plötzlichen Abreise versäumte er, die ziemlich angewachsene Rechnung im »Petersburger Hof« zu begleichen.

Nach Gottfried Häckers Tod ging das Hotel im Jahre 1843 in andere Hände über; die Besitzer wechselten fortan häufiger, aber der gute Ruf des Hauses wurde gewahrt. Knapp 30 Jahre später waren jedoch die wirtschaftlichen Verhältnisse so schlecht, daß das Haus 1872 an den Möbelfabrikanten Georg Schöttle verkauft werden mußte, der hier seine Möbelausstellung einrichtete.

Im Parterre und im Hofraum blieb der Gasthof als Bierwirtschaft mit Münchner Bier bis 1925 bestehen. Dann mußte er für den Bau des Kaufhauses Schocken (später Merkur, dann Horten) Platz machen, der durch seine moderne Architektur zu besonderer Geltung kam. Der Schocken-Bau, ein Werk des Architekten Erich Mendelsohn, überstand den Zweiten Weltkrieg und wurde erst 1960 abgerissen, als er der Kaufhausleitung nicht mehr zeitgemäß schien.

Im Alter von 25 Jahren kehrte er 1766 nach Stuttgart zurück und eröffnete erst an der Bechergasse, der heutigen Marktstraße, und später an der Torstraße eine Bäckerei. Zugleich aber wandte er sich dem Getreide- und Mehlhandel zu und kam damit zu ansehnlichem Wohlstand. Zudem lieferte er regelmäßig Brot und Mehl an die Stuttgarter Garnison – ein Auftrag, den er wohl wegen seiner Beziehungen zum Militär erhalten hatte. Auch das Heiraten vergaß er nicht – aus seiner Ehe gingen zwölf Kinder hervor.

Um sein Geld gut anzulegen, erwarb er einige Häuser und am Rand der Feuerbacher Heide 1779 ein großes Gelände. Hier richtete er die bereits erwähnte Meierei und eine Gaststätte ein. Der »Weißenhof« wurde bald zu einem vielbesuchten Ausflugsort. Man wußte die herrliche Aussicht zu schätzen und genoß, unter schattigen Nußbäumen sitzend, was preiswert geboten wurde: kräftiges Bauernbrot mit Griebenwurst oder Backsteinkäs und Birnenmost, alles aus der Meierei stammend.

»Weißenhof«

Der Weißenhof-Beck als Wohltäter

Wer heute in Stuttgart vom Weißenhof spricht, denkt an das Wohnviertel beim Killesberg. Es wurde 1927 im Auftrag des Deutschen Werkbundes von den damals angesehensten modernen Architekten Europas errichtet, wurde als Mustersiedlung berühmt und steht nun unter Denkmalschutz.

Der Name »Weißenhof« leitet sich aber nicht etwa von den strahlend weißen Fassaden dieser Häuser ab, sondern erinnert an den Bäckermeister Georg Philipp Weiß, dem das Gelände früher gehörte. Seit 1779 hatte er hier eine Meierei betrieben, die er später mit einem Gasthaus verband; beide kamen zu volkstümlicher Beliebtheit. So wurde der Bäckermeister zum Wirt, der auch als Original in die Geschichte eingegangen ist. Weiß hinterließ eine Lebensbeschreibung, die als gedrucktes Werk zum Spiegelbild der Zeitverhältnisse wurde.

Der »Beck«, wie man damals sagte und schrieb, lernte des Vaters Handwerk, kümmerte sich aber auch um die Landwirtschaft, die das Mehl lieferte. Dann mußte er zum Militär einrücken und wurde Kommißbäcker. Während des Siebenjährigen Krieges (1756 bis 1763) versorgte er erst die Österreicher und mit ihnen die Württemberger, dann die Preußen mit Brot. Was er in Wien, Prag und Berlin erlebte, schilderte er in seinem Büchlein.

So wurde der »Weißenhof-Beck« zu einer stadtbekannten Persönlichkeit. Aus seinem reichen Erfahrungsschatz gab er manchen guten Rat, darüber hinaus wurde er als Wohltäter gerühmt und geachtet. Nach dem Hungerwinter 1816/17 stiftete er im Juli 1817 das Erntegut seiner Felder den Armen. Ein voller Garbenwagen mit der Aufschrift »Alle guten Gaben kommen von Gott!« brachte die Spende zur Stiftskirche und damit zur Verteilung, und ein Festgottesdienst gab den Segen dazu.

Bäcker Weiß starb im Jahre 1822. Auf dem Hoppenlaufriedhof ist noch heute sein Grabstein zu sehen, auf dem eingemeißelt steht: »Dem Enkel, der zum Grabe wallt / Bleibt Euer Vorbild in das Herz geschrieben; / Und bis ihm der Erlösungsruf erschallt, / Hör er nicht auf, es dankbar nachzuüben.«

Diese Ansichtskarte vom »Weißenhof« läßt einen Blick in die Innenräume werfen. Sie stammt aus dem Jahr 1903; der Gruß lautet: »Einen Bowlenschluck Dein lb. Vetter H. Do guckst! gelt!?«

Die Meierei besteht nicht mehr. Das Gelände wurde 1913 von der Kunstgewerbeschule (später Kunstakademie) überbaut, 1927 kam die Werkbundsiedlung dazu, und 1939 entstand die Reichsgartenschau, aus der sich der Höhenpark Killesberg mit seinem Messegelände entwickelte. Seit 1928 soll jedoch an der oberen Birkenwaldstraße die Gaststätte »Zum Weißenhof-Bäck« die Erinnerung an den verdienstvollen Wirt wachhalten.

Zwei Aufnahmen aus dem Jahr 1902. Oben: Der »Weißenhof« mit seiner schönen Gartenwirtschaft. – Unten: Einige hundert Meter westlich vom »Weißenhof« befand sich der »Kochenhof«, der mit einer »Restauration« die Ausflügler lockte.

Wie der »Großfürst von Rußland« zu seinem Namen kam

Auch als das Wort »Zeitgeist« noch nicht erfunden war, gingen die Gastwirte mit der Mode und richteten sich sogar mit dem Namen ihrer Häuser nach dem jeweiligen Zeitgeschmack. So kam es hie und da vor, daß sie aus aktuellem Anlaß die Bezeichnung ihres Gasthofs änderten.

Mit der Zeit gehen wollte auch der Wirt Konrad Gottlieb Braun, der seit 1779 ein Gasthaus mit Herberge, den »Rappen« in der Münzstraße 7, betrieb. Freilich hatte er den »Rappen« nur übernommen, nicht aber gegründet; das Haus wird erstmalig im Jahre 1711 erwähnt. Vermutlich war unmittelbar zuvor der Neubau entstanden, ein stattliches, dreigeschossiges Haus mit hohem Satteldach. Ein geschmiedetes Schildzeichen, das einen Rappen zeigte, gab der Giebelfront einen einladenden Charakter.

Kurze Zeit nachdem Braun den »Rappen« übernommen hatte, kündigte sich ein großes Ereignis an. Hochherrschaftliche Besucher sollten nach Stuttgart kommen, die ganze Stadt stellte sich darauf ein, und überall wurde repariert, verschönert, verbessert. Im September 1782 war es dann soweit: Der russische Großfürst und nachmalige Zar Paul (den 1801 das schreckliche Schicksal ereilte, erdrosselt zu werden) machte den angekündigten Besuch wahr. Er brachte seine Frau Maria Feodorowna mit, eine Tochter von Herzog Friedrich Eugen von Württemberg, dem Bruder des regierenden Herzogs Carl Eugen. Auch der Schwiegervater und dessen Gattin sowie »großes Gefolge« begleiteten den russischen Monarchen. »Von der Jagd

Dieses Reklameblatt für seinen »Gasthof zum Großfürsten« ließ der Wirt Robert Braun in der ersten Hälfte des 19. Jahrhunderts drucken. Rechts erkennt man mit dem Renaissance-Giebel das erste Stuttgarter Rathaus, daneben den Marktbrunnen.

am Bärensee, den Bällen und Konzerten etc. sprach man noch lange«, heißt es in einer Chronik. Friedrich Schiller nützte die Festlichkeiten auf der Solitude, um währenddessen unbemerkt nach Mannheim zu fliehen.

Ein Teil des höfischen Gefolges wurde damals im »Rappen« einquartiert. Die Familie Braun war sich dieser besonderen Ehre, vielbeneidet von anderen Wirten, natürlich bewußt, und so gab sie ihrem Gasthof einen neuen Namen: »Zum Großfürsten von Rußland«. Man kann sich gut vorstellen, daß es der Wirtschaft auch nachher nicht an neugierigen Gästen fehlte, die allerlei Fragen stellten. Allein das Bewußtsein, an einem Tische zu sitzen, um den vorher Mitglieder der Hofgesellschaft versammelt gewesen waren, war für bescheidene Bürgersleute ein seltener Genuß.

Das Haus blieb auch weiterhin in Familienbesitz, und die Herberge konnte ihren guten Ruf halten.

Das Grabmal für den Wirt Konrad Gottlieb Braun und seine Familie auf dem Hoppenlaufriedhof.

Das direkt am Marktplatz gelegene Nebenhaus, Ecke Münz- und Marktstraße, gehörte – ebenfalls über Generationen – der Kaufmannsfamilie Neeff, mit der der Dichter Ludwig Uhland verwandt war. Uhland, Abgeordneter des ersten deutschen Parlaments in der Frankfurter Paulskirche und Mitglied des Staatsgerichtshofes, stieg bei seinen

Gasthof zum Grofsfürsten
von
R. BRAUN
Münz Strafse Nro 7 in
STUTTGART

späteren Stuttgart-Aufenthalten gewöhnlich im Neeffschen Hause ab, logierte aber im Jahr 1850 längere Zeit im »Großfürsten«. In diesem repräsentativen Haus konnte er auch Besprechun-

Die Luftaufnahme stammt etwa aus dem Jahr 1925. Am oberen Bildrand sieht man das Alte Schloß; darunter erstreckt sich die Markthalle mit ihrem mächtigen Glasdach. Das hufeisenförmige Gebäude rechts unterhalb der Markthalle hatte Eduard Breuninger 1903 anstelle der alten Verkaufshäuser in der Münzstraße bauen lassen. Ein Übergang über die damalige Breuningerstraße führte zu dem großen, vierflügeligen Kaufhausbau (jetzt Breuninger-Mittelbau), der 1908 bis 1916 errichtet worden war. Ganz links sieht man den Marktplatz.

gen mit seinen zahlreichen Besuchern abhalten und natürlich mit seinen alten Freunden zusammensitzen.

Vom Postplatz (dem heutigen Rotebühlplatz) kommend, hatten sich die Reisenden gern zwischen Rathaus und Schloß im »Großfürsten« einquartiert. Aber seit Beginn des Eisenbahnverkehrs im Jahre 1846 schossen um den Bahnhof in der heutigen Bolzstraße die Hotels wie Pilze aus dem Boden. Das bekamen die Wirte in der Innenstadt zu spüren, und so verkaufte Robert Braun das Gasthaus 1854. Die Besitzer wechselten danach in rascher Folge, und 1865 hörte das Lokal ganz zu bestehen auf. Wo einst die Gäste getafelt hatten, entstand nun ein Ladengeschäft, und die Obergeschosse wurden zu Mietwohnungen.

Oben links: Eduard Breuninger, ein Porträt aus dem Jahr 1881. 27 Jahre alt war der Gerbersohn und Reisende, als er Haus und Geschäft der Firma E. L. Ostermeier in der Münzstraße 1 übernahm. — Mitte: 1888 erwarb Breuninger den ehemaligen Gasthof »Zum Großfürsten« in der Münzstraße 7 hinzu. Die Wirtshausinitialen »Z. G.« und ein Bild des Großfürsten wurden zum Warenzeichen der Firma. — Rechts: Die Eröffnungsanzeige.

Ein neuer Ladenbesitzer stellte sich im Jahr 1888 ein: Der Textilkaufmann Eduard Breuninger erwarb das Haus, nachdem er bereits sieben Jahre zuvor ein Geschäft im Eckhaus Münzstraße 1 eröffnet hatte. Der Name des ehemaligen Gasthofs erschien ihm zugkräftig, und so nannte er seine Firma »Ed. Breuninger Zum Großfürsten«. Aus dem Ladengeschäft wurde das große Kaufhaus, das jetzt der Gegend um den Marktplatz das Gepräge gibt und mit seinen Schwester- und Tochterunternehmen auch in anderen Teilen der Bundesrepublik vertreten ist.

Die Überlieferung weiß zu berichten, daß alljährlich an einem Tage der Herr Kommerzienrat Breuninger die grüne Schürze umband und den Wirt spielte, der geladene Gäste bediente. Denn er legte Wert darauf, die Konzession zu erhalten, die dem »Großfürsten« ebenso zustand wie der von ihm erworbenen »Baßgeige«. Es gab nämlich die Vorschrift, daß mindestens einen Tag im Jahr Gäste bedient werden mußten, um den Rechtstitel des Gasthauses bewahren zu können.

»Goldener Ochsen«

Schiller floh und blieb die Zeche schuldig

Gamaschendienst und karger Sold, dazu die Atmosphäre des Krankenreviers in der Legionskaserne an der oberen Königstraße — das behagte dem Feuerkopf Friedrich Schiller nicht, der nach der harten Zucht in der Hohen Carlsschule in den Jahren 1780 bis 1782 als Regiments-

Ein Blick in die Hauptstätter Straße um 1935. Links sieht man den »Goldenen Ochsen« an der Einmündung der Kreuzstraße, das einzige Haus, das mit dem Dachtrauf statt mit dem Giebel zur Straße steht. Rechts daneben die neue »Krone« (vergleiche Seite 20); im Vordergrund der Sigmundbrunnen, der früher auf dem Bärenplatz sprudelte und heute auf dem Wilhelmsplatz steht. Im Hintergrund das Breuninger-Hochhaus.

arzt amtierte. Kein Wunder, daß er, sooft es ging, Erholung im Kreise temperamentvoller Freunde suchte.

Die Runde fand sich im Gasthaus »Goldener Ochsen« in der Hauptstätter Straße 30 zusammen. Beim Kegeln und beim Kartenspiel vergingen die freien Stunden wie im Flug, dazu wurde eifrig gebechert.

Als treffliche Kumpane erwiesen sich der Musiker Johann Andreas Streicher, der Bibliothekar Wilhelm Petersen, der Leutnant Georg von Scharffenstein und der Bibliothekar Karl Reichenbach. Dessen Schwester Ludowika (vermählt mit dem Leutnant Simanowiz) war Malerin und schuf später ein treffliches Schillerbildnis.

Der Wirt Johann Brodhag war ein verständnisvoller Mann; er kreidete an, bis wieder gezahlt wurde. Schiller war bemüht, durch seine Tätigkeit als Redakteur ein paar Gulden zusätzlich zu verdienen. Aber einmal blieb die Zechschuld doch ungedeckt. Zusammen mit seinem Freund Streicher hatte der Dichter am 23. September 1782 Stuttgart heimlich verlassen; weil ihm Bestrafung und Schreibverbot drohten, hatte er den Weg in die Freiheit angetreten und war nach Mannheim geflohen.

Das Gasthaus, ein stattlicher, mehrgeschossiger Fachwerkbau, blieb noch lange erhalten, und in pietätvoller Weise bewahrte der Wirt den Tisch auf, an dem die Freunde so oft eine Partie Manille

(ein Kartenspiel zu dritt) gespielt hatten. Das Haus fiel den Bombenwürfen im Jahre 1944 zum Opfer, und auch der Tisch, den der Wirt dem »Liederkranz« geschenkt hatte, besteht nicht mehr. Lediglich eine Inschrift am Haus Eberhardstraße 63 weist auf Schillers Wohnung

Zu den Bildern auf dieser Doppelseite: Linke Seite, oben: Die Schillerstube im »Goldenen Ochsen«, Bleistiftzeichnung von A. Fr. Müller. Unten links: 13 Gulden 39 Kreuzer betrug die Rechnung Schillers und seines Freundes Petersen vom 13. Mai bis 19. Juli 1782. Unterzeichnet ist sie: »Johannes Brodhag Ochßenwirth«. Schiller trank fast täglich Wein, dazu aß er mit Vorliebe Schinkenbrot und Salat. Unten rechts: Beim Schillerfestzug am 9. Mai 1905 stellte Franz Fischer, Wirt der Gaststätte »Lindenhof«, in dieser Verkleidung seinen Kollegen Johann Brodhag dar. – Die Bildreihe auf dieser Seite oben zeigt von links nach rechts den Bibliothekar und Epigrammatiker Friedrich Haug, der mit Schiller befreundet war; Friedrich Schiller auf einem Gemälde von Ludowika Simanowiz; den Bibliothekar Karl Reichenbach, der ebenfalls ein Freund Schillers war. Die drei saßen oft im »Goldenen Ochsen« bei einem Schoppen Wein beisammen; in den Sommermonaten kegelten sie im Hof des Gasthauses, im Winter spielten sie vorzugsweise Manille, ein Kartenspiel. – Das Foto rechts auf dieser Seite zeigt als zweites Haus von links den Gasthof »Dierlamm« im Bandgäßle beim Marktplatz, der seinerzeit »Geistliche Herberge« war. Schiller kehrte hier bei seinem Besuch 1794 ein.

in jenen zwei Jahren hin. Eine Wohnung? Eine enge Kammer war's, mit dürftiger Ausstattung, bei der lediglich ein paar Bücher eine wohnliche Atmosphäre andeuteten. »Es roch nach Kraut, Knackwurst und Tabak«, berichtete ein Zeitgenosse, und auch die Vermieterin, die Hauptmannswitwe Luise Vischer, blickte säuerlich drein. Nur zu vermuten ist, daß sie die »Laura« war, die der junge Dichter in seinen Oden besungen hat.

Schiller kam später noch einmal nach Stuttgart. Im Jahre 1794 bewohnte er mit seiner Frau und dem kurz zuvor geborenen Sohn Karl das Hofküchengebäude an der späteren Augustenstraße. Damals arbeitete er an seinem Schauspiel »Wallenstein«. Sein Vater hatte diesem Besuch mit Besorgnis entgegengesehen, denn der Sohn galt noch immer als Deserteur; aber Herzog Carl Eugen ließ verlauten, er werde Schillers Anwesenheit nicht zur Kenntnis nehmen.

Nun konnte die alte Zechschuld im »Goldenen Ochsen« beglichen werden. Der Dichter verhandelte mit dem Verleger Cotta, er traf sich mit einigen Freunden (von Howen, Petersen und Haug) in der »Geistlichen Herberge« Ecke Schulstraße und Marktplatz, und der Bildhauer Dannecker begann seine Arbeit an der Büste Schillers, die als die beste Darstellung des Dichters gilt.

»Während ich den großartigen Kopf Schillers betrachtete, dachte ich an unsere Jugend«, schrieb Dannecker später. »Wir waren Freunde von jung auf, und so

habe ich denn mit Liebe, mit Schmerzen gearbeitet – mehr kann man nicht tun. Ach, wüßte ich doch noch, welch herrliche Worte damals von diesen Lippen fielen! Manchmal mußte ich innehalten, ich konnte nicht weitermachen, nur noch zuhören.«

Der spottlustige Dichter Schubart in weinfroher Runde

Viel stärker als heute war der Marktplatz früher ein wirkliches Zentrum der Stadt. Kein Wunder, daß sich in den hübschen Giebelhäusern, die ihn umstanden, so manche Gastwirtschaft über Jahrhunderte halten konnte.

Eine der bemerkenswertesten unter ihnen war zweifellos der »Adler«. Hier sei noch einmal ausführlich Gustav Barth zitiert, der Eisenhändler aus der Tübinger Straße, dessen Hobby die Stadtgeschichtsforschung war. In sei-

Diese Häuserreihe schloß bis zur Zerstörung 1944 den Marktplatz an seiner südlichen Seite ab (parallel zur Eberhardstraße). Ganz links der »Adler«, der nach einem Umbau im Jahr 1900 die anderen Giebelhäuser überragte. Rechts erkennt man, etwas im Schatten, den Renaissancegiebel des alten Stuttgarter Rathauses, das 1901 abgebrochen wurde.

nem schon erwähnten, 1891 gehaltenen Vortrag berichtete er über den »Adler« folgendes:

»So, wie wir dieses altbekannte Gasthaus auf dem bekannten Schnorrschen Bilde des Marktplatzes, der damals, 1826, merkwürdigerweise Friedrichsplatz hieß, abgebildet sehen können, so wurde es im 14. Jahrhundert, nachdem die alte Herberge zum güldenen Adler nebst etlichen andern Häusern anno 1335 abgebrannt war, neu erbaut.

Obgleich von den nächsten zwei Jahrhunderten nicht viel auf uns gekommen ist und diese Herberge in der Chronik nur im Jahr 1570 kurz erwähnt wurde, so scheint der ›Adler‹ doch in Küche und Keller in gutem Ruf gestanden zu sein, sonst wären nicht im Jahr 1638 der Rektor mit einem Professor von Tübingen, die in Universitäts-An-

gelegenheiten in Stuttgart zu schaffen hatten, daselbst abgestiegen; diese beiden Herren verzehrten laut einer noch vorhandenen Rechnung vom 7. bis 18. März, also in 12 Tagen, mit dem von ihnen (wohl zur Unterhaltung) mitgebrachten Trompeter nebst einigen Gästen auf Kosten der Universität 43 Gulden 26 Kreuzer, welche der Adlerwirt Kraft an seiner Zinsschuld der Universität in Abzug bringen dürfe. Im Jahr 1666 war der ›Güldene Adler‹ in Stuttgart das Gasthaus der adeligen Herren.

Wenn uns bis hieher wenig über den ›Adler‹ bekannt ist, um so mehr wissen wir von der heiteren Gesellschaft, die zu Herzog Karls Zeiten, also im letzten Viertel des vorigen [18.] Jahrhunderts, Abend für Abend daselbst ihr Zechgelage hielt; ich meine in erster Linie Schubart und seinen Freund, den Schieferdecker Baur, dazu kamen noch Schlotterbeck, Hof- und Theaterdichter, der Advokat und Dichter Stäudlin, und wohl auch Balthasar Haug, Professor an der Karlsschule. Sie werden mit mir einverstanden sein, wenn wir uns hier bei

diesen lustigen Brüdern etwas länger verweilen und uns unterhalten über ihre Witze und Schwänke, die oft gut, oft schlecht, oft aber auch so waren, daß sie hier nicht wiedergegeben werden können.

Nachdem Schubart im Jahr 1787 nach zehnjähriger Haft auf dem Hohenasperg entlassen und am Stuttgarter Theater als Dichter und Musikdirektor angestellt worden war, stieg sein Einkommen hauptsächlich durch Herausgabe seiner Chronik und durch sonstige Nebenbeschäftigungen bis über 4000 Gulden, was ihm die gewünschte Veranlassung gab, Küche und Keller wohl zu bestellen und das Leben zu genießen. Er kam jeden Abend in den ›Adler‹, war der stets heitere, gerne gesehene Gast und sagt einmal von sich selbst, daß ihm oft so viel getrunken habe, daß ihm die Haare rauchten. Gedichte aus dem Stegreif, häufig auf die Namen der Mitgäste, hatte er sofort für jedermann parat, von denen uns noch manche bekannt sind; zum Beispiel sagte er dem dicken Postmeister v. Reinöhl aus Cannstatt, der regelmäßig in den ›Adler‹ kam und einst einen Vers von Schubart haben wollte:

›O du mit deiner fetten Wampe,
Von Reinöhl,
In deiner Geisteslampe
Ist – kein Öl.‹

Der Oberst Ramsler hatte viel von Schubart gehört und ließ sich in die Adlergesellschaft einführen. Sofort wurden sechs Kronentaler gewettet, daß Schubart auf den Namen Ramsler keinen Reim machen könne; die Kronentaler wurden auf einen Teller gelegt, worauf Schubart sofort anfing:

›Auf Ramsler soll ich reimen was,
6 Kronentaler gilt der Spaß,
Drum kauf ich mir ein neues Wams,
so hab' ich schon die Silbe Rams,
Jetzt fehlt nur noch die Silbe ler,
Gebt Eure Kronentaler her!‹

Damit strich er solche ein.

Nebenbei kann ich Ihnen mitteilen, daß Schubart nicht bloß im ›Adler‹ dem Bacchus gehuldigt hat, sondern auch

Links: Christian Friedrich Daniel Schubart. – Rechts: Leopold Baur, der Schieferdecker.

den Tag über in manchen andern Wirtshäusern, wo man eben einen Guten schenkte, herumkam, so zum Beispiel zu einem Bäcker am Leonhardsplatz; es wird wohl der Bäcker Göhrum (jetzt ›Storchen‹) gewesen sein, der gerade eine gebratene Leber zum Vesper verzehrte und zu Schubart sagte: Hör' Er, Schubart, mach' Er mir ein Gedicht! worauf Schubart sofort sagte:

›Die Leber ist von keinem Hirsch
Und auch von keinem Bär,
Und wenn Er, Beck, kein Flegel wär',
So spräch' er nicht per Er.‹

Göhrum wollte kein Gedicht mehr.

Die zweite, und ich kann wohl sagen, Hauptpersönlichkeit des Adlerkranzes ist der Schieferdecker Leopold Baur; er war aus Ludwigsburg gebürtig und kam in seinem 29. Jahre als Hofschieferdecker hieher, wo er bei dem Bau des herzoglichen Residenzschlosses einen sehr guten Verdienst fand; er hatte auch sonst nicht unbedeutende Einkünfte, nach den einen als Meister eines Freimaurerordens, nach den andern als Glied des Jesuitenordens. Ein ungebildeter Mann war Baur nicht, denn sein aus den Rheinlanden stammender Vater, der in Ludwigsburg Hofschieferdecker war, ließ ihm eine gute Erziehung geben. Baur war unverheiratet und hatte für niemand zu sorgen, als für seinen eignen Bauch, was er denn auch Tag für Tag pflichtschuldigst that. – Obgleich er oft sagte:

›Jahrmarkt ist nicht alle Tage,
Jeder Tag hat seine Plage‹,

so scheint ihm doch des Tages Last und Hitze (auch auf den Schieferdächern) nicht viel zu schaffen gemacht zu haben, denn er trank jeden Tag ungezählte Flaschen, die meisten im ›Adler‹; es waren ihrer tagtäglich so viele, daß er sie niemals zählen konnte, weshalb er regelmäßig die Pfröpfe in die Taschen schob, um bei der Abrechnung mit dem Wirt seine Rechnung richtig stellen zu können: soviel Pfröpfe, soviel Flaschen. Er trank Stuttgarter und Neckarwein, Mosel- und Rheinwein und sehr viel Champagner; Cyperwein ließ er sich kistenweise aus dem Ausland kommen, trank aber diesen meistens zu Hause, früh morgens; dabei verachtete er keineswegs Tokayer, Burgunder und Malaga, und der damals in die Mode gekommene Kapwein gehörte zu seinem Lieblingsgetränke. Von dem Wasser war er kein Freund; es macht dumm und ist nur für Fische, Gänse und Dummköpfe, pflegte er zu sagen; nur Mannheimer Wasser trank er regelmäßig zu Hause vor dem Insbettgehen.

Bei diesem Lebenswandel war es natürlich, daß er es sich oft gefallen lassen mußte, mit einem Schwein verglichen zu werden, was er sich zwar gefallen ließ, aber nicht ohne auf treffende Weise hinauszugeben. Zum neuen Jahr 1791 schickte ihm Schubart folgenden Neujahrswunsch:

›Von innen bis du sanft, von außen bist du rauh,
Leg ab im neuen Jahr die Maske einer Sau;

Doch liebst du fernerhin dies schweinische Gewand,
So biet' ich dennoch dir die Hand;
Nur wünsch' ich dir, gebrauche deine Zeit
Doch immer so, daß es dich nie gereut!‹

Baurs gewöhnliche Redensarten würden heute als die größte Grobheit angesehen, denn mit Esel, Büffel, Lümmel, Stier, Schindersknecht und so weiter, oder mit Lalle, das er an die Berufsbezeichnung anhängte, zum Beispiel Postlalle, Schullalle, Wirtslalle und so weiter, warf er selbst gegen die besten Freunde um sich, und sein Ausdruck: Ihr könnt mich im Adler treffen (Baur war ja bekanntlich jeden Abend im ›Adler‹) ist heute noch bei uns gebräuchlich. Die Gedichte, die von Schlotterbeck, Schubart, Stäudlin und anderen zu seinem Namenstag oder auf das Neujahr ihm gewidmet wurden, sind heute noch vorhanden; so von Schlotterbeck zum Geburtstag:

›Baur, auf dein Wohlergehen,
Sei dir Reim und Glas gebracht,
Und mein Wunsch soll dir erflehen,
Was dich froh und glücklich macht:
Menschenfreund und Sorgenhasser,
Mann, der ehrlich denkt und spricht:
Sieh, noch funkelt dein Gesicht,
Ja, du sollst bei Mannheims Wasser,
Neckar-, Cyper-, Moselwein
Wie ein Adler dich verjüngen,
Öfters noch das Kaplied singen,
Heiter wie der Morgen sein;
Aber wenn gemeine Seelen,
Esel, Büffel, Lümmel, Stier,
Leute nicht so teutsch wie wir,
Dir die Freude wollen stehlen,
Strafe sie mit derbem Ton
Stracks aus deinem Lexikon!‹

Von demselben zum Namenstag Baurs:

›Allen, die sich Zecher nennen,
Sei zwar dieses Lied gezollt,
Doch mit lautgestimmter'm Schalle
Tönt es dir, erhab'ner Lalle,
Deinem Namen Leopold.
Vivat Baur der Schieferdecker!
Leb und trinke täglich mehr,
Und dein Bauch (es kennt ein jeder
Den Philosophiekatheder)
Häufe täglich neuen Schmeer!‹

Stäudlin zum Neujahr:

›Eines ganzen Weinbergs Segen
Ströme, dicker alter Gauch,
Dieses Jahr in deinen Bauch!
Laß im neuen Jahre auch
Nimmer diesen alten Brauch,
Gütlich deines Leibs zu pflegen!
Leb lang für den Saft der Reben,
Leb eines guten Fasses Leben,
Das, mit Weinstein inkrustiert,
Segen seinem Wirt gebiert!‹

Schubart sagt einmal von Baur:

›Wenn Baur ein Walfisch wäre,
Und alle Meere Wein,
So trockneten die Meere
Von seinem Durste ein.‹

Als Grabinschrift schlägt Schlotterbeck folgenden Vers vor:

›O Wanderer, lies mit Graus und Beben:
Ein Mann ruht unter dieser Schar,
Der nie in seinem ganzen Leben
Als am Geburtstag nüchtern war!‹

Stäudlin sagt kurz und gut:

›Hier liegt entseelt und totenblaß
Das zweite Heidelberger Faß.‹

Baur war in allen Stücken Original. Er war katholisch und war ein so guter Katholik, daß er jeden Abend, selbst wenn er am vollsten, noch sein Abendgebet verrichtete, und zur Messe ging er jeden Morgen in die Hofkirche. Er war äußerst freigebig und benützte sein großes Einkommen vielfach zur Unterstützung verschämter Armen; wo er von Armut oder Elend hörte, war er stets hilfsbereit. Armen Studenten ließ er oft große Unterstützungen zukommen und besonders strebsame und talentvolle junge Leute auf seine Kosten wissenschaftliche Reisen machen.

Das Wasser, das Baur immer so sehr verachtete, hat sich böse an ihm gerächt, er starb 1791 an der Wassersucht und wurde in Hofen bei Cannstatt begraben. (Sein Grab ist so wenig wie das des Malers Guibal mehr zu finden.) Außer manchen wohltätigen Legaten setzte er in seinem Testament seinen Freunden, die die Leiche bis an das Andreäbad (jetzt Königsbad) begleiteten, einige Fla-

»Kronprinz«, »König von Württemberg«, »Bürgermuseum«

schen Champagner aus, welche sie zu
seines Namens Gedächtnis trinken sollten.

Es ist noch zu erwähnen, daß im Jahr
1797 Goethe auf der Rückreise von Ita-
lien hier im ›Adler‹ wohnte.

Nach dem Adlerwirt Schnell kam der
›Adler‹ in den Besitz der Familie Kemp-
ter, in den 1820er Jahren an Freytag,
unter dessen bewährter Leitung bis in
die sechziger Jahre solcher in großer
Blüte stand. Die vermöglichen Bürger
kamen des Abends hieher, um sich bei
einem guten Wein an dem unerschöpf-
lichen Humor der Hofschauspieler Do-
britz, Maurer und Unzelmann zu ergöt-
zen; letzterer sollte vor seinem Wegzug
von hier noch die Rechnung im ›Adler‹
begleichen, hatte aber kein Geld, sondern brachte − wiewohl anscheinend
sehr ungern und fast weinend − ein
Kleinod, von dem er sich fast nicht tren-
nen könne, nämlich den Frack seines
›Onkels‹ Goethe, welchen Freytag gerne
an Zahlung annahm und sich über diese
Reliquie sehr freute, die Freude dauerte
aber nicht lange, denn Maurer erkannte
den braunen Frack mit den gelben Knöp-
fen sofort als seinen eignen, den er tags
zuvor dem armen Kollegen geschenkt
hatte.

Später kam der ›Adler‹ an Freytags
Sohn, dann an Bubeck, und zuletzt hörte
er als Gasthof auf und figuriert nur noch
als Bierwirtschaft und − Kanzlei: Kran-
kenversicherungsbeamte treiben heute
ihre ernste Beschäftigung in den Räumen, welche Jahrhunderte lang von
Witz und Humor widerhallten.«

Soweit Gustav Barth. Anzufügen
bleibt nur noch, daß unter dem älteren
Wirt W. F. Freytag das Haus 1842 völlig
umgebaut wurde und daß es der Bombenkrieg 1944 bis auf die Grundmauern
zerstörte. Beim Wiederaufbau der
Marktplatzhäuser wurde die Baulinie einige Meter nach Südwesten versetzt, so
daß wir uns den »Adler« zwischen dem
Bekleidungshaus Breitling und dem
Marktbrunnen von Nikolaus Friedrich
von Thouret vorstellen müssen.

Die Königsbüste als Schildzeichen

Es war um das Jahr 1450, als Graf Ulrich
der Vielgeliebte die »Obere Vorstadt«
anlegen ließ. Das Gebiet um die
Hospitalkirche, zwischen Königstraße
und Berliner Platz, wurde zügig bebaut
und erhielt durch rechtwinklig aufeinan-
derstoßende Straßen sein heute noch er-
haltenes charakteristisches Gepräge.

Gegen Ende des 18. Jahrhunderts
dürften die Gebäude, zumindest zum
Teil, schon wieder baufällig gewesen
sein. So wurde im Jahre 1796 das Gymnasium zwischen Kronprinz- und Königstraße um- und ausgebaut. Direkt gegenüber, an der Ecke Kronprinz- und
Lange Straße, stand das Haus des Hof-
rats Ludwig Adam König. Es wurde
ebenfalls um 1795 neu errichtet; der berühmte Architekt Reinhard Ferdinand
Heinrich Fischer, der auch das Schloß in
Hohenheim und das Hotel »König von
England« gebaut hatte, lieferte dafür die
Entwürfe. Der dreigeschossige Fachwerkbau mit Stilmerkmalen des Früh-
klassizismus wirkte elegant in der aus
älteren Häusern bestehenden Umgebung.

Bei dem Neubau des Gebäudes
plante man auch einen Gasthof mit ein,

und unter dem hohen Walmdach fanden
zahlreiche Kammern Platz, die für das
Personal bestimmt waren. Ob es schon
der später genannte Wirt Siegele war,
der die Herberge eröffnete, wissen wir
nicht. Für den Namen »Kronprinz« stand
Prinz Friedrich Wilhelm Karl von Württemberg Pate, der 1754 als Neffe von
Herzog Carl Eugen geboren war. Die
Namensgebung beweist, daß das Lokal
vor 1797 eröffnet wurde, denn damals
trat Friedrich die Regierung an und
wurde so vom Kronprinzen zum Herzog. Nach der Schlacht von Austerlitz
im Dezember 1805 wurde Friedrich von
Napoleon zum ersten König von Württemberg ernannt.

Dies war Anlaß für den Wirt, auch
seinen Gasthof umzubenennen, der
fortan »König von Württemberg« hieß.
Beim Bildhauer Philipp Jakob Scheffauer
oder sogar bei Dannecker wurde eine
Porträtbüste in Auftrag gegeben, die,
vergoldet, als ungewöhnliches Schildzeichen diente. Sie wird heute im städtischen Lapidarium in der Mörikestraße
aufbewahrt.

Als im Jahr 1811 König Friedrich viele
Stuttgarter Straßen neu benannte,

seine Theorie von der Dialektik wachsen zu lassen ...

Die wissenschaftliche und gesellige Unterhaltung der oberen Stände spielte sich im 19. Jahrhundert in einer Reihe von Klubs ab. So wurde am 6. März 1823, dem Geburtstag des Kronprinzen Karl, die »Bürgergesellschaft« gegründet. Ihr gehörten vor allem Handwerker und Gewerbetreibende an, die sich ganz bewußt als Bürger verstanden und sich mit dem Namen ihres Zirkels von der »Museumsgesellschaft« abgrenzen wollten, die im wesentlichen Akademiker zu ihren Mitgliedern zählte.

Im elften Jahr ihres Bestehens konnte die »Bürgergesellschaft« schon auf eine stattliche Mitgliederzahl verweisen, und so übernahm sie als Vereinslokal den »König von Württemberg« und vor allem das Nebengebäude in der Langen Straße 4B, das den Namen »Bürgermuseum« erhielt. Die Räume wurden umgebaut, ein prächtig ausgestatteter Festsaal entstand, und in einem Wirtschaftsgarten wurden Kegelbahnen, Karussell und Schaukeln aufgestellt. Als Wirt für den »König von Württemberg«, der damals allerdings nur teilweise der Bürgergesellschaft gehörte und erst dreißig Jahre später in ihren alleinigen Besitz wechselte, wurde der spätere Hotelier Wilhelm Marquardt eingestellt. In den vier Jahren seines Wirkens bescherte er dem Gasthof einen außerordentlich guten Ruf.

wollte er soviel Untertanentreue honorieren. Fast hätte er diese Seitenstraße, die bisher »Hofmännische Gaß« und in ihrem oberen Teil »Landschafts Gaß« hieß, in »Königstraße« umgetauft. Das schien ihm seiner Person und der Würde des Königreichs dann aber doch nicht angemessen, er erinnerte sich an den früheren Gasthausnamen und nannte die Straße »Kronprinzstraße«. Es stimmt also nicht, wenn man liest, diese Straße sei nach Kronprinz Wilhelm benannt worden.

Schräg gegenüber vom »König von Württemberg«, in der Langen Straße 7, verbrachte der Philosoph Georg Wil-

86

Nachfolger Wilhelm Marquardts als Pächter des »Königs von Württemberg« waren Eduard Schildknecht (ganz oben ein Werbeblatt von ihm) und Wilhelm Weigle (oben ein Rechnungskopf aus der Zeit seines Wirkens).

helm Friedrich Hegel seine Jugendjahre. Er mußte täglich an dem Wirtshaus vorbei, wenn er ins Gymnasium lief. Wer weiß, ob nicht manche Stammtisch-Streitereien, die er dabei aufgeschnappt hat, dazu beigetragen haben, in ihm

Das Portal des Gasthofs nach der Zerstörung im Zweiten Weltkrieg.

Ein bemerkenswerter Gast logierte 1862 für einige Tage im »König von Württemberg«. Es war der Dichter Wilhelm Raabe, der mit seiner Frau nach Stuttgart gekommen war und sich nun nach einer Wohnung umsah. Dies sprach sich bei den Gästen des Lokals schnell herum, und so bekam er schon bald eine Ecke weiter, in der Gymnasiumstraße 13, eine Etage angeboten. Später siedelte er in den Neubau Hermannstraße 11 über, den er bis zu seinem Wegzug im Jahre 1870 bewohnte. Dort entstanden seine Werke »Der Hungerpastor«, »Abu Telfan« und »Der Schüdderump«, die damals viele Leser fanden. Geselligen Umgang hatte Raabe mit Künstlern und Literaten, die der Vereinigung »Das Bergwerk« angehörten. Sein Urteil über Stuttgart faßte der Dichter in den Worten zusammen: »Es war ein schönes, heiteres Leben dort, ein Literaturleben im besten Sinn.« Seine Dankbarkeit gegenüber der »Bürgergesellschaft« und dem »König von Württemberg« scheint jedoch nicht sehr groß gewesen zu sein, denn später trat er der »Museumsgesellschaft« bei und wählte das »Café Reinsburg« zu seinem Stammlokal.

Stuttgart wuchs in jenen Jahren aus dem Kleinstadtidyll heraus und bekam mehr und mehr großstädtische Eigenart. Aber die politischen Zwistigkeiten vergällten dem empfindlichen Poeten Raabe den Aufenthalt.

Im »Bürgermuseum« und im »König von Württemberg« jedoch genoß man das Leben. Repräsentative Feste wurden veranstaltet, und einige Male besuchten König Karl und später König Wilhelm II. die Gesellschaft. Mehrfach wurden die Häuser umgebaut, unter anderem 1866 durch Christian Friedrich Leins, der 1860 mit dem Königsbau sein Können erwiesen hatte.

Die veränderte wirtschaftliche Struktur nach der Jahrhundertwende brachte den Niedergang der »Bürgergesellschaft«. Im Jahre 1941 erfolgte der Zusammenschluß mit zwei Gesangvereinen zur »Stuttgarter Sängervereinigung«, und damit begann eine neue Blütezeit. Die beiden Häuser gingen damals jedoch in den Besitz der Stadtverwaltung über, und wenig später wurden sie im Bombenhagel zerstört.

Übrigens gab es in den dreißiger Jahren des letzten Jahrhunderts am Postplatz ein weiteres Lokal namens »Kronprinz«, das jedoch mit dem ursprünglichen »Kronprinzen« ebensowenig in Beziehung stand wie der heutige »Kronprinz« in der Neckarstraße.

»Zum Löwen«, »Römischer Kaiser«

Goethe, von Wanzen gepiesackt

Johann Wolfgang von Goethe hat unsere Stadt zweimal besucht, 1779 und 1797. Abschließend bekundete er: »Nun habe ich Tage hier verlebt, wie ich sie in Rom lebte!«

Dies sei vorausgeschickt, um keine Enttäuschung aufkommen zu lassen. Denn der Dichter schrieb am 30. August 1797 an seinen Freund Friedrich Schiller einen Brief, der folgendermaßen beginnt:

»Nachdem ich Sie heute nacht, als den Heiligen aller am schlaflosen Zustande leidenden Menschenkinder, öfters um Ihren Beistand angerufen und mich auch wirklich durch Ihr Beispiel gestärkt gefühlt habe, eines der schlimmsten Wanzenabenteuer im Bauche des römischen Kaisers zu überstehen, so ist es nunmehr meinem Gelübde gemäß, Ihnen sogleich eine Nachricht von meinen Zuständen zu erteilen.«

Goethes Entrüstung war aber fehl am Platze, denn das Ungeziefer war damals sehr verbreitet, und auch die Herbergen blieben davon nicht verschont.

Der »Römische Kaiser«, ein mächtiger Bau an der Ecke Marienstraße, Rotebühlplatz und Königstraße, stammte aus dem

Das Schildzeichen des »Königs von Württemberg«, eine Büste König Friedrichs, im städtischen Lapidarium.

Jahr 1700. Schon 1639 wird hier die Gastwirtschaft »Zum Löwen« erwähnt, nach der die untere Rotebühlstraße früher Leuenstraße hieß. Wie man nach dem Neubau auf den Namen »Römischer Kaiser« verfiel, ist nicht überliefert; wir müssen uns jedoch vor Augen halten, daß die »Deutsche Nation« damals zum »Heiligen römischen Reich« gehörte.

Schon bald nach 1700 wurde der Gasthof die bevorzugte Herberge der Reisenden. Der nahe Postplatz, an dem Touristen und Geschäftsleute mit der Postkutsche ankamen, war dem Hotelbetrieb sicher recht zuträglich. 1793 übernachtete Prinz Condé im »Römischen Kaiser«. Mit zahlreichem Gefolge war Condé von Paris nach Stuttgart geflüchtet, wo er für längere Zeit verweilte. Zwei Jahre später wählte General (später Marschall) Ney das Hotel, um darin mit seinem Stabe zu logieren. Immer wieder wurde der Gasthof gelobt und als erstrangig bezeichnet. Er bestand bis 1826. Das Haus mußte 1860 einem Neubau weichen, in dem neben Läden auch eine Weinwirtschaft (zuletzt »Klug«) untergebracht war.

»Hier bin ich vorgestern abend im Kühlen angelangt, nachdem ich die heiße Zeit des Tags in Ludwigsburg abgewartet hatte. Ich wünschte, daß Du

die unendliche Fruchtbarkeit zwischen Heilbronn und hier, an Feldbau, Obst, Garten- und Weinbau sehen könntest, man kann wohl sagen, daß auf der ganzen Tour kein Fuß breit Landes ungenutzt ist. Hier gefällt es mir sehr wohl. Die Stadt liegt in einem Kreis von Bergen, die alle bebaut sind, mitten in Gärten und Weinbergen, das Obst ist sehr gut geraten, und ich habe mich gestern zum erstenmal seit langer Zeit wieder in fürtrefflichen Mirabellen sattgegessen, die ich doch Dir und dem Kinde lieber gegönnt hätte. Ich habe einige alte Be-

Die Zeichnung gibt den Zustand um 1850 wieder. In der Bildmitte, quer zu den anderen Häusern, der »Römische Kaiser«. Davor der Löwenbrunnen, links die Legionskaserne, rechts der »Kleine Bazar« mit seinem säulengetragenen Balkon.

kannte gefunden und auch neue gemacht, die meistens Freunde von Schiller sind.« Das schrieb Goethe am 31. August 1797 an seine spätere Frau Christiane Vulpius.

Goethe fand damals freundliche Aufnahme bei dem Kaufmann und späteren

Blick vom Tagblatt-Turm in dieselbe Richtung, um 1930. Oben in der Mitte der Nachfolgebau des »Römischen Kaisers«, links der Wilhelmsbau. Unten rechts, an der Ecke zur Hirschstraße, der markante Bau des Kaufhauses Schocken (heute Horten).

Hofbankdirektor Gottlob Heinrich Rapp, der als Kunstsammler bekannt war und dessen Haus zu einem Treffpunkt der Kunst- und Literaturfreunde wurde. In diesen Tagen war der Dichter häufig unterwegs, um die Stadt zu durchstreifen, das Theater zu besuchen, die Bibliothek und verschiedene Kunstsammlungen zu besichtigen, sich im Kreise der Bildhauer Dannecker und Scheffauer zu unterhalten und mit dem Verleger Cotta zu verhandeln.

Mit kritischem Sinn wurde manches gelobt, anderes getadelt, aber der Eindruck einer geistig regsamen Stadt überzeugte. Mit dem Hofarchitekten Nikolaus Friedrich Thouret und dem Maler Viktor Heideloff nahm Goethe Verbindung auf; Schloß Hohenheim und der

Ein kleiner Teil des alten, 1860 abgebrochenen Gasthofs war stehen geblieben. In ihm etablierte sich die »Weinstube zum römischen Kaiser«, die zuletzt von Marie Klug geführt wurde. Die Ansichtskarte stammt von 1902.

Lustgarten, das sogenannte »Dörfle«, fanden weniger Zustimmung. Aber die Werke des Bildhauers Isopi ließ er gelten. Die Arbeiten des Mechanikers Tiedemann, der Ferngläser und andere optische Instrumente herstellte, beschäftigten den Forscher in Goethe. Wir vermissen nur sein Urteil über die Gaststätten, die eben zu jener Zeit bemüht waren, sich der kulturellen Verfeinerung und dem Empirestil anzupassen. Nach den schlechten Erfahrungen im »Römischen Kaiser« zog der Dichter vor, im »Adler« zu übernachten. Eine Beurteilung blieb jedoch aus.

Goethes Aufenthalt in Stuttgart im Jahr 1797 gibt uns Veranlassung, die gesellschaftlichen Verhältnisse der damaligen Zeit zu würdigen. Herzog Carl Eugen hatte mit der Gründung der Kunstakademie, die 1761 erfolgte, mit der Verlegung der militärischen Pflanzschule, der späteren Hohen Carlsschule, von der Solitude nach Stuttgart und der

Eröffnung der Bibliothek im Herrenhaus, der ersten öffentlichen Bücherei im deutschen Sprachgebiet, dem geistigen Leben starken Auftrieb gegeben. Um den Kunstsammler Rapp, den Bildhauer Dannecker und die Maler Hetsch, Schick und Wächter sammelten sich die Kunstfreunde, und die hervorragenden Kräfte der Hofoper, vor allem der Kapellmeister Jommelli, trugen zum Musikverständnis des Bürgertums bei. Dazu kam der anwachsende Fremdenverkehr aus dem Ausland; so zählten in späteren Jahren der Bildhauer Canova, der Schriftsteller Longfellow und Fürst Pückler zu den Besuchern, die in Stuttgart abstiegen. Wie an anderer Stelle schon geschildert, verfügte auch der Verlag von Johann Friedrich Cotta über eine enorme Anziehungskraft; er brachte Friedrich Rückert, Jean Paul, Ludwig Börne und Friedrich Matthisson nach Stuttgart. Sie alle förderten die geistige Regsamkeit der Stadt, zumal auch Friedrich Schiller

von Jena aus im Jahr 1794 einen Besuch in der Heimat unternahm.

Wir verdanken dem Berliner Schriftsteller und Verlagsbuchhändler Friedrich Nicolai, der 1781 Stuttgart besuchte, eine eingehende Beschreibung der Stuttgarter Verhältnisse. Er rühmte die guten Sitten der Residenzstadt, den »gediegenen gesellschaftlichen Ton, wohlunterrichtete Geschäftsleute und interessante und angenehme Gelehrte«.

Weiter schrieb Nicolai: »Die Frauenzimmer sind französisch gekleidet, die Männer zeigen die Hauptzüge des schwäbischen Charakters, Zufriedenheit, Ruhe und Gutherzigkeit. Sie dünken sich vermöge ihrer Verfassung eine Art von freien Bürgern zu sein, welche von den Unterthanen anderer deutscher Fürsten einen großen Vorzug hätten.«

So können wir auch das gesellige Leben in den Gaststätten verstehen, das zu einem echten Spiegelbild des schwäbischen Wesens wurde.

Goethe: Der Junggesell und der Mühlbach

Gesell

Wo willst du, klares Bächlein, hin
So munter?
Du eilst mit frohem, leichtem Sinn
Hinunter.
Was suchst du eilig in dem Tal?
So höre doch und sprich einmal!

Bach

Ich war ein Bächlein, Junggesell;
Sie haben
Mich so gefaßt, damit ich schnell
Im Graben
Zur Mühle dort hinunter soll,
Und immer bin ich rasch und voll.

Gesell

Du eilest mit gelaßnem Mut
Zur Mühle,
Und weißt nicht, was ich junges Blut
Hier fühle.
Es blickt die schöne Müllerin
Wohl freundlich manchmal nach dir hin?

Bach

So öffnet früh beim Morgenlicht
Den Laden
Und kommt, ihr liebes Angesicht
Zu baden.
Ihr Busen ist so voll und weiß;
Es wird mir gleich zum Dampfen heiß.

Gesell

Kann sie im Wasser Liebesglut
Entzünden,
Wie soll man Ruh mit Fleisch und Blut
Wohl finden?
Wenn man sie einmal nur gesehn,
Ach! immer muß man nach ihr gehn.

Bach

Dann stürz ich auf die Räder mich
Mit Brausen,
Und alle Schaufeln drehen sich
Im Sausen.
Seitdem das schöne Mädchen schafft,
Hat auch das Wasser bessre Kraft.

Gesell

Du Armer, fühlst du nicht den Schmerz,
Wie andre?
Sie lacht dich an und sagt im Scherz:
Nun wandre!
Sie hielte dich wohl selbst zurück
Mit einem süßen Liebesblick?

Bach

Mir wird so schwer, so schwer, vom Ort
Zu fließen:
Ich krümme mich nur sachte fort
Durch Wiesen;
Und käm es erst auf mich nur an,
Der Weg wär bald zurückgetan.

Gesell

Geselle meiner Liebesqual,
Ich scheide;
Du murmelst mir vielleicht einmal
Zur Freude.
Geh, sag ihr gleich und sag ihr oft,
Was still der Knabe wünscht und hofft.

Dieses feurige Gedicht schrieb Goethe 1797 in Stuttgart; der Komponist Johann Rudolph Zumsteeg hat es sofort vertont.

»Großes Kaffeehaus«, »Café Glaser«, »König von England«

Illustre Table d'hôte

Der Glanz der Königskrone gab seit 1806 dem gesellschaftlichen Leben Stuttgarts einen kräftigen Auftrieb, auch wenn die Bürgerschaft sich zumeist mit der Rolle der Zuschauer bei Hof-Festlichkeiten begnügen mußte. Aber ein vornehmer Ton zog in die Gastronomie ein.

Der Ehrenplatz unter den Hotels gebührt in der ersten Hälfte des 19. Jahrhunderts ganz sicher dem »König von England«. Er stand an der Ecke Dorotheen- und Kirchstraße, also direkt am Schillerplatz, gegenüber von der Stiftskirche und vom Alten Schloß. In dem elegant eingerichteten Gasthof pokulierte man nicht nur gut; an der »Table d'hôte«, dem gemeinsamen Essen, teilzunehmen, war für Fremde ein reines Vergnügen.

Der Dichter Jean Paul kehrte 1819 im »König von England« ein, äußerte sich aber zunächst recht kritisch über die Bewirtung und skeptisch über die Zustände in der Stadt. Erst allmählich taute er auf und fand mancherlei Lobenswertes. Er schätzte die Gesellschaft der Familien Rapp und Hartmann und schrieb beglückt: »Die Geheimrätin Hartmann bat mir gestern einen ganzen weiblichen Augenthee zusammen.«

Der Schriftsteller Ludwig Börne, der 1821 nach Stuttgart kam, gastierte mehrere Monate im »König von England«, lobte die vorzügliche Küche des Hauses und glossierte die Folgen in einem Brief an seine Freundin Jeanette Wohl:

»Die Spannung zwischen meinen Knopflöchern wird täglich größer. Die gerösteten Spätzle allein hätten das nicht getan, aber der Träubleskuchen und die hundert anderen Herrlichkeiten ... Was Shakespeare unter den Dichtern ist, das ist der hiesige Wirtstisch im ›König von England‹ unter den Wirtstischen. Es ist schon viel wienerische Sinnlichkeit hier, man sieht Dickbäuche und glänzende, mit Butter beschmierte Gesichter. Auch viel südliche Lebhaftigkeit.«

42 Kreuzer kostete damals das Mittagessen im »König von England«.

Anregend auf die Phantasie des Dichters Wilhelm Hauff wirkten die Erzählungen eines Tischgastes, des Portugiesen Don Pedro. Sie veranlaßten ihn 1822, seinen Roman »Die Bettlerin vom Pont des Arts« zu schreiben, der im »König von England« spielt.

Wenige Jahre später logierte auch Frédéric Chopin, der damals noch Szopen hieß, im »König von England«. Es war im Jahr 1831, und hier in dem Stuttgarter Gasthof erfuhr der Komponist, daß in Warschau der polnische Aufstand von russischen Truppen niedergeschlagen worden war. Diese Nachricht erregte ihn sehr, denn in Warschau wohnten seine Angehörigen und vor allem

seine Braut. Er setzte sich an den Flügel
und hieb leidenschaftlich in die Tasten.
Bis zum frühen Morgen hörte er nicht
mehr auf. So entstanden die bekannte
»Revolutionsetude« und nebenbei noch
zwei Préludes und ein Scherzo.

Als der mit Dannecker befreundete
dänische Bildhauer Bertel Thorwaldsen
den Auftrag erhalten hatte, für Stuttgart
das erste Schillerdenkmal der Welt zu
modellieren, kam er in die Schwabenme-
tropole und informierte sich über die
Werke und die Gestalt des Dichters. Dabei logierte er im »König von England«,
von wo er einen prächtigen Blick auf den
»Alten Schloßplatz« hatte, den heutigen
Schillerplatz, auf dem das Denkmal aufgestellt werden sollte. Als das Standbild
dann im Jahre 1839 feierlich enthüllt
wurde, waren die Nachkommen Schillers die Gäste des Hauses.

Wenn das Gasthaus auch erst im
19. Jahrhundert zu seiner überragenden
Bedeutung kam, so war seine Geschichte
doch schon wesentlich älter. Ursprünglich hatten hier drei kleine Häuser gestanden, in denen 1712 vermutlich Sigmund Andreas Beck das erste Stuttgarter Café eröffnete (siehe Seite 29). 1851
ging das Kaffeehaus in den Besitz des
fürstlichen Hofküchenmeisters Poths
über, der es nur drei Jahre später an
Heinrich Zacharias Glaser weiterveräu-
ßerte. Als »Café Glaser« kam das Lokal
zu neuer Blüte.

1793 gestaltete Hofbaumeister Reinhard Ferdinand Heinrich Fischer die drei
nebeneinanderstehenden Häuser zu
einem einzigen großen Gebäude um,
das 1798 auch noch erweitert wurde.
Nun wurde der Hotelbetrieb aufgenommen, und das Café mauserte sich zu
einem Restaurant.

Im Jahr 1800 übernahm die Wirtefamilie Schwaderer den Gasthof und
sorgte für elegante Ausstattung und ge-

diegene Bewirtschaftung. Im Erdgeschoß befanden sich Trinkstuben, während die »Table d'hôte« im ersten Stock
gereicht wurde. Der große Speisesaal
diente zugleich als Festsaal; er war in
klassizistischem Stil gehalten und besaß
an drei Seiten bewundernswerte Stuck-
verzierungen. Vermutlich stammten die
Entwürfe dazu von Hofbaumeister Nikolaus Friedrich von Thouret.

Bemerkenswert ist, daß man Ende des
18. Jahrhunderts beim Neubau des Gebäudes von den alten Häusern Inschriften übernommen hat. So konnte man an
verschiedenen Stellen lesen: »Burgfried«.
Diese Inschriften markierten wie Grenz-

steine die Stellen, an denen der älteste
Stuttgarter »Burgfrieden«, der das Stut-
haus umschloß, verlaufen war (siehe
Seite 69ff.).

Im Jahre 1850 ging der »König von
England« von der Wirtefamilie Schwaderer in andere Hände über, und allmählich erlosch der Glanz. Die Stadt erwarb
den Bau im Jahre 1867, um darin zunächst das Kreisgericht und ab 1879
verschiedene Ämter unterzubringen. Im
Zweiten Weltkrieg brannte das Haus bis
auf die Grundmauern nieder; in dem
1956 errichteten Neubau mit modernen
Formen ist heute das Städtische Liegen-
schaftsamt untergebracht.

*Der Speisesaal im ersten Stock des »Königs
von England«. Hier nahmen die Hotelgäste
gemeinsam das Mittagessen ein. Die Table
d'hôte war berühmt.*

91

Liederabende im »Herzog Carl«

Im Vormärz wehte ein erfrischender Wind geistiger Regsamkeit in Stuttgart. So nahm auch die Zahl der Vereinsgründungen in den dreißiger und vierziger Jahren des letzten Jahrhunderts zu; es fehlte jedoch an geeigneten Räumlichkeiten für volkstümliche Veranstaltungen. Der »Redoutensaal« war zu groß, die »Silberburg« zu feudal, das »Bürgermuseum« schon von der »Bürgergesellschaft« belegt.

So traf sich vor allem der »Liederkranz« bis zum Bau der Liederhalle in einem Lokal in der Rotebühlstraße. Es war um 1750 als eines der ersten Häuser vor dem Rotenbildtor erbaut und 1763 durch den Stiftskastenknecht Wolf zu einem Gasthaus gemacht worden. Johann Martin Leins gliederte dem Wirtshaus 1803 eine kleine Bierbrauerei an, die später von seinem Schwiegersohn Johann Christoph Hackh zu einem ansehnlichen Unternehmen ausgebaut wurde.

Der »Herzog von Württemberg«, die spätere Brauerei Hackh, in der Rotebühlstraße. Über dem Portal thronte ein Standbild von Herzog Carl Eugen. Auf dem Bild ganz rechts der Eingang zur Rotebühlkaserne. Heute zweigt hier die Herzogstraße ab.

Überhaupt, dieser Hackh! Er war ein umtriebiger Mann. Als Stadtrat lenkte er die Geschicke der Bürgerschaft, und später befehligte er als Rittmeister die Stadtgarde. Unter seiner Leitung hatte nicht nur die Brauerei steigende Umsätze zu verzeichnen, auch das Gasthaus wurde immer beliebter.

Der »Herzog von Württemberg« war ein geräumiger Bau; der Fassade gab eine Statue des Herzogs Carl Eugen in der Pose des Imperators ein repräsentatives Gepräge. Hackh ließ einen Saal anbauen und an der kleinen Seitenstraße, die hier abzweigte, einen Biergarten. Diese Seitenstraße heißt bis heute Herzogstraße; namengebend war dabei der »Herzog von Württemberg«.

Der Garten wurde bald zum sonntäglichen Treff der Bürgerfamilien, die hier unterhaltsame Veranstaltungen oder Konzerte des Liederkranzes genossen; die Kinder konnten sich mit allerlei Spielen beschäftigen. 1864 zog der »Liederkranz« in die neuerbaute Liederhalle; 15 Jahre später wurden auch die Hackhsche Brauerei und der »Herzog Carl«, wie das Lokal im Volksmund hieß, aufgegeben. Das Gelände erhielt später eine andere Bebauung, und das Standbild des Herzogs verschwand spurlos.

Im Kaffeehaus wurden die Musen heimisch

Der Küferobermeister und Traiteur (Speisewirt) Lorenz Silber (1760 bis 1813) erwies sich als ein Mann, der die Zeichen seiner Zeit richtig zu deuten wußte. Er wollte die Stuttgarter Gastronomie aus ihrer philiströsen Behaglichkeit aufwecken und den geistigen Bestrebungen um die Wende von 18. zum 19. Jahrhundert geeignete Stätten der Geselligkeit bieten.

Im Jahre 1804 eröffnete er an der Stelle des heutigen »Hofbräuecks« gegenüber vom Wilhelmsbau ein Café. Bisher hatten die Kaffeehäuser keinen rechten Anklang gefunden; Silber wollte mit seinem Lokal jedoch einen Tummelplatz der musischen Neigungen und der fortschrittsbewußten Ideen schaffen. So markiert das »Café Silber« einen Wendepunkt der Gastronomie. Die kultivierte, literarisch-künstlerische Atmosphäre wirkte anziehend auf die Intelligenzschichten der Bürgerschaft. Es war eine Zeit des Bildungseifers und Nachrichtenhungers. Schon 1784 hatten einige »gebildete Männer« die »Stuttgartische Lesegesellschaft« gegründet, in der vor allem Bücher und Zeitschriften gelesen und besprochen wurden. 1807 spaltete sich von ihr das »Stuttgartische Muäum« ab, die spätere »Museumsgesellschaft«, der es mehr um wissenschaftliche und gesellige Unterhaltung zu tun war. Übrigens ging schon anderthalb Jahre später die »Lesegesellschaft« in der »Museumsgesellschaft« auf.

Im Obergeschoß des Cafés wurden ein Vortragsraum und einige Lesestuben eingerichtet, mit Zeitungen, Zeitschriften und Büchern angefüllt. Für die Bewirtschaftung sorgte der findige Wirt, der damit seinem Kaffeehaus die Zugkraft und den Umsatz sicherte.

Schon 1808 wurde die »Museumsgesellschaft« von der Obrigkeit angewiesen, Sorge zu tragen, daß »in diesem

bloß literarischen Institut keine politischen Gespräche und Neuigkeitskrämerei stattfinden«. Für den Fall der Zuwiderhandlung wurde eine Strafe von 50 Gulden und bei Wiederholung körperliche Züchtigung angedroht.

Doch die »Museumsgesellschaft« bestand weiter, und das Café florierte, auch nach Eröffnung der »Silberburg« 1806 (mehr darüber im nächsten Kapitel).

Das Gebäude selbst war damals eines der prächtigsten Privathäuser Stuttgarts. Der Bäckermeister L.F. Mühlbach hatte es um das Jahr 1800 errichten lassen. 1846 wurde es umgebaut, und im Erdgeschoß fanden statt des Kaffeehauses acht Läden Platz, die der Versorgung der zunehmenden Bevölkerung dienten. Unter dem Namen »Kleiner Bazar« — im Gegensatz zum »Großen Bazar« zwi-

schen Stockgebäude und Kronprinzenpalais in der Königstraße – ging es in die Stadtchronik ein.

Ein erneuter Umbau erfolgte 1885 durch das Architekturbüro Eisenlohr & Weigle. Dabei wurde auch der Balkon entfernt, der von sechs markanten, schweren Säulen getragen worden war. Ihm kam besondere lokalhistorische Bedeutung zu. Prinz Murat, der Schwager Napoleons, nahm von hier aus am 3. Oktober 1805 eine Parade der französischen Besatzung ab, bei der 16 Regimenter Dragoner und drei Divisionen Fußvolk vorüberzogen. Dem württembergischen Herzog, Kurfürst seit 1803, und späteren König Friedrich sollte so die Macht des Eroberers deutlich demonstriert werden.

Napoleon selbst weilte in den Jahren 1805, 1806 und 1809 jeweils für einige Tage in Stuttgart. Im Jahr 1810 kam seine Braut, die österreichische Kaisertochter Marie-Luise, auf dem Wege nach Paris durch unsere Stadt.

Die Zeichnung oben zeigt den »Kleinen Bazar«, das ehemalige »Café Silber«, anno 1845, das Foto links im Jahr 1907.

»Silberburg«

Noble Geselligkeit an der schönsten Stelle der Stadt

Die »Museumsgesellschaft«, über die im vorhergehenden Kapitel schon berichtet wurde, war anfänglich ein kleiner Kreis mit etwa 70 Mitgliedern. Doch das Interesse an der Gesellschaft war groß, und die Mitgliederzahl wuchs ständig. Darum wurden im Jahre 1816 größere Räume im Haus Kanzleistraße 11 bezogen, das später als »Oberes Museum« bezeichnet wurde. Zugleich erhielt die »Museumsgesellschaft« die Schankkonzession, also die Erlaubnis, eine eigene Bewirtschaftung zu betreiben. Anfänglich brachten zahlreiche Mitglieder zu den Veranstaltungen Kaffee oder Tee

Aus dem Jahr 1798 stammte das Lusthaus, das Freiherr von Irmtraut mit einem ausgedehnten Garten am Fuße des Reinsburghügels hatte errichten lassen (rechts). 1803 ging es in den Besitz des Prinzen Friedrich von Thurn und Taxis über. (oben). Nach dessen Tod 1806 kaufte es der Cafétier Lorenz Silber. Sein Sohn, Christian Lorenz Silber, der die »Silberburg« weiterbetrieb, ließ es zehn Jahre später abbrechen.

mit und bereiteten ihn selbst zu, wozu der Wirt gegen bescheidenes Entgelt das warme Wasser lieferte. Auch das Vesper – belegte Brote, Gebäck oder Obst – brachten die Gäste mit. Diese damals in vielen Gasthäusern übliche Sitte wurde im »Museum« im Jahre 1821 abgeschafft.

Noch immer stieg die Mitgliederzahl; zahlreiche repräsentative Veranstaltungen wurden durchgeführt, so daß der Bau nicht mehr genügte. Die finanzielle Lage des Vereins erlaubte den Kauf eines größeren Grundstücks; im Jahre 1836 wurde die »Silberburg« bezogen und elegant eingerichtet.

Die Erinnerung an die »Silberburg« lebt heute vor allem durch die Straße fort, die nach ihr benannt wurde. Das Gebäude lag am Fuße des Reinsburghügels oberhalb der Kreuzung der Mörike-, Marien- und Silberburgstraße. Das Gelände war Ende des 18. Jahrhunderts von einem Oberstleutnant Freiherr

Seit 1836 die »Museumsgesellschaft« die »Silberburg« übernommen hatte, ging es dort nobel zu. Selbst in der Gartenwirtschaft trug man Zylinder.

von Irmtraut zusammengekauft worden, der hier ein zweistockiges Lusthaus errichten ließ.

1803 ging dieses in den Besitz des Generalmajors Prinz Friedrich von Thurn und Taxis über, und nach dessen Tode 1806 wurde es von dem Cafétier Lorenz Silber erworben. Er richtete hier eine Weinstube und eine Gartenwirtschaft ein und baute eine separat stehende Küche dazu.

Es war eine ideale Gartenwirtschaft: von Weinbergen umgeben und doch

Unmittelbar nach dem Kauf des Thurn und Taxisschen Lusthauses hatte Wirt Lorenz Silber neben dem Haus einen einstöckigen Bau errichten lassen, der die Küche des Sommerlokals »Silberburg« aufnahm. 1810 ließ er diesen Küchenbau aufstocken. Im Obergeschoß wurde ein Saal eingerichtet, der auch im Winter Einkehr bot. Das so entstandene Gebäude prägte das Bild der »Silberburg« weit über hundert Jahre lang. Die Lithographie stammt von 1840.

stadtnah, mit guter Luft und herrlicher Aussicht, die erst sehr viel später verbaut wurde. Kein Wunder, daß die Stuttgarter in Scharen zur »Silberburg« strömten, wie der Wirt, dem Zeitgeschmack entsprechend, das Lokal nannte. Schon vier Jahre später vergrößerte Silber den Küchenbau durch einen Tanzsaal und ein weiteres Stockwerk; so entstand das charakteristische Gebäude, an das sich noch mancher Stuttgarter erinnern wird. Das alte Lusthaus wurde 1816 abgebrochen.

1836 zog sich Christian Lorenz Silber, der Sohn des Gründers, vom Geschäft zurück, und die »Museumsgesellschaft« kaufte das Anwesen. Wieder wurde das Haus umgebaut und den neuen Zwekken entsprechend erweitert.

95

13 solcher Blätter mit Porträtbildnissen prominenter Mitglieder besaß die »Museumsgesellschaft«.

Das linke der beiden hier abgebildeten Blätter zeigt in der oberen Reihe drei Ehrenmitglieder: den Architekten Karl Heideloff (1788–1865), Erbauer des Schlosses Lichtenstein, die Komponistin und Klaviervirtuosin Emilie Zumsteeg (1796–1857) und Immanuel Faißt (1823–1894), Mitgründer und langjähriger Leiter des Stuttgarter Konservatoriums. In der Mitte und unten auf dem Blatt sind Mitglieder der alten Metzlerschen Lesegesellschaft abgebildet, aus der die »Museumsgesellschaft« hervorgegangen ist. Die mittlere Reihe zeigt Johann Benedikt Metzler (1727–1796), Verleger, Buchhändler, Druckereibesitzer und Namensgeber der Lesegesellschaft, Tobias Ludwig Lotter (1743–1814), Kaufmann und Mitgründer der Bibelgesellschaft, sowie Christian Gottfried Elben (1754–1829), Professor an der Hohen Carlsschule und Gründer der Zeitung »Schwäbischer Merkur«. In der unteren Reihe sind zu sehen: Christian Ludwig,

Schübler (1754–1820) unter anderem Senator und Bürgermeister der Freien Reichsstadt Heilbronn, Joseph Friedrich Grammoni (1759–1819), in Mömpelgard geborener Gymnasiallehrer für Französisch, und Carl August Freiherr von Wangenheim (1773–1850), Geheimer Rat, »Minister des Kirchen- und Schulwesens« und ab 1817 Bundestagsgesandter.

Das rechte Blatt zeigt prominente Mitglieder der »Museumsgesellschaft« aus späterer Zeit. In der oberen Reihe sind abgebildet: Hermann Kurz (1813–1873), Dichter, Schriftsteller, Redakteur des »Beobachters« und später Bibliothekar in Tübingen, Friedrich Wilhelm von Hackländer (1816–1877), Schriftsteller und Dramatiker, Hof-Bau- und Gartendirektor, Mitgründer der Zeitschrift »Über Land und Meer« und der Künstlergesellschaft »Bergwerk«, Franz von Dingelstedt (1814–1881), zunächst Gymnasiallehrer, dann Vorleser König Wilhelms I., Hofrat und Hofbibliothekar, Legationsrat und Dramaturg der Stuttgarter Hofbühne, Hoftheaterintendant

in München und Wien und Direktor des Wiener Hofoperntheaters. Die mittlere Reihe zeigt den Dichter und Prälaten Karl (von) Gerok (1815–1890), Alexander Michailowitsch Gortschakow (1798–1883), der zunächst russischer Gesandter in Stuttgart war, ab 1856 dann Außenminister und 1870 bis 1880 russischer Reichskanzler; rechts Ferdinand von Steinbeis (1807–1893), ab 1856 Direktor der »Zentralstelle für Gewerbe und Handel« in Stuttgart, Gründer des »Musterlagers«, des späteren Landesgewerbemuseums. In der unteren Reihe schließlich sind zu sehen: Anton von Rubinstein (1830–1894), der berühmte Pianist und Komponist, Friedrich Theodor (von) Vischer (1807–1887), Schriftsteller, Dichter und Professor der Ästhetik in Tübingen und Stuttgart, 1848 Mitglied der Deutschen Nationalversammlung; schließlich Emin Pascha, Baron von Schwarzenberg (?–1878), ein geborener Belgier, der als Oberkommandierender des türkischen Heeres in Syrien kämpfte und 1872 nach Stuttgart kam.

Seit dieser Zeit war die »Silberburg« nur noch Mitgliedern der »Museumsgesellschaft« und von diesen eingeführten Gästen zugänglich. Aber wenn auch gelegentlich gesellschaftliche Exklusivität und Standesdünkel zur Geltung kamen, so war in diesem Kreise doch die Bürgerschaft maßgeblich. Die Veranstaltungen dienten nicht nur der Kurzweil, Unterhaltung und Zerstreuung; mit Vorträgen, Konzerten und künstlerischen Darbietungen wurde auch Bildungsgut verbreitet.

Ab und an wurden die Räume anderer Organisationen für Tagungen und Veranstaltungen zur Verfügung gestellt. Bis zur Errichtung der Liederhalle im Jahr 1864 feierte der »Liederkranz« jährlich sein Schillerfest in der »Silberburg«, die dabei ausnahmsweise öffentlich zugänglich war. Im Jahr 1842 wurde die Königlich-württembergische Eisenbahngesellschaft in der »Silberburg« gegründet, später fand hier das Treffen der deutschen Naturforscher und Ärzte statt.

Der »Museumsgesellschaft« anzugehören und ihre Veranstaltungen zu besuchen, gehörte im vorigen Jahrhundert zum guten Ton. Der Mitgliederstand war beim Kauf der »Silberburg« auf 1260 Köpfe angewachsen, darunter mehrere Prinzen des Hauses Württemberg und Prinz Napoleon (Plon-Plon). Mitglieder der Hofgesellschaft, hohe Offiziere und Adelsfamilien gehörten ebenso zur »Museumsgesellschaft« wie Künstler und Gelehrte von Rang und die Mehrzahl des Stuttgarter Besitzbürgertums. Bei besonderen Veranstaltungen erschien sogar das Königspaar. Diesem Zuschnitt entsprachen die gesellschaftlichen Formen: Frack oder Uniform war für die Herren obligat, die Damen trugen Ballgarderoben.

Es trafen sich die Besitzbürger mit den Kulturträgern der Stadt, die Hofgesellschaft und höhere Beamte gesellten sich dazu. Im Lauf der Zeit entstand eine Sammlung von Porträtbildnissen, um die Erinnerung an die prominenten Mitglieder von damals zu erhalten. Bilder

der Dichter Karl Gerok, Eduard Mörike und Gustav Schwab gehörten dazu, die bildenden Künste waren mit den Malern Hetsch, Wächter und Stirnbrand, den Bildhauern Johann Heinrich Dannecker und Theodor Wagner sowie mit den Architekten Nikolaus Friedrich von Thouret und Christian Friedrich Leins

vertreten. Dazu kamen Porträts von etlichen, heute nahezu in Vergessenheit geratenen Persönlichkeiten, etwa von Professor Christian Gottfried Elben, dem Gründer der Zeitung »Schwäbischer Merkur«, von dem Gerichtspräsidenten Albert Schott, dem Dichter Graf Alexander von Württemberg sowie

Das »Parkrestaurant Silberburg«, eine Aufnahme etwa aus dem Jahre 1920.

Motiv einer Ansichtskarte, um 1900.

dem Schriftsteller und Hofrat Georg Reinbeck. Zu den Prominenten, die bei Veranstaltungen auftraten, gehörten Jenny Lind, die »schwedische Nachtigall«, die Pianistin Emilie Zumsteeg, die Komponisten Lindpaintner und Faißt, die Hofschauspieler Gnauth, Pischek und Seydelmann sowie der Redakteur Dr. W. Menzel und der Abgeordnete Dr. Notter. Wer in Stuttgart einen Namen hatte, war ein »Museumsgesellschafter«.

Natürlich fehlte auch die Gastronomie nicht. Die Bewirtschaftung der »Silberburg« lag in den Händen von Pächtern, die einen guten Ruf hatten; Küche und Keller wurden gelobt.

Mit allem Aufwand wurde im Jahre 1907 das hundertjährige Bestehen der »Museumsgesellschaft« gefeiert. Grußadressen von befreundeten Verbänden und Vertretern der Behörden wurden verlesen, noch einmal wirkte der gesellschaftliche Glanz, umrahmt von erlesenen künstlerischen Darbietungen.

Dann aber setzte, bedingt durch den Ersten Weltkrieg und die nachfolgenden krisenreichen Jahre, der Niedergang ein. 1936 mußte die »Museumsgesellschaft« das Grundstück an die Reichsrundfunkgesellschaft verkaufen, die dort ihr Sendehaus bauen wollte. Zwei Jahre später wurden die Gebäude abgebrochen, der monumental geplante Neubau konnte aber wegen des Kriegsausbruchs 1939 nicht ausgeführt werden. Durch Tausch

ging das Gelände im Jahr 1950 in den Besitz der Stadt über, die es in die Anlagen zur Bundesgartenschau 1961 miteinbezog. Die Auflösung der »Museumsgesellschaft« erfolgte im Jahre 1953, und damit war alles ausgelöscht, was an die »Silberburg«, diese »schönste Stelle der Stadt« (Jean Paul), erinnerte.

»Oberes Museum«

Zentrum des Vereinslebens

Stattlich wie ein Palast wirkte das Gebäude an der Ecke Kanzlei- und Rote Straße (heute Willi-Bleicher-/Theodor-Heuss-Straße, schräg gegenüber vom Gewerkschaftshaus). Es war ein Werk des Architekten Reinhard Ferdinand Heinrich Fischer aus dem 18. Jahrhundert.

1816 gelangte das Eckhaus in den Besitz der »Museumsgesellschaft«, die es von Oberbaurat Etzel, dem Schöpfer der Neuen Weinsteige, erneuern ließ.

Doch bald schon genügte das Haus nicht mehr für die ständig wachsende Zahl von Mitgliedern und die steigenden Ansprüche der feudalen Kreise. Darum erfolgte im Jahre 1836 die Übersiedlung auf die »Silberburg«, die eine

räumliche und organisatorische Ausweitung ermöglichte (siehe das vorhergehende Kapitel). Aber das Haus an der Kanzleistraße wurde nicht aufgegeben. Durch Anbau kam im Jahre 1853 ein größerer Saal dazu und später ein Wirtschaftsgarten; nach und nach kaufte der Verein zusätzlich drei Nachbargrundstücke, und so entstand zwischen Kanzlei- und Lindenstraße, der heutigen Kienestraße, in den Jahren 1872 bis 1874 der repräsentative Neubau eines Gesellschaftshauses.

Er wies zwei große Säle auf, dazu Lese- und Billardräume, einen Bibliothekssaal und Einrichtungen für die Bewirtschaftung des Hauses durch einen Pächter.

Diese Lösung erwies sich als günstig für das Stuttgarter Vereinsleben, das im Laufe des 19. Jahrhunderts immer größere Bedeutung gewann. Zahlreiche Kongresse und Treffen fanden fortan im »Oberen Museum« statt, dazu auch Hochzeiten und andere Familienfestlichkeiten. Als würdige Stätte erwies sich der »Weiße Saal«, in dem 1861 der Verschönerungsverein, 1885 der Verkehrsverein und 1893 der Schwäbische Albverein gegründet wurden.

Im Jahre 1936 mußte sich die »Museumsgesellschaft« zum Verkauf des Hauses an den Staat entschließen, und 1944 brachten die Bombenangriffe die

Links: Das »Obere Museum« im Jahr 1907. – Rechts: Eine Billard-Gesellschaft im »Oberen Museum« anno 1817.

Zerstörung des Bauwerks. Heute ist der größte Teil des Geländes von der vielspurigen Theodor-Heuss-Straße überbaut.

»Konzert- oder Redoutensaal«, »Café Männer«, »Café Königsbau«

Berauschende Walzertakte und Biedermeiermoden

Der Vormärz, jene Zeit politischer Willenskundgebungen, die den Revolutionsjahren 1848/49 vorausging, weckte in der Stuttgarter Bürgerschaft das Geltungsbewußtsein, angeregt durch französische und englische Vorbilder. Der Untertanengeist, der im 18. Jahrhundert unter Herzog Carl Eugen seine Triumphe gefeiert hatte, wich dem Wunsch nach freier, individueller Entfaltung, die im Bildungsstreben ebenso zum Ausdruck kam wie im Umgangston und in der Mode.

Der zeremonielle Stil prägte die gesellschaftlichen Formen, die Moden der Biedermeierzeit wurden kreiert, die Gastronomie lieferte dazu erlesene Genüsse. Walzerklänge wirkten berauschend, Tafeldekorationen schufen exotische Illusionen. Das Selbstbewußtsein des Bürgertums stieg, die aufkommende Industrie stärkte das Prestige der kleinen und großen Unternehmer. Zum Tummelplatz geselliger Veranstaltungen, vor allem von Ballfestlichkeiten und eleganten Empfängen, wurde in Stuttgart der »Redoutensaal«.

Wo heute der Königsbau steht, befand sich vor mehr als zweihundert Jahren ein Futterhaus, in dem Tiernahrung, vor allem für die Pferde des Hofes, gelagert wurde. 1775 wurde es zu einem Reithaus für die Zöglinge der Hohen Carlsschule umgebaut, 1803 zu einem Schauspielhaus, dem »Neuen kleinen Theater«. Es wurde 1808 erweitert, erwies sich dennoch als zu klein und mußte 1811 seine Pforten schließen. An seiner Stelle errichtete Hofbaumeister Nikolaus Friedrich von Thouret den »Konzert- oder Redoutensaal«, eine repräsentative Stätte für festliche Veranstaltungen.

Eine Vorstellung von der Größe dieses reichgeschmückten Saales können wir uns machen, wenn wir den Bericht vom ersten »Carlsfest« hören. Zur hundertsten Wiederkehr des Geburtstags von Herzog Carl Eugen wurde diese Feier am 11. Februar 1828 im Redoutensaal ausgetragen; 26 Lehrer und 209 Schüler der ehemaligen Hohen Carlsschule nahmen daran teil. Im Jahr darauf sah König Wilhelm I. bei einem Fest sogar 900 »hoffähige« Gäste um sich versammelt. Silvester- und Fasnachtsbälle folgten, der »Redoutensaal« wurde zum Tummelplatz des Besitzbürgertums, stand aber im Zeichen liberaler Weltoffenheit.

König Wilhelm I. war damit jedoch nicht zufrieden. Zunächst plante er, anstelle des »Redoutensaals« ein Opernhaus errichten zu lassen. Davon kam er wieder ab, als ihm neue Baupläne vorgelegt wurden: Ergebnisse eines Wettbewerbs, aus dem schließlich der Oberbaudirektor Christian Friedrich Leins als Sieger hervorging. Zusammen mit Johann Michael Knapp baute dieser 1855 bis 1859 den Königsbau, der in seinen Formen einem griechischen Tempel ähnelt. 99

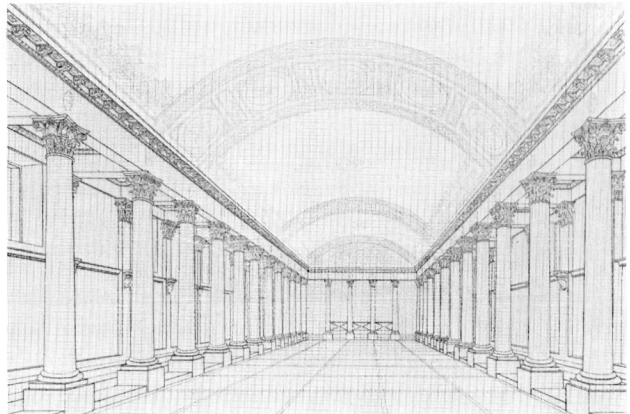

Der spätklassizistisch-antikisierende Stil erschien würdig, diese Seite des Schloßplatzes abzuschließen.

Das Haus wurde zur Tribüne, von der aus man den immer lebhafter werdenden Verkehr auf der Königstraße beobachten konnte, zum Treffpunkt der Flaneure, die den Militärkonzerten lauschten, und zum Idyll der Billardspieler, die sich im »Café Männer« trafen. Im ersten Stock befand sich wieder ein Konzert- und Redoutensaal, außerdem weitere Säle für Gesellschaften, Bälle und Konzerte. Der zweite Stock war für Wohnungen vorgesehen, während in

Annonce aus dem 19. Jahrhundert.

der Säulenhalle und der dahinterliegenden Passage Läden für ein geschäftiges Treiben sorgten.

Der Königsbau wurde zur Visitenkarte der großstädtischen Lebensformen. Einst rumpelten die Wagen der Pferdebahn vorüber, Bauernkarren beförderten die Ernte des Unterlandes in die Markthalle, aber die Läden bargen elegante Angebote für anspruchsvolle Käufer.

Der zerstörte Königsbau wurde 1958/59 weitgehend originalgetreu wiederaufgebaut; jetzt fanden hier sogar zwei Cafés Platz (das eine mußte später einer Gaststätte weichen), und die Obergeschosse wurden zu Büroräumen.

Das Redoutenhaus (links), ein ehemaliges Futterhaus und Theater, stand an der Stelle des späteren Königbaus; der Saal (rechts) diente für Maskenbälle und Konzerte.

Nicht verschwiegen werden soll eine nette Anekdote aus der Zeit der ersten Planungen.

Leins, der Architekt, hatte zunächst eine größere Zahl von Säulen vorgesehen. König Wilhelm I. gab jedoch zu bedenken, daß die Abstände zwischen den Säulen breiter werden müßten: Den Damen mit ihren damals modischen gebauschten Krinolinen wäre es sonst unmöglich gewesen, den Königsbau zu betreten.

Der Dichter Ludwig Uhland und seine »Schattenbrüder«

Zu den anziehend-gemütlichen Kneipen, die der Stuttgarter als »Beiz« bezeichnet, gehörte das Wirtshaus »Zum Schatten«, das etwas versteckt hinter dem Marktplatz an der Bandgasse lag. Der Dichter Ludwig Uhland (1787 bis 1862), der seit 1812 in Stuttgart lebte, hatte es entdeckt und zog seinen Freundeskreis in das Lokal.

Zu dieser Entscheidung hatte auch der Wirt Georg Rudolph beigetragen. Er war ein Original. Rudolph trug noch den altmodischen Zopf, hatte aber dennoch viel Verständnis für die Zeitereignisse, und die Stammgäste um Uhland waren ihm willkommen. »Schattenbrüder« nannte sich die Zecherrunde, dabei der Landtagsabgeordnete Albert Schott, Bürgermeister Klüpfel, Sekretär Roser und andere politisch regsame Köpfe.

Ludwig Uhland, seit 1819 Abgeordneter in der Ständekammer, wußte geschickt eine Brücke zu schlagen, um die aktuellen politischen Ereignisse mit seinen romantischen Ideen zu verbinden und den fortschrittlichen Gedanken eine historische Basis zu sichern. Dabei wurde das Lob des Weines nicht vergessen und gleichzeitig des »nahen Freiheitssternes« gedacht. Die »Schattenbrüder« waren Vorkämpfer der Demokratie, feinsinnige Wortführer der neuen Ideen, die, aus historischen Quellen schöpfend, dem freiheitlichen Denken den Weg bahnten, und für die der Dichter die Worte fand:

Wo je bei altem, gutem Wein
der Württemberger zecht,
da soll der erste Trinkspruch sein:
das gute alte Recht!

Uhland wohnte bis 1830 in Stuttgart, dann übersiedelte er nach Tübingen, wo er eine Professur für Literaturgeschichte an der Universität erhalten hatte. Im Jahre 1834 stiftete die »Bürgergesellschaft« dem Dichter einen silbernen Pokal, um ihn über seine Entlassung aus dem Staatsdienst zu trösten. Der etliche Kilo schwere »Uhland-Pokal«, nach dem Entwurf des Stuttgarter Malers J. von Schnitzer angefertigt, galt lange als verschollen; er wurde erst vor einigen Jahren wiederaufgefunden und erinnert nun wieder an den »Schwäbischen Bürgerstolz vor Königsthronen«. Der Pokal gilt als Wahrzeichen südwestdeutscher Demokratiegeschichte.

Der »Schatten« bestand von etwa 1790 bis 1874 als Gasthaus; das Bauwerk blieb bis 1944 fast unverändert erhalten. Es war nicht die einzige Erinnerungsstätte an den Dichter. Bei dem Speisewirt Andreas Lastin kehrte Uhland ein, ein romantisches Erlebnis verband ihn mit der Familie.

Im Haus des Geheimrats Pistorius und dessen Gattin, der »Seegassenkönigin«, traf Uhland mit den Dichtern Gustav Schwab und Wilhelm Hauff zusammen, auch in der »Museumsgesellschaft« waren gleichgesinnte Fortschrittsfreunde zu finden. Mehrfach wurde Justinus Kerner in Weinsberg besucht. Auf der Uhlandshöhe steht ein Denkmal für den Dichter, das 1865 errichtet wurde.

Die Stuttgarter erinnern sich gerne dieses Poeten, dem sie das »Metzelsuppenlied« ebenso zu verdanken haben wie das Gedicht »Droben stehet die Kapelle«. Zu der Ballade »Des Sängers Fluch« erhielt der Dichter die Anregung durch die Säulengruppe im Hohenheimer Park; sein Drama »Herzog Ernst von Schwaben« bezog die Landesgeschichte mit ein.

Ich weiß mir einen Schatten,
Da fließt ein kühler Quell,
Der stärket jeden Matten,
Der quillt so rein, so hell;
Er ist von edlem Schlage
Und strömt nicht Wasser — nein
Der Quell, von dem ich sage,
Ist ächter, goldner Wein.

Im Schatten frisch und labend
Da tönt so heller Sang,
Der tönt so manchen Abend
Und manche Nacht entlang;
Doch sind es nicht die Lieder
Der bangen Nachtigall:
Wir sind's, wir Schattenbrüder
Beim frohen Becherschall.

In diesem Schatten blühen
Viel Blumen hold und fein,
Sie duften und sie glühen
Und haben gut Gedeih'n.

Nicht Veilchen sind's noch Rosen,
Was uns so lieblich blüht,
Nein! Scherz und traulich Kosen
Und brüderlich Gemüt.

Im Schatten, den ich meine,
Da träumt es sich so mild,
Man sieht im Dämmerscheine
Gar manches schöne Bild.
Wie träumten wir so gerne
Vom heil'gen Rettungsstreit,
Vom nahen Freiheitssterne,
Von Deutschlands gold'ner Zeit!

Nie mög' in unserm Schatten
Der Quell versiegen geh'n,
Nie soll der Sang ermatten,
Die Blumen nie verweh'n!
Auch nimmer soll verfliegen
Der gold'nen Träume Schar,
Das Echte wird doch siegen,
Der Traum im Schatten wahr!

So romantisch sah Ludwig Uhland im Jahr 1825 seine Stammtischrunde. Die »Schattenbrüder« entwickelten in der Zeit des Vormärz demokratische Ideen.

»Hôtel de Russie«, »Russischer Hof«

Russische Sympathien für Stuttgart

Mit einigem Erstaunen mögen wohl die Stuttgarter am Ende der dreißiger Jahre des vorigen Jahrhunderts eines der Hotels am Postplatz betrachtet haben. »Hôtel de Russie« lautete die neue Beschriftung, »Russischer Hof«.

Der Wirt Adolf Christian Albisser hatte 1834 den Gasthof »Waldhorn« am Postplatz erworben, der etwa dort stand, wo heute Radio Barth sein Haus am Rotebühlplatz hat. Was Albisser schließlich dazu veranlaßte, sein gutgehendes Hotel zu verkaufen und 1837 an der gegenüberliegenden Seite des verkehrsreichen Platzes, direkt neben der Poststation, ein neues Hotel unter dem alten Namen »Waldhorn« zu eröffnen, läßt sich heute nicht mehr feststellen.

Die dadurch geschaffene Verwirrung war wohl zu groß, und so benannte der Patron seinen Gasthof in »Hôtel de Russie« um. Ein mitten im Geländer des Balkons angebrachtes Posthorn erinnerte auch später noch an den ursprünglichen, romantisch-musikalischen Wirtshausnamen. Albisser hatte sein Haus nach dem Geschmack der zahlreichen russischen Gäste eingerichtet, unter denen sich Würdenträger befanden und

vermögende Leute, die bei Hof verkehrten und wohlgelitten waren. Die Prominentenherberge bestand bis 1864, dann wurde das Haus an den Staat verkauft, der das königliche Gouvernement, die Militärverwaltung, darin unterbrachte.

Kaum jemand weiß heute noch, daß seit 1816 eine russische Kolonie in Stuttgart bestanden hat. Im Kriegsjahr 1813 passierten beim Vormarsch der Alliierten gegen Napoleon auch russische Truppen unsere Stadt, und am Brunnen der Alten Kanzlei tränkten sie ihre Pferde. Die Bezeichnung »Kosakenbrün-

nele« kam damals auf. Zwei Jahre später weilte Zar Alexander in Stuttgart. Mit ihm und mit Kaiser Franz von Österreich besuchte König Friedrich den Bildhauer Johann Heinrich Dannecker, um dessen neuestes Werk »Ariadne auf Naxos« anzusehen.

1816 vermählte sich Kronprinz Wilhelm mit der Großfürstin Katharina von Rußland, und so wurden die Beziehungen zu dem Reich im Osten noch enger. Aber auch in Katharina selbst spiegelte sich schon das gute Verhältnis zwischen Württemberg und Rußland wider: Ihr Vater war Zar Paul I., ihre Mutter Prin-

Das neue Gebäude des »Waldhorns« (französisch »cor de chasse«) kurz vor der Umbenennung in »Hôtel de Russie«.

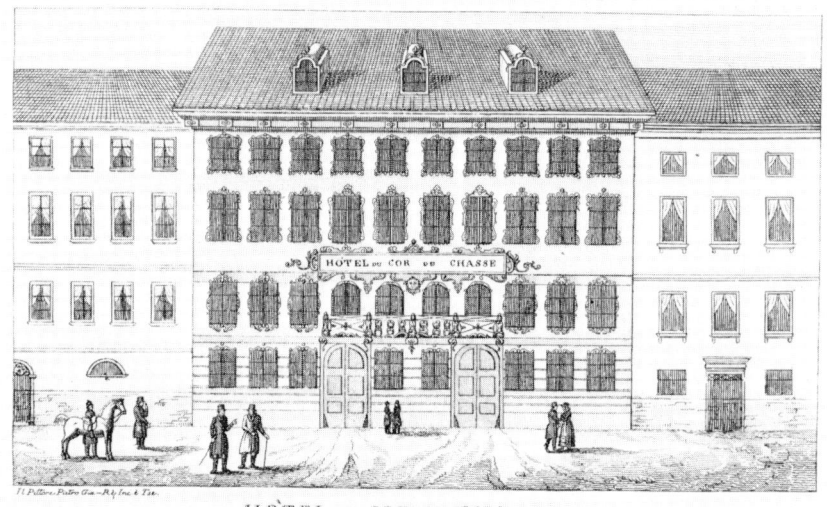

HÔTEL DU COR DE CHASSE
Tenu par G. Albisser à Stoulgart

zessin Sophia Dorothea (als Zarin: Maria Feodorowna), die Schwester König Friedrichs I. von Württemberg.

Katharinas Herzensgüte und weitreichendes soziales Verständnis erwarben ihr sehr bald die Zuneigung des Volkes, vor allem der Stuttgarter. Sie förderte das Schulwesen, ließ »Kinder-Errettungsanstalten« einrichten, veranlaßte die Gründung der Landwirtschaftsschule in Hohenheim, der Landessparkasse und weiterer Wohlfahrtseinrichtungen. Auch die Gründung des Katharinen-Hospitals erfolgte auf ihren Wunsch.

Das Krankenhaus wurde allerdings erst nach ihrem Tod eröffnet. Katharina starb schon drei Jahre nach der Hochzeit. Der mittlerweile zum König gekrönte Wilhelm I. hatte sie so gern gehabt, daß er ihr zuliebe die Stammburg des Hauses Württemberg abbrechen und an deren Stelle die Grabkapelle auf dem Wirtenberg errichten ließ. Sein ganzes weiteres Leben trauerte er um seine Frau.

Dynastische Beziehungen zwischen Rußland und Württemberg blieben auch weiterhin bestehen. Wiederholt kamen die russischen Verwandten zu Besuchen an den Hof nach Stuttgart. Die Großfürstin Olga, Tochter des Zaren Nikolaus I., vermählte sich im Jahre 1846 mit Kronprinz Karl. Sie erwies sich als eine sehr adelsstolze Dame, der die liberalen Auffassungen ihres Gemahls nicht gefielen.

Das Luftbild wurde während der Neugestaltung des Rotebühlplatzes aufgenommen. Links unten der Wilhelmsbau. Die Barakkenzeile rechts oben war auf den Ruinen der ehemaligen Poststation und des »Hôtel de Russie« errichtet worden. Die Bäume davor umstanden einst einen Kiosk in der Mitte des Alten Postplatzes.

Aber je mehr sie mit den Verhältnissen in Württemberg vertraut wurde, desto mehr wandelte sie ihren Sinn. Nach dem Regierungsantritt König Karls im Jahr 1864 erwies sie sich als eine echte Landesmutter. Sie stiftete die Olga-Heilanstalt, das Olgastift (ein heute noch bestehendes Gymnasium) und unterstützte den Ausbau der Blindenanstalt am Kräherwald zur Nikolauspflege. Auch weitere Stiftungen im Land sind ihr zu verdanken. An diese Wohltaten erinnert die Olgastraße, die 1851 ihren Namen erhielt.

Herzog Wilhelm Eugen heiratete im Jahr 1874 die Großfürstin Wera von Rußland, die sich als sehr leutselig erwies und zu allgemeiner Beliebtheit kam. Sie förderte das christliche Vereinswesen und die Jugendpflege; ihr ist der Bau der »Wera-Heime« als Zufluchtsstätten für Mütter von unehelichen Kindern und für obdachlose Mädchen zu verdanken, außerdem die Stiftung der Heilandkirche in Berg.

Die »Russische Kirche« an der Ecke Hölderlin-/Seidenstraße entstand in den Jahren 1893 bis 1895. Sie ist dem Nationalheiligen St. Nikolaus geweiht. Die Anregung zum Bau ging von Herzogin Wera aus; die finanzielle Unterstützung erfolgte durch die russische Kolonie und die Zarenfamilie.

»Bäcka-Schmid«

Gaisburger Marsch

Zur schwäbischen Hausmannskost, einfach, aber lecker und magenfüllend, gehört der unter dem Namen »Gaisburger Marsch« bekannte Eintopf. Wie diese Bezeichnung entstanden ist, darüber gehen die Meinungen auseinander; die Formulierung »Marsch« läßt jedenfalls an Soldaten als Urheber denken.

Vermutlich war es so: Die Grenadiere eines Stuttgarter Regiments beklagten sich über die zu knappe und schlechte Verpflegung; sie hatten nicht übel Lust, ihren »Küchenbullen« zu verprügeln. Der Hauptmann erwiderte auf ihre Klage, Soldatenkost sei eben keine Schleckerei; sie sollten doch in ein Gasthaus gehen, um sich auf eigene Kosten verpflegen zu lassen.

»Auf nach Gaisburg«, ermunterte daraufhin ein alter Gefreiter seine Kameraden, »der Bäcka-Schmid ist ein braver Mann, der wird besser für uns sorgen!« Für ein gutes Essen war jeder der Soldaten bereit, den Marsch zu unternehmen.

Verständnisvoll hörte der Wirt ihren Wunsch an und versprach, ein reichliches, schmackhaftes Essen zu einem günstigen Preis zu liefern. So stellte er Rindfleisch, Spätzle und Kartoffeln zusammen, gab sie in eine Fleischbrühe und schmelzte diese mit gerösteten Zwiebeln. Es war nicht gerade ein Gaumenkitzel für Gourmets, aber ein wohlschmeckendes und bekömmliches Gericht, das eifrig Zuspruch fand. Nur fehlte die Bezeichnung dafür noch, und schließlich war es naheliegend, den Namen »Gaisburger Marsch« dafür zu wählen.

Das Gasthaus des Bäckers Wilhelm Schmid, Schurwaldstraße 44, entstand im Jahre 1834. Ursprünglich war es nur eine Besenwirtschaft; der Meister besaß einen eigenen Weinberg und sorgte selbst für einen guten Tropfen. Seine Ehefrau stand im Ruf, Gänsebraten besonders delikat zubereiten zu können.

Auf diese beiden Vorzüge weist das Schildzeichen hin, das im Jahre 1956, nach beendetem Wiederaufbau des durch Bomben zerstörten Hauses, angebracht wurde. Es zeigt einen Koch mit hoher Mütze, der mit der einen Hand ein Weinglas schwenkt und mit der anderen auf eine Gans hinweist. Den Sokkel der beiden Figuren bildet eine Laugenbrezel, ein sinniges Wappenzeichen für den »Bäcka-Schmid«.

»Warme Wand«

Zecherpoesie im Bäckerhaus

Im Haus Bergstraße 10 (später Firnhaberstraße) bestand seit 1825 eine Bäckerei, die der Bäckermeister Heinrich Renz im Jahre 1882 durch eine Weinstube erweiterte. Vor allem an kalten Wintertagen erwärmte der Backofen die Gaststube so behaglich, daß die Zecher sich außerordentlich wohlfühlten. Das sprach sich herum, die Zahl der Gäste mehrte sich, und die Wirtschaft kam bald zu ihrem Namen, der wie ein Magnet auf

Der Weinschank »Warme Wand« in der heutigen Firnhaberstraße. Das Foto stammt aus der Zeit um 1900.

die Viertelesschlotzer wirkte: »Warme Wand«.

Um die Jahrhundertwende wurde das Lokal zum Treffpunkt einer illustren Gesellschaft. Aus München kam der Schriftsteller Ludwig Thoma (1867 bis 1921) des öfteren nach Stuttgart, wo der erfahrene Jurist als Verteidiger in verschiedenen Prozessen, meist mit politischen Hintergründen, auftrat und sich als schlagfertiger Satiriker trefflich bewährte. Zu seinen Klienten gehörte auch der in München lebende Dichter Joachim Ringelnatz (1883 bis 1934), der eigentlich Hans Bötticher hieß. Er kannte

in Stuttgart nicht nur die Gerichtssäle, sondern auch die Varietés und Künstlerlokale, zum Beispiel das »Excelsior« (siehe Seite 121). Dort gab er seine Verse im Stil der Moritaten- und Bänkelsänger zum besten und entzückte damit die Zuhörer. Thoma und Ringelnatz liebten die »Warme Wand«, die den beiden eine besinnliche Einkehrstätte war.

Auch einige Künstler verkehrten in der »Warmen Wand«, dazu Schauspieler und Personen des öffentlichen Lebens. Vor allem der Generalintendant des Hoftheaters, Baron von Putlitz, wußte die geistsprühende Runde in der »Warmen Wand« zu schätzen.

Zu den Stammgästen zählten auch die Maler Hermann Pleuer (1863 bis 1911) und Baron Alexander von Otterstedt (1848 bis 1909), die mit jeweils einem Werk zum Schmuck der »warmen« Wand beitrugen.

Links: Die »Glocke« in der Marktstraße auf einem Aquarell von W. F. Mayer aus dem Jahr 1907. Der Laden von Johann Conrad Reihlen im Nebenhaus wurde später von dem Lebensmittelhändler Carl Gaissmaier übernommen. – Unten links: Ausschnitt aus der Luftaufnahme, die auf Seite 78 zu sehen ist. Das Hinterhaus in der Bildmitte ist die »Glocke«, das Giebelhaus links der »Wilde Mann« (siehe Seite 66). – Unten Mitte: Die »Schillerei« und ihr Wirt, Ferdinand Schön, um die Jahrhundertwende. Links sieht man eine Ecke des Fruchtkastens, rechts eine Ecke des Prinzenbaus. – Unten rechts: Die »Glocke« um 1890.

»Schillerei« und »Glocke«

In Schillers Schatten

Es »schillert« oft in Stuttgart. So witzelten die Spötter, weil der »Liederkranz« und andere Vereine die jährlichen Erinnerungsdaten nicht vorübergehen ließen, ohne des Dichters zu gedenken. Die Einweihung des Schillerdenkmals im Jahre 1839 war ein so imponierendes Fest und bescherte den Anwesenden ein so erhabenes Gefühl, daß noch lange davon gesprochen wurde.

Natürlich versäumte auch die Gastronomie nicht, davon zu profitieren. Mit der Enthüllung von Thorwaldsens Plastik eröffnete der Wirt Johann Wilhelm sein Gasthaus. Von den Fenstern der Wirtsstube sah man auf Schillers Hinterkopf, denn das Gebäude stand, etwas zurückgesetzt, zwischen Fruchtkasten und Prinzenbau. Vielleicht hatte diese Tatsache des Wirtes romantischen Sinn

geweckt. Er schmückte seine Trinkstube mit Bildnissen des Poeten und anderen Erinnerungsstücken an den gefeierten Sohn des Schwabenlandes. Bald hieß das Lokal bei den Stammgästen »Schillerei«; später führte es diesen Namen auch offiziell. Auch diese Tatsache rief wieder die Spötter auf den Plan, die behaupteten, der Schillerwein – ein im Glase anmutig schillernder Rebensaft, der aus einer Mischung von hellen und dunklen Trauben besteht – sei den Zechern vertrauter als der Name des Dichterfürsten.

Gut dreißig Jahre nach der Eröffnung des Lokals zierte ein anderer Name aus der Welt der Literatur den damaligen Stammtisch. Der Dichter Ferdinand Freiligrath war im Jahre 1868 aus seinem englischen Exil nach Deutschland zurückgekehrt und zog zwei Jahre später von Cannstatt nach Stuttgart um. Er mietete sich in dem Eckhaus an der Urban- und Ulrichstraße ein, pflegte freundschaftliche Beziehungen zu den heimischen Literaten, wurde bald Stammgast in der »Schillerei« und sammelte um sich einen Kreis Gleichgesinnter. Die letzten beiden Jahre seines Lebens, 1874 bis 1876, verbrachte Freiligrath allerdings wieder in Cannstatt, im Haus Neckartalstraße 73, in dem die

Gaststätte »Zum alten Hasen« bestand. Der Sänger der Freiheitslieder erhielt nach seinem Tod ein Ehrengrab auf dem Uff-Kirchhof.

Unter dem Wirt Ferdinand Schön, einem Original, blühte die »Schillerei« ab 1889 erneut auf. Das Wirtshaus bestand bis zur Zerstörung im Jahre 1944.

Die Gedenkfeiern zu Schillers hundertstem Geburtstag im Jahr 1859 waren ein weiterer Anlaß, eine Gaststätte zu eröffnen: die »Glocke«. Der Brauereibesitzer Paul Kolb mag wohl an Schillers »Lied von der Glocke« gedacht haben, als er das Lokal einweihte. Es stand in der Marktstraße 19, in unmittelbarer Nachbarschaft des früheren Gasthofs »Zum wilden Mann« (siehe Seite 66). Ein Wirtshaus namens »Glocke« wird jedoch bereits 1487 erwähnt; im 16. Jahrhundert zählte es sogar zu den Schildwirtschaften. Vermutlich verlor die »Glocke« später diesen Rang, blieb aber als bescheidene Gassenschenke erhalten.

Schiller-Souvenirs gaben den Räumen der »Glocke« eine gediegene Atmosphäre, die Freunde der Literatur anzog. Um 1900 wurde die »Glocke« zum Stammlokal Stuttgarter Journalisten.

»Gasthaus von J. Werner«, »Affenwerner«, »Hotel Rauh«, »Hotel Royal«

»Affenwerner« als Löwenbändiger

In der Sophienstraße 35 betrieb der Wirt J. Werner in den ersten Jahrzehnten des vergangenen Jahrhunderts eine kleine Gassenschenke, die kaum überdurchschnittliche Beachtung fand. Aber sein Sohn Gustav hatte besondere Ambitionen, die er realisierte, als er 1840 die väterliche Wirtschaft übernahm.

Er war von Kindheit an ein Tierfreund gewesen und wollte immer von Tieren umgeben sein. Zum Wernerschen Wirtshaus gehörte ein großer, von Häusern eingeschlossener, begrünter Hinterhof. In diesem Hof richtete der Wirt einen überdachten Biergarten ein, und an den Seiten stellte er Tiergehege auf. Werner schaffte Papageien, Fasanen und Enten an, vor allem aber Affen, denen er mancherlei Kapriolen beibrachte.

So hatte er bald seinen Spitznamen weg: »Affenwerner«. Da er dazu ein witziger Unterhalter war, mehrten sich die Gäste, die den Darbietungen zuschauten.

Daß viele Tiere in der Gartenwirtschaft frei umherlaufen durften, störte das Publikum nicht – im Gegenteil.

»Goldener Bär«, »Petershof«, »Stuttgarter Kellerschenke«

Aus dem Gewerkschaftsleben

Seit dem ausgehenden Mittelalter bestand der »Bären« – zuweilen auch als »Goldener Bären« erwähnt –, die Herberge, die dem Bärenplatz den Namen gab (siehe Seite 62 ff.). Der Bär, das ungewöhnliche Wappentier, war jedoch als Wirtshausname beliebt. So gab es in der Esslinger Straße 19, auf dem Gelände des heutigen Breuninger-Parkhauses, ebenfalls eine Gaststätte »Goldener Bär«, 1840 erstmalig erwähnt. Es wird eine der zahlreichen Beizen zwischen Bohnenviertel und Hauptstätter Straße gewesen sein, die sich in Atmosphäre und Publikum wohl kaum von den Konkurrenzwirtschaften unterschieden hat.

Im Jahre 1892 ging das Haus jedoch in den Besitz der Gewerkschaften über, und fortan trafen sich hier die Arbeiter zu Lagebesprechungen und Kampfversammlungen. Manchmal wird es heiß hergegangen sein, etwa wenn die Arbeiter beim »roten« Robert Bosch sich gegen Aktionen der Gewerkschaften wehrten, oder nach der »Revolution« 1918.

Der »Goldene Bär« wechselte 1928 den Besitzer; er wurde in »Petershof« umbenannt und bestand bis zur Zerstörung 1944.

Das Gewerkschaftshaus in der Theodor-Heuss-Straße, der damaligen Roten Straße, wurde in den Jahren 1951 bis 1958 erbaut. Im Untergeschoß wurde ein Wirtschaftsbetrieb eingerichtet, die »Stuttgarter Kellerschenke«, die fortan Besucher des Gewerkschaftsbundes bewirtete und mit Räumen für politische Diskussionen – bei Fleischkäs und Bier – dienen konnte.

Die Esslinger Straße mit der Leonhardskirche um 1900. Rechts der »Goldene Bär«.

Aus Gustav Werners Tierliebe entwickelte sich die Fähigkeit, Tierdressu-

Der Hinterhof des Wernerschen Lokals mit der überdachten Gartenwirtschaft. An den Seiten befanden sich Käfige. Der Mann mit der Kappe, der den Bären an der Kette hält, ist Gustav Werner.

ren vorzuführen. Als Dompteur wußte der Wirt Löwen, Bären und Leoparden zu meistern. Nach und nach wurden auch Wildschweine, Hirsche, Schlangen und Schildkröten gezeigt. So entstanden in der Sophienstraße eine Tierschau, die fesselnde Bilder zu bieten hatte, und ein kleiner Zoo — zu einer Zeit, als dies ganz

Links: »Gustav Werner im Löwenkäfig«, eine Zeichnung aus der Zeitschrift »Über Land und Meer«. — Rechts: Das Gebäude des Wernerschen Lokals, das spätere »Hotel Rauh«, in der Sophienstraße.

ungewöhnlich war. In Stuttgart hatte es nur einmal, von 1812 bis 1817, einen

Königlichen Tiergarten gegeben. So kam der »Affenwerner« zu seinem Ruhm, und sein Gasthaus wurde zu einem zugkräftigen Magneten. Der rege Zuspruch deckte die erheblichen Kosten für die Versorgung und Betreuung der Tiere.

Ganz ungefährlich war die Sache jedoch nicht, und eines Tages fiel ein Löwe den Wirt an und schlug seine Pranken in die Schultern des Mannes. Aber ein Gast war geistesgegenwärtig genug, eine Flasche nach der Raubkatze zu werfen; sie verfehlte zwar ihr Ziel, zerschmetterte aber eine große Fensterscheibe, und das klirrende Geprassel erschreckte die Bestie so sehr, daß sie sich zurückzog.

Nicht weniger gefährlich war auch Werners politische Haltung, denn der Wirt stand im Jahre 1848 auf der Seite der Revolutionäre. Das brachte ihm eine Gefängnisstrafe ein, die er auf dem Hohenasperg absitzen mußte. Aber die Tierliebe rettete ihn: Ein Mitglied der Hofgesellschaft, zu den Stammgästen

gehörend, setzte sich für den Verurteilten ein und erwirkte eine Amnestie.

Gustav Werner starb im Jahre 1870; er wurde unter großer Anteilnahme der Stuttgarter auf dem Fangelsbachfriedhof begraben.

Sein Sohn Emil setzte für einige Jahre die Tierschau fort, fand aber nicht die gleiche Anerkennung wie sein Vater. Er übersiedelte darum 1873 nach Berg, wo er das Gasthaus »Zum Schwanen« übernahm. Die Menagerie wurde aufgelöst, einen Teil des Tierbestandes erwarb der Zimmermeister Johannes Nill für seinen Tiergarten am Herdweg (siehe Seite 123 ff.).

Die Wernersche Gaststätte übernahmen die Gebrüder Rauh, die sie zu einem Hotel ausbauten. Ihnen folgte 1931 der Wirt Carl Franck als neuer Besitzer. Dessen Sohn Erich baute das Haus, das im Zweiten Weltkrieg schwer beschädigt wurde, ab 1946 wieder auf und richtete es als elegantes Hotel ein, das den Namen »Royal« erhielt.

zugewandt, eigens einen Anbau errichten, der weitere Sitzplätze bot. Wegen seiner Verglasung bekam dieser Anbau den Namen »Laterne«. Dennoch scheint der Besucherstrom zu wünschen übriggelassen zu haben, denn Hermann veräußerte das Café schon zwei Jahre später, übersiedelte nach Cannstatt und eröffnete dort ein Hotel für die Kurgäste der Badestadt.

Der Käufer des Hauses war Johann Christian Marquardt, der Bruder des Hotelbesitzers. Er erwarb gleichzeitig das Nebenhaus an der Ecke zur Königstraße. Dieses Gebäude war um 1810 von Hofbaumeister Nikolaus Friedrich von Thouret für den königlichen Haushofmeister Frasinelli erbaut worden. Später hatte der Hofkupferstecher Friedrich Müller, danach der Hofbankdirektor und Geheime Hofrat von Vellnagel darin gewohnt. Der findige Cafétier Marquardt verband nun beide Gebäude und schuf so eine repräsentative Lokalität.

Der ursprünglich etwas abseits liegende Schloßplatz wurde durch seine Umgestaltung, vor allem aber durch den 1846 in der Schloßstraße (der heutigen Bolzstraße) eröffneten Bahnhof, zum neuen Zentrum der Stadt. So strömten Reisende, Flaneure und Klatschbasen zuhauf ins Café Marquardt, und auch für die Gäste des Hotels Marquardt, das vom Café nur durch die Königstraße getrennt war, dürfte das Estaminet ein reizvoller Anziehungspunkt gewesen sein.

Dem Vater folgte als Besitzer sein Sohn Louis (Ludwig) Marquardt, aus dessen Händen das Café im Jahre 1886 an den Wirt und Koch Theodor Bechtel überging. Stuttgarter Hausfrauen bewunderten Bechtel in besonderem Maße, denn er hatte ein illustriertes Kochbuch verfaßt, das viel Anerkennung fand.

1893 schließlich wurden die beiden Thouret-Häuser abgerissen. An ihrer Stelle ließ Herzogin Wera ein einziges, blocklanges Haus in reinster Gründerzeitarchitektur errichten. Zu Ehren von Königin Olga, deren persönliche Erbin Herzogin Wera war, nannte sie den

»Café Hermann«, »Café Marquardt«, »Café Bechtel«, Olgabau

Künstler- und Literatentreff am Schloßplatz

Das Atelier- und Wohnhaus des Hofbildhauers Professor Johann Heinrich Dannecker stand nach dem Tode des Meisters im Jahre 1841 zum Verkauf. Der Bau, der so viele Prominente als Besucher gesehen hatte – das Grundstück hatte König Friedrich im Jahre 1808 dem Bildhauer geschenkt – sollte nicht seine Bedeutung verlieren. Künstler von Rang, wie Canova, Thorwaldsen, Rauch und d'Anger, hatten hier Danneckers Werke und seine Kunstsammlung im »Antikensaal« bewundert. Gekrönte Häupter – Zar Alexander und Kaiser Franz von Österreich –, auch Prominente der Stuttgarter Intelligenz, Cotta und Rapp etwa, Schwab und zahlreiche andere, waren in dem Haus ein- und ausgegangen. Dannecker hatte

Schillers Marmorbüste geschaffen, und seine Plastiken wurden von Goethe geschätzt.

Der Hotelier Hermann erwarb das Bauwerk, um darin ein Kaffeehaus einzurichten. Es lag direkt am Schloßplatz (an der jetzigen Ecke Bolz- und Stauffenbergstraße, wo heute ein Verwaltungsbau der Dresdner Bank steht), der zu jener Zeit allerdings noch ein schmuckloser Kiesplatz war, auf dem die Rekruten exerzierten. Erst im Oktober 1842 wurde der Grundstein für die Jubiläumssäule und damit für die Umgestaltung des Schloßplatzes gelegt.

Vielleicht hatte sich Hotelier Hermann, der neue Besitzer, von der Lage mehr versprochen. Zwar ließ er an der Schmalseite des Hauses, dem Hoftheater

großstädtischen Komplex »Olgabau«. Neben Läden und Büros enthielt der Olgabau auch ein Café, verschwenderisch-verspielt ausgestattet, und doch in der Atmosphäre mit dem Vorgängerlokal nicht zu vergleichen. An dem Gebäudeflügel zur Theaterstraße, der heutigen Stauffenbergstraße, ließ sich Herzogin Wera eine Wohnung einrichten. Daß ein Mitglied der obersten Hofkreise nicht in ein Palais, sondern in ein »ordinäres« Wohn- und Geschäftshaus zog, war damals ein Novum.

Wie nahezu alle Häuser der Innenstadt wurde auch der Olgabau im Zweiten Weltkrieg von Bomben in Brand gesetzt und zerstört. Noch 1945 wurde die Ruine beseitigt; Paul Schmitthenner, ein Architekt der »Stuttgarter Schule«, entwarf den Neubau der Dresdner Bank, der noch heute an dieser Stelle steht.

Als aus der »Danneckerei«, dem Treffpunkt der Kunstfreunde, im Jahr 1842 das »Café Hermann« wurde, zog in den ersten Stock der »Adelsklub« ein, der eine exklusive Gesellschaft bildete. Aber es wehte damals schon ein demokratischer Hauch, der die Gründung einer Künstler- und Literatengesellschaft veranlaßte, die sich »Glocke« nannte. Kronprinz Karl trat als Protektor auf, als Präsident wirkte Prinz Hugo von Hohenlohe-Oehringen, andere Angehörige der Hofgesellschaft und der Aristokratie traten der »Glocke« als Mitglieder bei. Es gab Glockenmeister und -gesellen, »Seil« und »Schwengel« waren die Spitznamen,

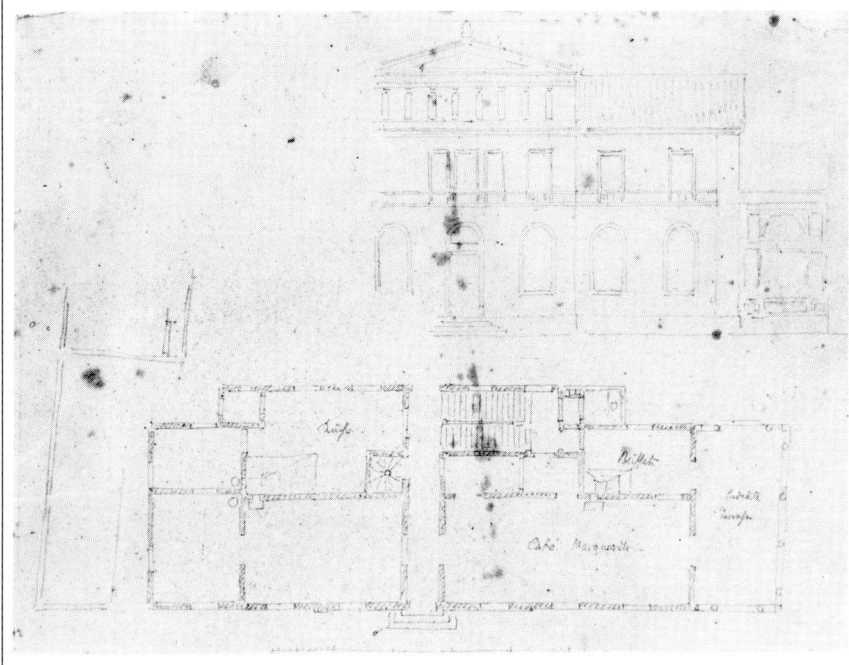

Oben: Das ehemalige Dannecker-Haus im Jahr 1845. Auf der rechten Seite des Gebäudes sieht man den verzierten Anbau, »Laterne« genannt. – Mitte: 1844 verkaufte der Hotelier Hermann das Dannecker-Haus an Johann Christian Marquardt, der es umbauen ließ. Hier eine Bleistiftskizze des Architekten Christian Friedrich Leins. – Unten: 1886 ging das »Café Marquardt« an Theodor Bechtel über. Es umfaßte das Eckhaus zur Königstraße (im Vordergrund, mit Aufschrift), das ehemalige Dannecker-Haus (rechts, hinter den Kutschen) sowie den niederen Holzbau zur Verbindung beider Häuser.

der Schatzmeister wurde »Klingelbeutel« genannt.

Als der Pianist Franz Liszt im Jahre 1843 in Stuttgart Konzerte gab, versäumte er nicht, diese muntere Gesellschaft zu besuchen. Er soll dabei sogar eine Rede gehalten haben, die angeblich an die »Kapuzinerpredigt« in Schillers »Wallenstein« erinnerte.

Als Initiatoren und treibende Kräfte des Vereins wirkten zwei Personen des literarischen Lebens: Friedrich Wilhelm Hackländer und Franz Dingelstedt.

Hackländer, aus Burtscheid bei Aachen stammend, kam 1840 nach Stuttgart, um bei dem Verlag Cotta seine schriftstellerischen Erstlingsarbeiten unterzubringen. Seiner geselligen Natur lag das Organisieren, und die Zusammenführung von Künstlern und »gewöhnlichen Sterblichen« war ihm eine Herausforderung. 1843 wurde er von Kronprinz Karl als Privatsekretär angestellt und kam damit zu besonderer Wirksamkeit. Später folgten Orientreisen und die Tätigkeit als Kriegsberichter im Stab des Feldmarschalls Radetzky in Oberitalien. Anschließend wurde Hackländer Herausgeber der Zeitschriften »Über Land und Meer« und »Blätter für Haus und Familie«, die er beide zu großem Erfolg führte. 1859 ernannte ihn König Wilhelm I. zum Direktor der königlichen Bauten und Gärten; die

Oben: Der Olgabau wurde 1893 bis 1895 an der Stelle des »Café Bechtel« errichtet. Links sieht man die alte Eberhardskirche. — Mitte und unten: Das »Café Königin-Olga-Bau« hatte einen L-förmigen Grundriß. Die eigentliche Ecke König- und Schloßstraße (heute Bolzstraße) war ausgespart; hier waren Läden untergebracht. Das Café sollte eine feudal-großstädtische Einrichtung sein; die Innenausstattung erinnerte eher an einen königlichen Palast als an eine Stätte gutbürgerlicher Geselligkeit. Doch die Pächter wechselten in rascher Folge: Auf Wilhelm Kronemann, der später ein Weinhaus in der Geißstraße betrieb, folgte Ludwig Stottele, auf diesen wenig später Xaver Jung. — Das oberste Foto stammt aus dem Jahr 1900, die beiden Innenaufnahmen aus dem Jahr 1909.

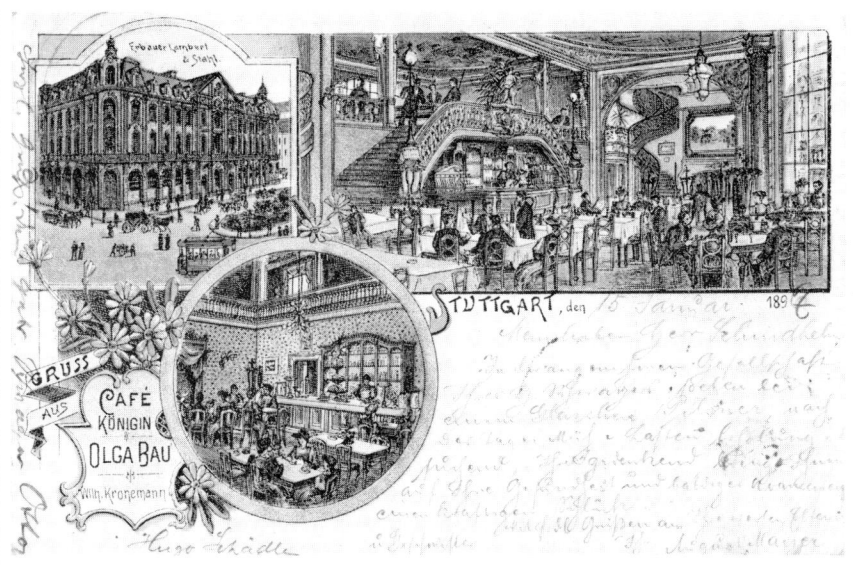

gärtnerische Gestaltung des Schloßplatzes war sein Werk. Aber nach dem Tod des Monarchen wurde er 1864 entlassen; er zog sich nach Leoni am Starnberger See zurück und starb dort im Jahre 1877.

Franz Dingelstedt, der Freund Hackländers und Mitinitiator der »Glocke«, war Bibliothekar und Vorleser König Wilhelms I. Er stand dem Theaterwesen nahe und war durch sein Werk »Lieder eines kosmopolitischen Nachtwächters« zu gutem Ruf gekommen. Zusammen mit Hackländer gründete er »Die Laterne«, ein humoristisch-satirisches Wochenblatt, das vermutlich – auch – nach dem oben genannten Anbau am »Café Hermann« benannt war.

Freilich leuchtete die »Laterne« nicht lange. Um so erfolgreicher waren Dingelstedts Bemühungen um die »Glocke« und den später gegründeten Verein »Bergwerk«. Aber Dingelstedt verließ Stuttgart, um als Intendant des Münchner Hoftheaters zu wirken. Von 1872 bis zu seinem Tod 1881 war er als Direktor des Hofburgtheaters in Wien tätig.

Woche für Woche trafen sich also in den Jahren nach 1842 die Mitglieder der »Glocke« im Café Hermann. Als das Lokal 1844 den Besitzer wechselte, konnte dies dem Verein nichts anhaben. Zwei Jahre später wurde die Vermählung des Kronprinzen Karl mit einem lustigen Polterabend gefeiert. Aber seine Braut, die aus Rußland stammende Großfürstin

Diese Ansichtskarte wurde 1897 geschrieben. Auf der Empore stand damals ein Billardtisch. Die Wendeltreppe im Hintergrund des Lokals führte zum Konzertsaal im ersten Stock.

Olga, war eine stolze und unnahbare Blaublütige. Sie sah die »Fraternisierung« Karls mit dem Künstlervolk nicht gern, und so fiel der Kreis in Ungnade. Die Aktivität erlosch, und seit 1849 schwieg die »Glocke«.

Aber Hackländer, der »Hansdampf in allen Gassen«, der »Hecht im Karpfenteich der Romantik«, ließ sich nicht entmutigen. Zusammen mit Dingelstedt gründete er im Jahr danach das »Bergwerk«, diesmal ohne Adelsprädikate, dafür aber von der Intensität einer schöpferisch wirkenden Mannschaft erfüllt. Der Geist von 1848 hatte sie belebt, zwar nicht im politischen Sinne, aber als Auftakt zu geistvoll-witzigen Veranstaltun-

gen, bei denen es an Pointen gegen das Spießbürgertum nicht fehlte. Dabei war der »Hack«, wie ihn seine Freunde nannten, der richtige Mann als Vorsitzender und Arrangeur der großen Feste, die im

»Redoutensaal« (siehe Seite 99/100) oder in der »Silberburg« (Seite 94 ff.) stattfanden, während für die geselligen Abende anfänglich das »Café Marquardt«, später auch das »Café Reinsburg« (Seite 126) gewählt wurde.

Das »Bergwerk« konnte auf eine große Zahl prominenter Mitglieder verweisen. Dazu gehörten die Dichter Wilhelm Raabe und Johann Georg Fischer, der Abgeordnete und Schriftsteller Dr. Notter, die Schauspieler Junckermann und Sontheim, die Maler Kaspar Obach, Franz Adam Schnorr, August Friedrich Seyffer und Franz Seraph Stirnbrand, die Bildhauer Johann Ludwig von Hofer und Theodor Wagner, die Architekten Josef Egle, Christian Friedrich Leins und Karl Ludwig von Zanth – eben fast alle, die um die Mitte des vorigen Jahrhunderts in Stuttgart schöpferisch tätig waren. Mit echter Begeisterung waren sie dabei, die festlichen Veranstaltungen des »Bergwerks« künstlerisch zu gestalten und mit immer neuen Einfällen zu neuen Höhepunkten zu führen.

»Kiste«

Viel Prominenz

Die schmale Kanalstraße direkt am Charlottenplatz ist mit ihren putzigen kleinen Häusern nicht gerade ein Prunkstück. Dennoch umweht sie ein Hauch »königlichen Glanzes« – bei dem aber ein schwäbisches »Gschmäckle« dabei ist, mit demokratischem Öle versetzt.

Anno 1846 war es, als der Leibkutscher König Wilhelms I., Johann Ringwald, die untertänigste Bitte vorbrachte, sein Gehalt um ein weniges aufzubessern, denn er habe sieben Kinder zu ernähren. Majestät mag wohl die Stirne gerunzelt haben, denn er war ein sparsamer Haus- und Landesvater. Statt der Zulage erhielt der Bittsteller den Rat, eine Gastwirtschaft zu eröffnen, die Frau und Kinder betreiben könnten; das Geld für die Einrichtung wollte ihm der Regent gerne vorstrecken.

So kam in das Erdgeschoß des kleinen Bürgerhauses eine Trinkstube. Der Bau, der um 1790 entstanden sein mag, wurde später aufgestockt, aber die Wirtschaft besteht noch immer nur aus drei kleinen Stuben, die nicht mehr als drei oder vier Dutzend Gäste aufnehmen können.

Irgendwann mögen die Wirtsleute entschieden haben, das »Kind« brauche einen Namen. Lange grübelten die Stammgäste darüber nach, wie man das Weinbeizle nennen könnte. Einer dachte wohl an die Hafertruhe, die damals im Hausflur stand oder auch als Sitzbank diente; er schlug vor, die Gastwirtschaft »Zur Kiste« zu nennen.

Nach einer anderen Darstellung sollen übermütige Studenten eines Tages eine kleine Kiste, die sie mit Goldbronze überpinselt hatten, dem Wirt als »Talisman« überreicht haben.

Nach einer dritten Legende lag das Haus früher vor dem Eßlinger Tor und diente abends, wenn das Tor geschlossen war, den Fuhrleuten als Herberge und Nachtlager mit Wagenremisen und Schmiede für die Gäule; der Name leitet sich demnach von einer Nagelkiste dieser Nagelschmiede ab. Zumindest was die Lage angeht, ist diese Geschichte falsch, denn auf alten Plänen sieht man deutlich, daß das kleine Haus in der früheren »Thorgaß« immer innerhalb der Stadtmauer gestanden hat.

Wie dem auch sei — noch heute kann man das geschmiedete Schildzeichen sehen. Es zeigt einen gebeugten Mann, der auf seinem Rücken eine riesige Kiste schleppt. Auch eine Laterne, das alte Sinnbild des Wirtestandes, fehlt nicht.

Daß die Familie Ringwald Beziehungen zum Hof hatte, sprach sich schnell herum und wurde zur erfolgreichen Reklame. Beamte, Hofbediente und Adelige stellten sich als Besucher ein, auch Offiziere aus dem benachbarten Kriegsministerium wußten die gute Küche des Hauses zu schätzen. Die Überlieferung berichtet, daß auch König Wilhelm II., der es liebte, wie ein Bürgersmann durch die Straßen zu spazieren, dort sein Viertele getrunken haben soll. Immerhin wohnte er nur ein paar Häuser weiter im Wilhelmspalais, das heute die Stadtbücherei beherbergt.

Bilder und Inschriften weisen auf prominente Gäste hin. Angeblich gehörte auch der Dichter Wilhelm Hauff dazu, der von 1824 bis 1826 als Hofmeister und Hauslehrer in der Familie des Kriegsministers von Hügel wirkte und in dieser Funktion im benachbarten Kriegsministerium wohnte. Allerdings starb Hauff schon 1827, während die »Kiste« erst im Jahr 1846 ihre Pforten öffnete.

Man liest immer wieder, Hauffs »Die letzten Ritter von Marienburg« spiele teilweise in der »Kiste« und erkläre die Namensgebung des Lokals. Orte der Handlung dieser Novelle sind zwar unter anderem zwei Gasthäuser — ein von einem Italiener namens Primavesi

---

...Durch einen Vorplatz, wo das trübe Licht einer schmutzigen Laterne einen zweifelhaften Schein auf Kornsäcke und umgestürzte Bierfäßchen warf, traten jetzt die beiden jungen Männer in das größere Schenkzimmer des Entenzapfen. Der Wirt, dick und angeschwollen von dem Kosten seines eigenen Getränkes, schlief in einem Lehnsessel hinter dem Ofen; einige abgerissene Gestalten spielten bei einem Stümpfchen Licht mit schmutzigen Karten und sahen die Vorübergehenden mit matten, schläfrigen Augen an.

Palvi ging vorüber in ein zweites kleineres Gemach, das für bessere Gäste eingerichtet schien. Derselbe Alte, den Rempen diesen Abend flüchtig gesehen, saß dort allein hinter einer Kanne Bier. Auf den Tisch hatte er mit Kreide einen mathematischen Satz gemalt. Er schaute, die Stirne in die Hand gestützt, aufmerksam auf seine Berechnung nieder, und nur große Tabakswolken, die er hin und wieder ausstieß, zeigten, daß er lebe und atme. Erst auf den Abendgruß seines jungen Freundes richtete er sich auf und zeigte ein ernstes, gleichgültiges Gesicht, dem nur das glänzende, ungemein interessante Auge einiges Leben verlieh.

Die Gegenwart eines Fremden schien ihm unangenehm aufzufallen. Kurz abgebrochen, indem er hastig mit dem Rockärmel die Figuren von dem Tische abwischte, sagte er: »Seid lange ausgeblieben.«

»Dafür bringe ich aber einen seltenen Gast mit«, erwiderte der junge Mann, »der das Entenbier versuchen will.«

»Litterator?« fragte der Alte etwas mürrisch.

»Wo denkst du hin, Magister; ein hiesiger Litterator und der Entenzapfen! Nein, er ist nicht von diesen, sondern heißt Herr von Rempen und ist Stallmeister.«

»Da haben der Herr die echte Quelle gefunden«, sprach der Alte freundlich und mit einer Herzlichkeit, die ihn sogar angenehm machte. »Der Entenzapfen hat solid Getränke. Setzet Euch, da bringt die Kellnerin schon die Kannen.«

Der Stallmeister erschrak vor der großen Kanne, die ihm das niedliche Kellermädchen mit den roten Lippen kredenzte; aber die Neugierde nach dem Magister, der Drang, von Palvi nähere Aufschlüsse über Elisens Betragen zu erhalten, milderten seinen Schauder vor dem Entenzapfen.

»Es hat einen eigenen Reiz für mich«, sagte er, um die Anrede des Alten zu erwidern, »so aus einer glänzenden Gesellschaft, wo alles voll Glanz und Putz, voll Berechnung und eitlen Benehmens ist, mich in die Einsamkeit einer solchen Schenke zu begeben. Man wird so leicht verführt, jenes schimmernde Wesen für wahres Leben, für ein Ideal der Gesellschaft zu nehmen, und nur ein plötzlicher, recht greller Tausch kann von diesem Wahne retten, besonders wenn man das Glück hat, Männer zu finden, die zu vernünftigem Gespräch bereitwillig sind.« ...

Aus Wilhelm Hauffs Novelle »Die letzten Ritter von Marienburg«.

geführtes Kellerlokal und der »Entenzapfen«, eine Bierschenke –, beide haben jedoch nicht einmal entfernt Ähnlichkeit mit der »Kiste« in der Kanalstraße. Ein drittes Wirtshaus wird nur mit einem halben Satz erwähnt: »... im Rosmarin ist heilloses Volk, Schneider und Schuster, und die Affen und Bären aus den Druckereien, es ist heute Montag.« Hauff beschreibt die Atmosphäre im »Entenzapfen« jedoch auf eine so köstliche Art, daß die kurze Schilderung dennoch hier wiedergegeben werden soll.

Durchaus glaubwürdig ist hingegen, daß der Hofschauspieler Eduard Gnauth und der Tenor Hans Sontheim oft aus dem nahegelegenen Theater in die »Kiste« kamen und sich hier mit mancherlei Musikfreunden zu unterhaltsamen Runden trafen. In späteren Zeiten bestand ein Literatenstammtisch, dem auch der Schriftsteller Thaddäus Troll (Dr. Hans Bayer) angehörte. Auch das Fernsehen stellte sich ein; ihm diente die »Kiste« mit ihrer Inneneinrichtung als Kulisse für die Sendung »Zum blauen Bock«.

die Sahne Verwendung, die bei der Molkenherstellung als »Abfall« übrigblieb.

Den Namen »Weißenburg« hatte zu jener Zeit eine andere Gaststätte übernommen, die weiter unterhalb in der Olgastraße 93 stand. Der Brauereibesitzer und Stadtrat Johann Jakob Denniger hatte sie 1832 eröffnet (siehe Seite 28 und 36). Der Biergarten dieses Lokals bot eine prächtige Aussicht auf die Stadt und erfreute sich darum großer Beliebtheit.

Die gute Aussicht konnte man zwar von der »Fellgersburg« auch genießen, die Beliebtheit scheint jedoch zu wünschen übrig gelassen haben. Keine fünf Jahre nach der Eröffnung mußten die Brüder Fellger das Unternehmen aufgeben, und in das nun »Bellevue« genannte Haus zog eine private »Erziehungs- und Bewahrungsanstalt für schwachsinnige Kinder« ein. Zwei Jahre später wurde dieses Behindertenheim auf die Solitude verlegt.

In der Folgezeit diente das Gebäude einer Reihe von Besitzern als repräsentatives Wohnhaus. Im Jahr 1898 erwarb der Geheime Hofrat Dr. h. c. Ernst Wilhelm von Sieglin das ehemalige Burg-

»Fellgersburg«, »Teehaus Weißenburg«

Ritterburg, Kuranstalt, Schokoladenfabrik, Café

Aus der Perspektive der Gaststätten betrachtet, bieten sich viele reizvolle Bilder, die weit zurück in die Vergangenheit führen. Im Mittelalter krönten zahlreiche Burgen den Höhenrand des Stuttgarter Tals. Zum Schutz der alten, schon von den Kelten angelegten Heer- und Handelsstraße, die die Fildern mit Stuttgart und dem Unterland verband, stand auch oberhalb des Bopsers eine Burg. Die »Weißenburg«, die man vielleicht so nannte, weil sie aus hellem Stubensandstein erbaut war, wird erstmalig im Jahre 1263 erwähnt. Wie viele andere Burgen in der Stuttgarter Gegend wurde sie im Reichskrieg gegen Graf Eberhard von Wirtemberg im Jahr 1312 von den Esslingern zerstört.

Zu einer richtigen Burg gehört auch eine Sage. In diesem Fall berichtet die Überlieferung, eine Tochter aus dem Geschlecht derer von Weißenburg habe ihr Geschmeide geopfert, um ein Glöckchen gießen zu lassen, dessen lieblicher Klang die verschollene Mutter zurückrufen sollte. Karl Gerok hat es 1883 in einer herzzerreißenden Ballade besungen: »Es jammert so schrill und wimmert so fein, als ob ein Kind um die Mutter wein' ...« Das »Silberglöckle« der Stiftskirche erklingt noch heute.

Durch Jahrhunderte blieb die Ruine der Weißenburg bestehen. Erst 1843 ließen die Brüder Fellger die Reste beseiti-

gen und einen Neubau errichten. Die Neue Weinsteige, zwölf Jahre zuvor eingeweiht, sorgte für einen bequemen Zugang zu dem Gelände. Die »Fellgersburg« war eine Luft- und Molkenkuranstalt, gleichzeitig aber auch ein Café und ein Ausflugslokal, das die Gäste mit seiner rustikalen Einrichtung beeindruckte. Wie vielen Cafés war auch der »Fellgersburg« eine Konditorei angegliedert. Sie fungierte zugleich als Schokoladenfabrik. Vermutlich fand in der Konditorei

Dieses Bild aus dem Jahr 1903 zeigt die Olgastraße, auf der gerade eine Straßenbahn fährt, und die vom Betrachter weg führende Bopserstraße. Das herrschaftliche Gebäude rechts beherbergte ursprünglich den »Weißenburg« genannten größten Bierkeller der Stadt; unter den Kastanien konnte man im Freien sitzen. Das Haus wurde im Zweiten Weltkrieg zerstört; heute steht an seiner Stelle das Caritas-Altersheim »Haus Martinus«. Links von der Bopserstraße befand sich ebenfalls eine Gartenwirtschaft.

113

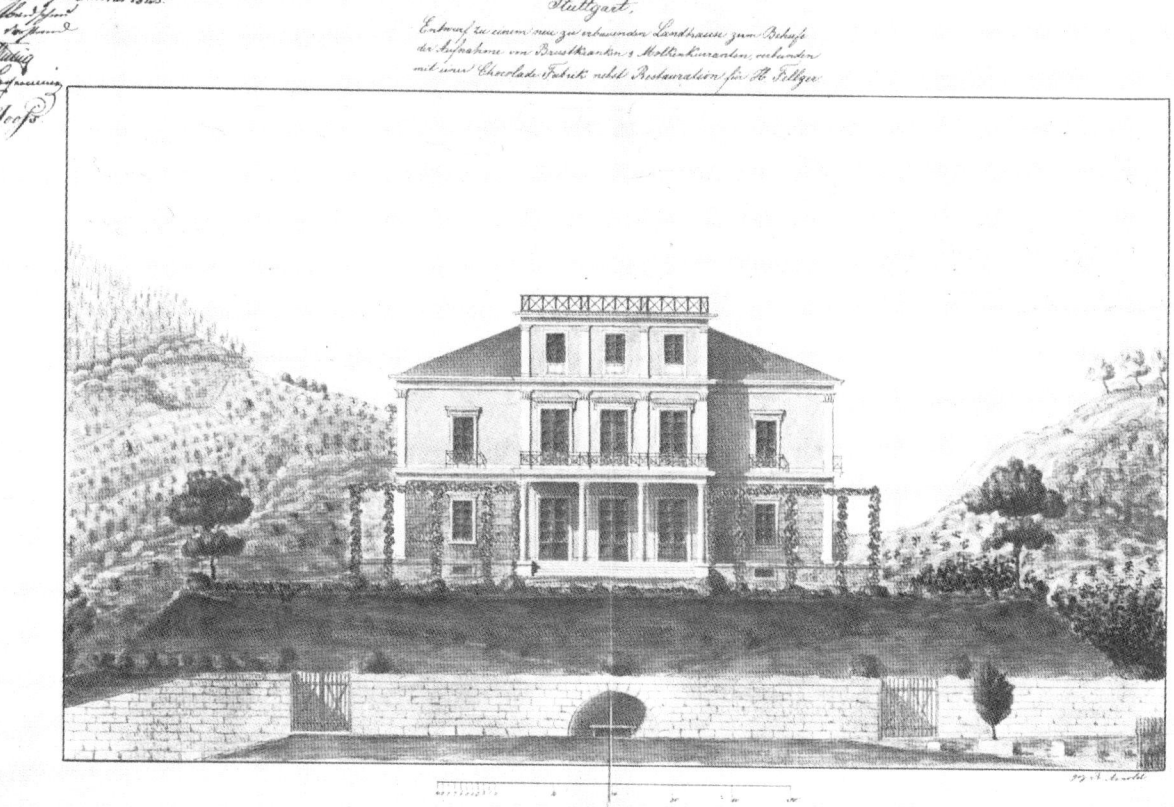

gelände. Als Chemiker, vor allem aber als Seifen-, Waschmittel- und Ölfabrikant, hatte von Sieglin ein großes Vermögen verdient. Seine Leidenschaft aber galt der Archäologie. Von seinem Bruder, einen Professor für antike Geographie, hatte Sieglin ansehnliche Kenntnisse erworben, die er durch eigene Studien erheblich erweiterte. Im Jahre 1908 rüstete er eine Expedition nach Alexandrien aus, die das Grab Alexanders des Großen suchen sollte.

Der Traum von der großen archäologischen Entdeckung ging freilich nicht in Erfüllung; die Forscher brachten jedoch zahlreiche antike Funde an den Nesenbach, oder besser gesagt: in die »Villa Weißenburg«, wie die um- und ausgebaute ehemalige »Fellgersburg« jetzt hieß. Zu ihrer Unterbringung ließ der Industrielle etwas unterhalb der Villa einen Marmorsaal in den Felsen schlagen, der zugleich als Festraum diente. Die Säulen im Inneren wiesen auf antike Vorbilder hin, die Wände waren mit Fresken geschmückt, und die zahlreichen Plastiken riefen die Bewunderung des Publi-

kums hervor. Die ägyptische Sammlung, 1916 als Geschenk dem württembergischen König Wilhelm II. übergeben, blieb im Landesmuseum Stuttgart erhalten; weitere Bestände gingen an die Universität Tübingen. Seine Großzügigkeit brachte Sieglin das Adelsprädikat, den Hofratstitel und die Würde eines Ehrendoktors ein.

Im Zuge der Erbauung des Marmorsaals wurden 1913/14 von dem Stuttgarter Baurat Heinrich Henes auch der Park umgestaltet und für die Frau des Fabrikanten ein Teehaus errichtet. Dieser Pavillon, der durch einen Säulenumgang ebenfalls der Antike nachempfunden ist, steht direkt am Rand des Halsgrabens der ehemaligen Burg. Er diente nicht nur für nachmittägliche Damenkränzchen, sondern auch zur Aufführung von Serenaden und kleinen Konzerten. Die Kuppelbemalung von J. Mössel erinnert noch heute an diesen ursprünglichen Verwendungszweck.

Im Zweiten Weltkrieg brannten Teile der »Villa Weißenburg« aus. Nach 1945 dienten die Reste den amerikanischen

Auf der Anhöhe, auf der im Mittelalter die Weißenburg gestanden hatte, ließ Heinrich Fellger 1843 von Stadtbaumeister Föhr die »Fellgersburg« errichten.

Truppen als Offizierskasino. 1956 ging das Anwesen in städtischen Besitz über, die Villa wurde abgebrochen und der Park zur Bundesgartenschau 1961 völlig neu gestaltet.

Der Ernst-von-Sieglin-Platz erinnert noch heute an den Forscher und Mäzen, der die Wissenschaften und Künste förderte, was sich auch fruchtbar auf das Bildungswesen der Stadt auswirkte. Der stark verwahrloste Marmorsaal, der Einflüsse des Jugendstils zeigt, soll in den nächsten Jahren als Baudenkmal restauriert werden. Das Teehaus auf der Anhöhe, 1961 vorbildlich instandgesetzt und 1987 renoviert, ist heute von Grünanlagen, Terrassen, Blumenbeeten und Wasserspielen umgeben. Auf einer aussichtsreichen Höhe gelegen, bildet es — auch durch seine Bewirtschaftung — einen Anziehungspunkt für die erholungsuchenden Bürger.

»Zum Bahnhof«, »Bayrischer Hof«, »Hotel Silber«

Gefängniszellen im ehemaligen Nobelhotel

Manchen Häusern, die einst als Gaststätten dienten, blieben seltsame Wandlungen nicht erspart.

An der Dorotheenstraße, deren Bedeutung durch die Errichtung der Ministerien gewonnen hatte, stand seit 1844 ein bescheidener Gasthof, der den Namen »Zum Bahnhof« trug. Die Bezeichnung war völlig unbegründet, denn der ältere Stuttgarter Bahnhof gehörte keineswegs zur nächsten Nachbarschaft. Darum nahm der Wirt Louis Marquardt, der 1858 das Haus erwarb, eine

Oben: Das »Hotel Silber« auf einer Reklamekarte, um 1910. Im Vordergrund das Kaiser-Wilhelm-Denkmal, das heute noch auf dem Karlsplatz steht. – Rechts: Das »Hotel Silber«, vom Charlottenplatz aus gesehen. Rechts führt die Dorotheenstraße in Richtung Stiftskirche. Ganz links sieht man noch das »Café Georg Horsch«, Charlottenplatz 2. Das Foto stammt aus dem Jahr 1933.

Namensänderung vor, die Herberge hieß fortan »Bayrischer Hof«.

Aber auch damit begann kein wesentlicher Aufstieg. Erst 1874 setzte eine neue Epoche ein. Der Wirt Georg Heinrich Silber hatte das Haus erworben, er kaufte einige Nachbargrundstücke dazu,

und in den Jahren 1874/75 und 1886 bis 1888 erfolgten Neubauten, die sich mit monumentaler Architektur präsentierten. Das noble »Hotel Silber« erlebte eine Blütezeit, die auch unter den Nachfolgern Wilhelm Bubeck (ab 1897) und Heinrich Stapff anhielt.

Aber der Erste Weltkrieg und der damit verbundene drastische Rückgang der Gästezahlen brachte das Hotel an den Rand des Ruins. Darum erfolgte 1919 der Verkauf an die Oberpostdirektion, die erhebliche Veränderungen im Inneren des Hauses veranlaßte. Sie behielt das Haus aber nur bis 1928. Dann war der Neubau an der Lautenschlagerstraße bezugsreif, der – nach der Errichtung des neuen Hauptbahnhofs – auf dem Grund der alten, zum Bahnhof in der Schloßstraße (Bolzstraße) führenden Gleisanlagen erstellt wurde.

Als Nachfolger zog die Polizeibehörde in das ehemalige »Hotel Silber« ein. Mit Befremden stellten die Betrachter des Hauses seit 1933 fest, daß der stattliche Bau an seiner Rückseite eine Anzahl vergitterter kleiner Fenster erhalten hatte. Hier waren Gefängniszellen eingerichtet worden.

Dann folgten die Jahre, in denen die Stuttgarter einen großen Bogen um das Haus machten; die Stätte der »Gestapo«, der Geheimen Staatspolizei, wurde gemieden. Seit 1943 setzte die Beschädigung durch Bomben ein, die einst so prächtige Fassade zerbröckelte immer stärker. Zahlreich sind die Berichte über

Folterungen und politische Morde in den Nazi-Jahren; noch eine Woche vor Kriegsende wurden im Gestapo-Keller vier Menschen gehenkt.

Der Wiederaufbau erfolgte in den schlichten Formen der Nachkriegsjahre, die Kriminalpolizei zog ein. Eine gründliche Instandsetzung, die dem Bauwerk seine ursprünglichen, ansehnlichen Formen zurückgab, wurde zum hundertsten Jahrestag der Errichtung 1986/87 durchgeführt.

Der Hotelier Heinrich Stapff eröffnete mit dem Erlös aus dem Verkauf an die Oberpostdirektion im Jahre 1921 das »Parkhotel Silber« in der Villastraße 21. Nach Kriegsschäden wiederaufgebaut, besteht es (im Besitz des Süddeutschen Rundfunks) noch heute als »Parkhotel« und »Haus der Wirtschaft«.

»Gaststätte Höhnle«, »Lederbörse«

»Blauer Montag« der Handwerker

Das überlieferte Brauchtum der Handwerker gab einst dem geselligen Leben der Stadt eine heitere Note. Das Ochsenrennen der Metzger, das Fässerrollen der Küfer und das Eierlaufen der Lehrbuben bescherte den Zuschauern ein herrliches Vergnügen. Nichts blieb erhalten von diesen Traditionen.

Bis an die Schwelle unserer Tage wurde der »Blaue Montag« gefeiert. Die Meister trafen sich zu einem Umtrunk in bestimmten Gaststätten, weil die Gesellen der Arbeit fernblieben, um ihren Rausch, den die Sonntagsfreuden eingebracht hatten, auszuschlafen.

Der Treffpunkt der Schuhmachermeister war die Gaststätte von Jakob David Höhnle im Haus Bergstraße 2 (heute Firnhaberstraße), nahe der Hospitalkirche. Dazu gesellten sich auch manche Lederhändler, die ihre Kunden begrüßen wollten, und etliche Gerber, weil sie sich berufsverwandt fühlten. So entstand, von einem Witzbold erdacht und spöttisch gemeint, die Bezeichnung »Lederbörse« für die Kneipe.

Der Wirt erwies sich als ein verständnisvoller Mann, der ankreidete, wenn einer der weinseligen Stammgäste mit leerer Tasche kam. Um so vergnügter zechten die »gutbetuchten« Meister, die ihre ärmeren Kollegen freihielten. Schon am Vormittag war der Frühschoppen oder die erste Vesperrunde fällig, und trinkfeste Viertelesschlotzer kamen voll auf ihre Kosten. Eine unliebsame Unterbrechung gab es nur, wenn eine keifende Ehefrau ihren Mann zum Heimgang bewegen wollte oder eine Kinderschar den Vater bettelte, ihre Mägen zu füllen. Meist griff dann der gutmütige Wirt zum Messer, um jedem der Schreihälse ein Stück Griebenwurst abzuschneiden, auf daß ihre Münder gestopft würden.

Stimmungsvoller noch ging es zu, seit der Schwiegersohn des Wirtes, Wilhelm Reinwald, um 1870 das Lokal übernommen hatte. Er war ein versierter Tenor, der beim »Liederkranz« zuweilen als Solist gefeiert wurde. Er dirigierte den Chor der Saufkumpanen, der wohlbekannte schwäbische Volkslieder — mehr oder weniger — zur Geltung brachte. Vor dem Hause sammelten sich die Zuhörer, und lachende Gesichter bezeugten, daß sie den »Blauen Montag« mitfeierten. So kam die »Lederbörse« zu ihrem stadtbekannten Ruf.

Unter den Gästen weilte oft der junge Maler Theodor Widmayer. Humorigen Sinnes skizzierte er manche der Zecher, die ihre Konterfeis mit einem Schmunzeln einsteckten — nicht ohne dafür ein »Honorar« zu zahlen, das meist aus einigen Viertele oder einem Abendbrot bestand. Ein paar der wohlgelungenen Porträts zierten bald auch die Wände der gemütlichen Trinkstube.

Die Gaststätte blieb bis etwa zur Jahrhundertwende erhalten, dann mußte sie einem Ladengeschäft weichen.

»Jägerhaus«, »Waldhaus«

»Räuber«-Illusion auf dem Hasenberg

Auf dem als Ausflugsziel beliebten, 450 Meter hohen Hasenberg wurde im Jahre 1852 das »Jägerhaus« errichtet, das einem Förster als Wohnung diente. Zum Gasthaus wurde es erst 1879, als der Hasenbergturm fertiggestellt war. Der Verschönerungsverein hatte den Architekten Professor August Beyer, der das Ulmer Münster vollendete, mit diesem Auftrag bedacht, und die Stuttgarter genossen fortan den umfassenden Ausblick vom Turm über die Stadt im Tale und über die Hänge bis hin zur Schwäbischen Alb.

Um die Jahrhundertwende wurde der bewaldete Gipfel zur Theaterbühne, denn der Hoftheaterintendant, Baron Joachim Gans Edler Herr zu Putlitz, verlegte die Proben zu Schillers »Räuber« auf den Hasenberg. Damit wollte er die akustische Wirkung der Waldszenerie

Das Signet des Verschönerungsvereins der Stadt Stuttgart zeigt den romantischen Hasenbergturm.

ergründen. Das Ensemble wurde in Droschken verfrachtet und kam so zu einem Ausflug und hoffentlich auch zu einem Vesper. Wie die Überlieferung berichtet, zählte auch König Wilhelm II., begleitet von seinen beiden weißen Spitzerhunden, zu den Spaziergängern, die dem Theatervölkchen zuschauten.

Die romantische Umgebung veranlaßte im Jahr 1882, dem Dichter Wilhelm Hauff ein Denkmal zu setzen; es wurde durch Kriegseinwirkungen zerstört, aber 1956 erneuert.

Der eifrige Zuspruch war für den damaligen Pächter des »Jägerhauses«, Robert Xander, der rechte Anlaß, das benachbarte, im Schweizer Stil gebaute Wohnhaus des verstorbenen Kunstsammlers Professor Riegler zu erwerben. Durch einen Saalanbau erweitert, wurde es zu der reizvollen Höhengaststätte »Waldhaus«.

Die Kriegseinwirkungen veränderten das Bild. Der Turm wurde 1943 gesprengt, da man fürchtete, er könne feindlichen Flugzeugen zur Orientierung dienen. Nur ein Stumpf blieb erhalten.

Das »Jägerhaus«, zur Ruine geworden, wurde provisorisch wiederhergestellt; es diente noch einige Jahre als Jugendheim, wurde dann aber abgebrochen. Eine reizvoll wirkende Aussichtsplatte, gestiftet von der Stuttgarter Hypothekenbank, entstand 1973; auf den Wiederaufbau des Turmes wurde verzichtet. Noch heute erhält der Verschönerungsverein Jahr für Jahr 700 Mark von der Stadt Stuttgart als Entschädigungsleistung für entgangene Eintrittsgelder. Ein besonderes Erlebnis bietet der Blick vom Hasenberg in der Silvesternacht, wenn Buntfeuer und Raketen ihren magischen Zauber entfalten.

Unter der Leitung des Besitzers Günter Lemme kam das »Waldhaus« zu neuer Bedeutung als Höhengaststätte mit schöner Aussicht. Politische, künstlerische, sportliche und wissenschaftliche Prominenz schuf eine kultivierte Atmosphäre, das Gästebuch verzeichnet Besucher aus aller Welt, die dieses Idyll mit reizvollen Bildern und geistreichen Versen zu loben wußten. Farbkompositionen von Herbert Otto Hajek und Landschaftsbilder von Günter Lemme bilden einen reizvollen Wandschmuck. Der Wirt, Maler und Dichter dazu, versteht es trefflich, den Einkehrenden die »Großstadt zwischen Wald und Reben« nahezubringen.

Oben und Mitte: Ansichtskarten der Jahrhundertwende. — Unten: Ausflügler vor dem »Jägerhaus«, 1877.

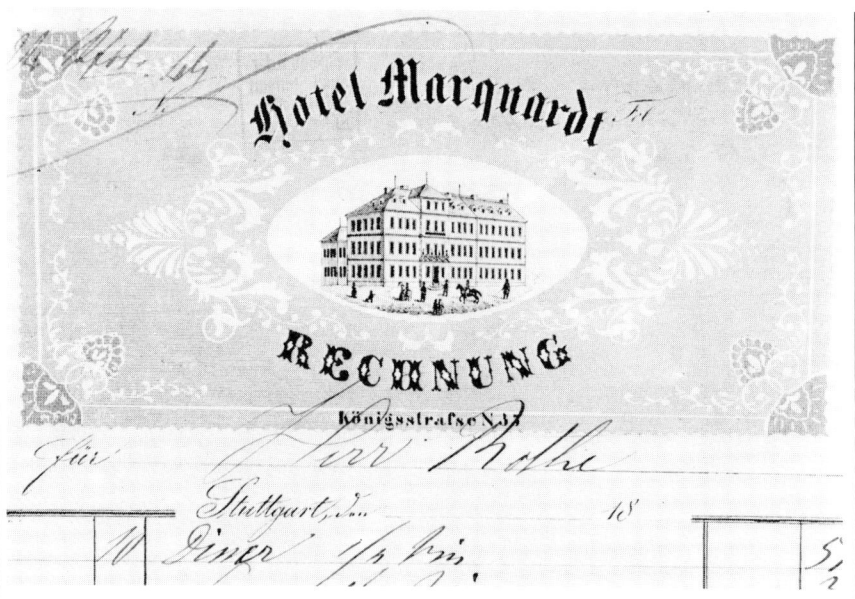

»Hotel Marquardt«

Prominente Gäste im Luxushotel

Die untere Königstraße wandelte sich im Laufe des vorigen Jahrhunderts von der einheitlich bebauten »Via triumphalis« mit dem Königstor als Abschluß zur Avenue und später zum repräsentativen Korso des Stuttgarter Wirtschaftslebens. Eines der beherrschendsten Gebäude war das »Hotel Marquardt«, der markante Eckpunkt am Schloßplatz. Das Haus wurde zu einem Superlativ der Gastronomie, zum Ausweis internationaler Beziehungen. Wären die Gästebücher des Hotelbetriebs, der von 1858 bis 1944 währte, erhalten geblieben, dann ergäben sie einen Almanach der prominenten Persönlichkeiten, eine Blütenlese aus Politik, Wirtschaft und Kultur. Aus bescheidenen Anfängen ein imponierendes Werk aufgebaut zu haben, das war die überragende Leistung der Familie Marquardt.

Der Gründer Wilhelm Marquardt (1808 bis 1886), Sohn eines Bäckermei-

Oben: Das erste »Hotel Marquardt« in der Königstraße 35, Ecke Neue Brücke, auf einem Rechnungsbogen (um 1850). – Unten: Das ehemalige »Café Gauger«, Ecke König- und Schloßstraße (heute Bolzstraße), um 1860.

sters, mußte als drittjüngstes von neun Kindern sehr früh auf eigenen Beinen stehen. Bereits als Lehrling im Gasthaus »Zum wilden Mann« (vgl. Seite 66) erwies sich der junge Marquardt als ungewöhnlich begabt und für den Kellnerberuf trefflich geeignet. Das bestätigte ihm sein Lehrmeister, der Wirt Friedrich Christoph Heinrich, der sein Metier gut beherrschte. Wie damals üblich, folgten den Lehrjahren im Ausland verbrachte Kellnerjahre; Wilhelm Marquardt

konnte wichtige und unvergeßliche Erfahrungen sammeln. Wieder zurück in Stuttgart, wagte er 1834 sofort den Sprung in die Selbständigkeit und pachtete den Gasthof »König von Württemberg« Ecke Kronprinz- und Lange Straße (siehe Seite 85 ff.). Ganze 26 Jahre alt war der Wirt damals.

Aber der »König von Württemberg« bot wenig Entwicklungsmöglichkeiten. Aussichtsreicher erwies sich der Kauf des Hauses Königstraße 35, eines im Jahre 1780 gebauten palastähnlichen Gebäudes, das bis dahin dem preußischen Gesandten von Madeweis gehört hatte. Marquardt baute es 1838 zum Hotel um und bewirtschaftete es fortan mit seiner Ehefrau. Die Herberge erfreute sich bald eines guten Rufes, und die Lage an der Ecke Königstraße/Neue Brücke schien ideal, zumal der Postplatz nicht weit war, an dem die Reisenden mit den Postkutschen eintrafen. Bald mußte Marquardt das Nachbarhaus dazukaufen und den Betrieb erweitern.

Marquardt beherrschte verschiedene Fremdsprachen und kannte die Bedürfnisse und Ansprüche seiner vornehmen Gäste genau. Küche und Keller seines Hauses wurden gerühmt, und er selbst wird als stets freundlich beschrieben.

Bald wollten hohe und höchste Herrschaften in keinem anderen Gasthof mehr ihr Absteigequartier nehmen. Als im Juni 1849 weitere Sitzungen der deutschen Nationalversammlung in der

Frankfurter Paulskirche verboten wurden, kam ein Teil der Abgeordneten, das sogenannte »Rumpfparlament«, nach Stuttgart und logierte im »Hotel Marquardt«. König Otto von Griechenland war ebenso ein Gast des Hauses wie die zu ihrer Zeit sehr bekannte Sängerin Henriette Sonntag, die im Jahr 1852, als sie in Stuttgart eine Gastrolle gab, von ihren Verehrern im Triumph vom Theater bis zum »Hotel Marquardt« gezogen wurde.

Als ein verständnisvoller Freund des Hauses erwies sich der Staatsrat Dr. Wilhelm von Ludwig, der Leibarzt König Wilhelms I. Er riet Marquardt

Dreimal die dem Königsbau zugewandte Fassade. Links um 1875 (rechts sieht man noch einen kleinen Teil des Altbaus), in der Mitte 1944, rechts 1983.

dazu, das Kaffeehaus Gauger an der Ecke König- und Schloßstraße (heute Bolzstraße) zu erwerben, und war bereit, eine entsprechende Geldsumme vorzustrecken. Der Kauf erfolgte im Jahre 1855, und drei Jahre später konnte das neue »Hotel Marquardt« eröffnet werden.

Dem Grundstück kam eine besondere historische Bedeutung zu. Bereits im 15. Jahrhundert bestand an diesem Ort die »Herberge vor dem Tunzhofer Tor«, später als Gaststätte »Grüner Baum« registriert (siehe Seite 60). Im Jahre 1806 ging sie in den Besitz des Wirtes Christoph Heinrich Gauger über, der elf Jahre später einen stattlichen Neubau errichten ließ und hier ein Café eröffnete. Der Wirt amtierte zugleich als Hofküfer, und die Pflege guter Weine war sein besonderes Anliegen. Deshalb gehörte zu dem Haus ein geräumiger Weinkeller,

1896 wurde der Neubau eingeweiht. Links: Ein Foto aus den dreißiger Jahren. Man sieht ganz links den Säulenvorbau des Königsbaus, im Hintergrund den Friedrichsbau und ganz rechts ein Stück des Olgabaus. – Rechts: Ausbesserungen nach der Kriegszerstörung, um 1950.

der große Lagerfässer barg. Dabei ist es schon bemerkenswert, daß das Haus überhaupt über einen Keller verfügte, denn das Gelände war sumpfig, und das ganze Haus stand auf über 500 Holzpfählen.

Am 7. Februar 1858 wurde nun das neue »Hotel Marquardt« mit einem großen Festessen eröffnet. Es war genau der richtige Zeitpunkt dafür, in dieser Lage, die noch ein paar Jahre zuvor als abseitig gegolten hätte, ein Hotel einzurichten. Die Umgestaltung des Schloß-

platzes war in vollem Gange, der Königsbau war zur Hälfte erstellt, und die Eisenbahn begann sich als neues Massenverkehrsmittel durchzusetzen. Zwölf Jahre zuvor war nur wenige Meter weiter oben in der Schloßstraße der Stuttgarter Bahnhof eröffnet worden.

Das neue Hotel erfreute sich von Anbeginn größter Beliebtheit und zählte bald zu den ersten Adressen in Europa, Seite an Seite mit den besten französischen und Schweizer Gasthöfen.

Am 2. Mai 1864 geschah hier ein denkwürdiges Ereignis. Auf der Flucht vor Gläubigern war der Komponist Richard Wagner, von Bayreuth kommend, im »Hotel Marquardt« abgestiegen. Er war enttäuscht und niedergeschlagen, und die Schulden bedrückten ihn. Doch bald kam ein Bote aus Bayern, der Wagner eine Einladung König Ludwigs II. überbrachte, nach München zu kommen. Der König schrieb:

»Seien Sie überzeugt, ich will alles tun, was irgend in meinen Kräften steht, um sie für vergangene Leiden zu entschädigen; die niederen Sorgen des Alltagslebens will ich von Ihrem Haupt auf immer von Ihnen verscheuchen, die ersehnte Ruhe will ich Ihnen bereiten, damit Sie am reinen Altar Ihrer wundervollen Kunst die mächtigen Schwingen Ihres Genius ungestört entfalten können! Unbewußt waren Sie der einzige Quell meiner Freuden, von meinem zarten Jünglingsalter an mein Freund, der mir, wie keiner, zum Herzen sprach, mein bester Lehrer und Erzieher... Ich will Ihnen alles nach Kräften vergelten! O wie habe ich mich auf die Zeit gefreut, dies tun zu können! Da ich die Macht habe, will ich sie benützen, um Ihr Leben zu versüßen. Keine Bande sollen Sie fesseln, frei und unumschränkt sollen Sie nur Ihrer herrlichen Kunst sich hingeben, wie der Geist es Sie lehrt.«

Als wenig später zwei Nachbarhäuser zum Verkauf standen, ergriff Wilhelm Marquardt diese Gelegenheit beim

Innenaufnahmen zur Einweihung des zweiten Bauabschnitts im Jahr 1896. Oben: Vestibül; Mitte: Damensalon; unten: Lesesaal.

Schopf, erwarb die Gebäude und plante einen großen Neubau.

1874 konnte der erste Bauabschnitt eingeweiht werden, 1896 der gesamte Prachtbau mit seinem Figurenschmuck. Nach den Plänen des Ulmer Münster-Baumeisters Professor August Beyer (erster Bauabschnitt, gegenüber von Königsbau und Hauptpost) sowie der Stuttgarter Architekten Ludwig Eisenlohr und Karl Weigle (Eckbau zur Königstraße) war ein feudaler Palastbau entstanden, der in der verkehrsgünstigen Lage eine großartige Wirkung ausübte.

Die Gäste des erstklassigen Hotels kamen vorwiegend aus Kreisen des Adels, der Finanzwirtschaft, der Politik, aber auch der Kultur. Fürst Bismarck, der spätere Reichskanzler, Generalfeldmarschall Moltke, die Maler Hans Thoma

Blick vom Olgabau über die Königstraße hinweg auf die kunstvoll verzierte Fassade des »Hotel Marquardt«, 1896.

und Max Liebermann, der Komponist Franz Liszt und zahlreiche andere Künstler, Gelehrte und prominente Leute stiegen im »Hotel Marquardt« ab.

1886 starb, nach einem erfüllten Leben, der Hotelier. Der Wert des Unternehmens wurde damals auf rund drei Millionen Mark geschätzt. Die Söhne des Gründers, Hermann und Otto Marquardt, setzten die Tradition fort. Obwohl sie ständig von Noblesse umgeben waren, bewahrten sie ein Herz für die Armen. Jeden Mittag um 12 Uhr durften Hungernde zu einem Hintereingang kommen; sie bekamen dort kostenlos etwas zu essen. So ging in bestimm-

ten Kreisen der Spruch um: »Du gohsch ja ens Marquardt ge essa«, und das grenzte an Beleidigung.

Die internationale Bedeutung des Hotels blieb währenddessen erhalten. Aber der Glanz erlosch im Jahre 1944; Bombenwürfe zerstörten die eleganten Einrichtungen, wenn auch die Außenmauern weitgehend heil blieben. Der Wiederaufbau erfolgte 1950/51 in einfacheren Formen, aber der Hotelbetrieb wurde nicht erneuert. Den einstigen »Goldenen Saal« bezog ein Theaterunternehmen, die »Komödie im Marquardt«. Ein Tanzcafé eröffnete seinen Betrieb, ein Restaurant kam dazu, außerdem entstanden drei Kinos. Im Erdgeschoß jedoch wurden Läden eingerichtet, und die oberen Stockwerke beherbergen heute Büroräume.

»Bauhütte«, »Excelsior«

Kabarett für Architekten

Auch im letzten Jahrhundert gab es noch Nachfolger der Zunfthäuser, die einst im Mittelalter bestanden hatten und Pflanzstätten der Handwerkerkultur gewesen waren. So schlossen sich 1860 Architekten und Baumeister zusammen, und in der Folgezeit trafen sie sich regelmäßig in einem Gasthaus an der Büchsenstraße, das daraufhin den Namen »Bauhütte« bekam.

Der Zulauf war groß. Es wurde nicht nur gevespert und gebechert, sondern es gab ein richtiges Veranstaltungsprogramm. Vorträge und Ausstellungen dienten der beruflichen Weiterbildung, aber auch die heitere Geselligkeit wurde nicht vergessen. Erstmals in Stuttgart gab es in der »Bauhütte« eine Kleinkunstbühne (»Excelsior«), bei der auch kabarettistische Darbietungen zu sehen waren. Anfangs standen gastierende Künstler im Rampenlicht, später wurde das Programm von heimischen Kräften bestritten. Zu den beliebtesten Schauspielern, die in der »Bauhütte« auf-

traten, gehörte Willy Reichert; für die Musik sorgte der Kapellmeister Emil Neidhart.

So groß war der Andrang, daß kurz nach der Jahrhundertwende der Verein Bauhütte, der seinerzeit 300 Mitglieder zählte, das alte Wirtshaus abreißen und an seiner Stelle in den Jahren 1905 bis 1907 ein stattliches Gesellschaftshaus errichten ließ. Es war eines der wenigen Beispiele für Jugendstilarchitektur in Stuttgart und fiel, wie die meisten ande-

Die »Bauhütte« um 1910.

ren Häuser in der Innenstadt, dem Bombenkrieg zum Opfer. Der Verein Bauhütte allerdings überlebte und konnte 1960 sein hundertjähriges Bestehen feiern. Ministerpräsident Dr. Reinhold Maier, Oberbürgermeister Arnulf Klett, Wirtschaftsminister Dr. Leuze sowie zahlreiche Vertreter der Behörden und der Architektenschaft nahmen an dem Festakt teil.

»Banzhaf-Royal«

Ein Wirt, wie er im Buche steht

An beruflichen Erfahrungen fehlte es dem Gastronomen Friedrich Banzhaf nicht; er hatte im »Hotel Marquardt« gelernt, im »König von England« als Oberkellner gedient und in der Schweiz

Das Hotel »Banzhaf-Royal« in den dreißiger Jahren. Links von dem monumentalen Hotelgebäude sieht man die alte Hauptpost. Wo früher die Pferdefuhrwerke bereitgestanden waren, befand sich nun ein Droschkenplatz. Neben der Post der Königsbau; direkt darüber thront die Villa Reitzenstein auf dem Gänsheide-Hügel. Ganz links auf dem Bild der »UfA-Palast«, die heutigen »Palast-Lichtspiele«.

und in Frankreich seine beruflichen Kenntnisse vermehrt. Vom Wirt Georg

Haaga hatte er 1861 das kleine Hotel »Kronprinz« in der Schloßstraße 5, der heutigen Bolzstraße, übernommen, den Namen »Royal« gewählt, das Anwesen 1871 durch Zukauf erweitert und modernisiert.

Banzhaf war ein Stuttgarter Gastwirt, wie er im Buche steht. Er war zurückhaltend, wo es angebracht schien, und doch bemüht, zu den Stammgästen in persönlichen Kontakt zu kommen, um vor allem den Alleinstehenden eine heimatlich wirkende Stätte zu bieten.

Tagsüber wurde das Restaurant, gegenüber vom damaligen Bahnhof gelegen, vor allem von Reisenden frequentiert; erst in den späten Nachmittagsstunden fanden sich die Stammgäste ein, die zecherfroh aushielten, bis die Polizeistunde zum Aufbruch mahnte.

Das gutgeführte Haus wirkte anziehend auf zahlreiche Prominente, die Stuttgart besuchten. Der Dichter Viktor von Scheffel kam mehrfach und übernachtete im »Royal«, aber auch Schauspieler und Sänger, die für Gastspiele am Hoftheater verpflichtet waren, fehlten nicht.

Mit besonderer Umsicht betreut und bewirtet wurden aber die einheimischen Gäste, zu denen die Dichter Eduard Mörike, Karl Gerok und Manfred Kyber gehörten, außerdem der Maler Gustav Schönleber und der Bildhauer Ludwig von Hofer. Als Gäste mit besonders ausgeprägtem Sitzfleisch hatten sich die Apotheker erwiesen, die eine stattliche Stammtischrunde bildeten. Auch die Pfarrer kehrten ein, sie kamen aus den Orten der Umgebung, seit der Prälat

und Dichter Karl Gerok das »Royal« zu seinem Stammlokal erkoren hatte. Vertreter der Industrie wählten das »Royal« als Übernachtungsstätte, wenn sie zu Tagungen nach Stuttgart kamen.

Friedrich Banzhaf starb im Jahre 1892, und sein Sohn August setzte die Tradi-

Die holzgetäfelte Weinstube im Hotel »Banzhaf-Royal«.

tion des Hauses fort. Erst die Bombenschäden des Jahres 1944 zogen den Schlußstrich, das Grundstück ging in den Besitz der Oberpostdirektion über.

»Café Murschel«

Ein Täßchen Kaffee beim Hofkonditor

Vor allem in der zweiten Hälfte des vorigen Jahrhunderts war das »Café Murschel« eine beliebte Einkehrstätte der Stuttgarter.

Die günstige Lage im Eckhaus König-/ Poststraße (heute Alte Poststraße) sicherte guten Umsatz.

Die Murschels — seit Beginn des 18. Jahrhunderts war die Familie in Stuttgart ansässig — arbeiteten als Bäkker, Traiteure (Speisewirte) und Spezereiwarenhändler. Wilhelm Murschel, der den Betrieb von 1860 bis 1891 führte und als Sammler bekannt war, ließ um

Das »Café Murschel« belegte die ersten zwei Etagen in diesem ungewöhnlich hohen Gebäude. Rechts führt die Poststraße zur Calwer Straße und zum Alten Postplatz. Im Vordergrund die Königstraße.

1880 einen Neubau errichten, der sich gut in das Gesamtbild der oberen

Königstraße einfügte. Unter Murschels Nachfolger, dem Konditormeister Fritz Krüger, kam das Kaffeehaus zu besonderer Blüte. Das Firmenschild bezeichnete ihn als Hoflieferanten.

Mit Krügers Tod im Jahre 1919 erlosch die Firma, das Café wurde geschlossen. Das kleine Eckhaus wurde 1944 zerstört, an seiner Stelle steht heute der Neubau von Foto-Krauss. Nur die Grabstätten der Familie Murschel auf dem Hoppenlaufriedhof blieben erhalten.

»Zum Hirschgarten«,
»Zoologischer Garten von
Johannes Nill«,
»Zur Doggenburg«

Vorläufer der »Wilhelma«

Tierliebe wurde bei den Schwaben schon immer großgeschrieben. Als ein rechter Tierfreund erwies sich der Zimmermeister Johannes Nill (1826 bis 1894), der auf seinem Werkplatz am Herdweg 1862 einige selbstgeschreinerte Gehege aufstellte. Zu seinem Privatvergnügen hielt er hier ein paar einheimische Tiere – Marder, Wiesel, Eichhörnchen, Hirsche, Rehe, Füchse und zahlreiche Vögel.

In zunehmendem Maße stellten sich Neugierige ein, und der Meister, mit praktischem Sinn bedacht, wußte diesen Zustrom zu nutzen. Er gestaltete das kleine Areal zu einer Tierschau um und eröffnete in seinem Wohnhaus das »Ausflugs-Restaurant zum Hirschgarten«.

Die Wirtschaft florierte, die Besucher strömten »zum Nill«. Es bildete sich ein Kreis von Gönnern und Beratern, zu dem der Fabrikant Johann Martin Wizemann, der Arzt und Zoologe Gustav Jäger (genannt »Seelenjäger«, weil er aufgrund von Tierbeobachtungen zu der Überzeugung gelangt war, der Eigengeruch des Menschen zeige die seelische Verfassung der Person an) und der Tiermaler Friedrich Specht zählten.

Da das Interesse des Publikums so groß war und das Unternehmen weit über den ursprünglich gedachten Zweck hinauszuwachsen begann, entschloß sich Nill, einen wirklichen Tiergarten anzulegen. Er wurde am 1. Juli 1871 eröffnet. Noch immer hatte der Zoo bescheidene Dimensionen – ein Bärengraben gehörte dazu und ein Affenkäfig, der Hirschpark und ein paar Teiche –, und doch war es für Stuttgart eine Sensation, und der Spaziergang »zum Nill« war ein beliebtes Sonntagsvergnügen. Mit nur einem Helfer erledigte Nill die Pflege- und Gärtnereiarbeiten, seine sechs Töchter kümmerten sich um das Büro, besorgten Futter für die Tiere, verkauften Eintrittskarten und unterhielten die Gastwirtschaft.

Jahr für Jahr wuchs die Zahl der Tiere. Als 1873 die Bestände des »Affenwerners« verkauft wurden (siehe Seite 106 ff.), übernahm Nill von hier etliche exotische Geschöpfe. Im Laufe der Zeit kamen auch Elefanten, Zebras und Löwen hinzu, alle Arten von Affen, außerdem Schlangen und Urwaldvögel. In den Jahren 1880 bis 1886 und noch einmal 1893 wurde das Gelände wesentlich vergrößert; es umfaßte schließlich 9500 Quadratmeter. Der Mentalität der Kolonialzeit folgend wurden nicht nur Tiere gezeigt, sondern auch fremdrassige Menschen. In »Völkerschauen« präsentierten sich Lappländer und Eskimos, Beduinen und Somalis, Samoanerinnen und Feuerländer.

Stürmischen Beifall erntete die Dompteuse Claire Heliot, die mit zwölf Löwen allerlei Kunststücke vorführte und die tatsächlich ihren Lockenkopf in den Rachen ihres Lieblingstieres Nero stecken durfte. Es wird sogar berichtet, einen anderen Lieblingslöwen, Sascha, der immerhin 175 Kilo gewogen haben soll, habe sie täglich mehrmals aus der Manege getragen.

Ballonaufstiege der wagemutigen Käthe Paulus, die mit einem Fallschirm absprang, und die ersten Rollschuhläu-

Oben: Die Wirtschaft »Zum Hirschgarten« am Herdweg in einem Ölbild von Martha Nill, 1890. – Unten: Plakat, um 1900.

fer-Rennen sorgten ebenfalls für Wirbel. An manchen Sonntagen wurden bei Nill 20 000 Besucher gezählt.

1894 starb der Gründer, Johannes Nill. Nun übernahm sein Sohn, der Tierarzt Dr. Adolf Nill, die Leitung. Er konnte erstaunliche Zuchterfolge vermelden, insbesondere mit Menschenaffen, Straußen und Ameisenbären. Der Bestand erreichte schließlich eine Höhe von mehr als 500 Tieren.

So glanzvoll die Vorführungen und Tierschauen auch wirkten, die finanzielle Basis war weniger erfreulich. Adolf Nill blieb nichts anderes übrig, als das ganze Areal zwischen Azenberg-, See-, Wiederholdstraße und Herdweg 1905 an die Staatsverwaltung zu verkaufen. Am Ostermontag 1906 schloß der Nillsche Tiergarten für immer seine Pforten. Heute wird das Areal von der Universität Stuttgart genutzt.

Ein kleiner Teil der Bestände und des Inventars wurde von dem Fabrikanten Theodor Widmann übernommen, der am oberen Ende des Herdwegs einen sehr viel bescheideneren Zoo anlegte. Mit zum Gelände gehörte die Restauration »Zur Doggenburg«. Ihr Name leitete sich von einer Hundezucht ab, die der Kaufmann Adolf Hettich 1876 auf der Feuerbacher Heide eingerichtet hatte, die jedoch nur zwei Jahre Bestand hatte. Die Wirtsfamilie Wurster erwarb damals Haus und Gelände und richtete ein vielbesuchtes Ausflugslokal ein. Später wurde das Gasthaus zu einem Hotel erweitert.

Der Tiergarten wurde 1911 von Gustav Büecheler übernommen; er existierte ohne jeglichen Zuschuß, bis auch er kurz vor dem Zweiten Weltkrieg schließen mußte. Das Gasthaus selbst fiel im Krieg den Bomben zum Opfer; 1956 erfolgte der Wiederaufbau; das Lokal besteht noch heute.

Die beiden oberen Bilder zeigen die »Doggenburg« von August Wurster, ein beliebtes Ausflugslokal; die beiden unteren den Tiergarten, den Gustav Büecheler (!) rückwärtig dem Lokal angegliedert hatte, in einer Übersicht (um 1912) und einer Anzeige aus dem Jahr 1925.

Blick in die Restaurationsräume des »Café Reinsburg«, die sich im ersten Stock des Hauses Paulinenstraße 38 (Ecke Marienstraße) befanden.

»Café Reinsburg«

Von Villen umsäumt

Die Marienstraße war in der ersten Hälfte des 19. Jahrhunderts eine ländliche Vorstadtgasse. Nach einer Lehmgrube, die sich jenseits der späteren Paulinenstraße befand, hieß sie bis 1811 »Unter den Laimen« oder »Auf der Leimengrube«. Doch seit die »Museumsgesellschaft« 1836 die »Silberburg« erworben hatte, mauserte sich die Gegend zu einem Prominentenviertel. Häuser im Villenstil entstanden; dort wohnten Professor Dr. Kielmayer, der Direktor des Naturalienkabinetts, die Apothekerfamilie Dörr, Hauptmann Bach, ein hervorragender Topograph, und der Schriftsteller Hermann Kurz mit seiner Tochter Isolde, die 1853 im Haus Paulinenstraße 5 geboren wurde. Im gleichen Haus wuchs der spätere Oberbürgermeister Karl Lautenschlager auf, der 1868 das Licht der Welt erblickte.

Wohlhabende Leute zog es an den Paulinenbuckel, um dort das Carlsbad und das Badhaus von Dr. König mit medizinischen Einrichtungen aufzusuchen. Dieses Publikum vermißte hier nur ei-

Mit dieser Anzeige in einem Fremdenführer pries das »Café Reinsburg« um 1912 seine Qualitäten.

nes: ein einladendes und gemütliches Café.

Diese Gelegenheit ergriff der Konditor Ernst Mayer. 1862 gründete er das »Café Reinsburg« im Eckhaus an der Marien- und Paulinenstraße.

Schon bald versammelte sich hier eine Runde schöpferischer Talente. Der Freundeskreis des Schriftstellers Friedrich Wilhelm Hackländer hatte das Lokal entdeckt; und während die größeren Veranstaltungen weiterhin im »Redoutensaal« im Königsbau abgehalten wurden (siehe Seite 99/100), verlegten die Seelenverwandten ihre intimeren Treffen in das Mayersche Lokal.

So kam es, daß der Dichter Wilhelm Raabe, der in den Jahren 1862 bis 1870

in Stuttgart wohnte, hier ein- und ausging. Zu der Runde gehörte aber auch der Schriftsteller Dr. Friedrich Notter, Dramatiker und Übersetzer, später Landtags- und Reichstagsabgeordneter, der Lyriker Johann Georg Fischer, der auch als Festredner glänzte, der Dichter Ferdinand Freiligrath, der 1868 aus London nach Stuttgart kam, der Hofrat Theobald Kerner, Sohn des Dichters Justinus Kerner, und der Hofbibliothekar Franz Dingelstedt, später Dramaturg und schließlich Direktor des Wiener Burgtheaters. Der Schauspieler Fedor Löwe und der Tenor Adolph Grimminger waren ebenso dabei wie der Oberbaurat Christian Friedrich Leins, der den Königsbau und andere repräsentative Gebäude entwarf, und der Jurist Karl von Schönhardt, der auch als Poet Anerkennung fand.

1880 kam das »Café Reinsburg« in den Besitz von Laura Stahl, die es zum »Damen-Café« umgestaltete. 1922 übernahm der Konditor Lehrenkrauß die Lokalität; nach der Zerstörung 1944 ging das Grundstück 1948 in die Hände der Familie Maurer über. Sie veranlaßte den Wiederaufbau, bei dem eine Verkaufsstelle für Konditoreiwaren eingerichtet und das Café auch auf den ersten Stock ausgedehnt wurde. 1949 konnte das neue »Café Reinsburg« eingeweiht werden. Noch heute ist es ein vielbesuchtes Haus, und der ganze Stolz des Konditors Gerhard Maurer ist die von ihm selbst kreierte »Stuttgarter Torte«.

Die Liederhalle (rechts) mit ihrer ursprünglichen Fassade im Jahr 1896. Die Restauration wurde von Wilhelm Rossnagel betrieben. Das »Büchsenbad« (links), nach der Büchsenstraße benannt, war drei Jahre zuvor erweitert und mit Dekoration im maurischen Stil versehen worden.

Liederhalle

»Ach, ich käme gern mit Freuden«

Die sich gelegentlich spontan bildenden Zecherchöre stellen nicht die einzige Beziehung der Stuttgarter Gastronomie zur Musik und zur Sangeskunst dar. Zahllose seriöse Gesangvereine proben in den Hinterzimmern hiesiger Lokale, und der »Liederkranz«, die Krone aller Gesangvereine, wurde in einem Stuttgarter Kaffeehaus gegründet. Die Liederhalle schließlich, ein Werk des Vereins, birgt heute eine repräsentative Gaststätte, die den Besuchern der Konzerte eine erwünschte Erfrischung bietet oder auch einen stimmungsvollen Ausklang des Kunstgenusses ermöglicht.

Die Gründung der Sängervereinigung »Liederkranz« erfolgte im Jahre 1824. Im Kaffeehaus Emil Werner, Marienstraße 34, fanden sich Musikfreunde und Sänger zusammen; ein Männerquartett war es, das die Vereinsgründung anregte.

Sehr bald wuchs die anfänglich kleine Gruppe zu einem stattlichen Gremium an, das den kulturellen Bestrebungen der Bürgerschaft Ausdruck verlieh. Ab 1825

Die Liederhalle mit neuer Fassade; Ansichtskarte aus der Zeit um 1920. Damals hatte Alfred Mayer das Restaurant gepachtet.

fanden jährlich repräsentative Schillerfeiern statt, und 1839 konnte der Plan des »Liederkranzes« in die Tat umgesetzt werden, ein Schillerdenkmal zu errichten. Der dänische Bildhauer Bertel Thorwaldsen lieferte kostenlos die Entwürfe dafür; ein Enkel Schillers nahm die Enthüllung der Plastik vor, und der Dichter Gustav Schwab hielt die Festrede, in der er den Genius feierte.

Ein erlesener Kreis schöpferischer Persönlichkeiten hatte sich im »Liederkranz« zusammengeschlossen. Der Bildhauer Dannecker, die Dichter Mörike, Schwab und Uhland, die Komponisten Lindpaintner, Silcher und Zumsteeg, die Kunstförderer Hartmann, Rapp, Reinbeck und Schott, der Zeitungsverleger Dr. Elben, der Publizist W. Menzel und die Schauspieler Gnauth und Seidelmann bildeten den Kern; um sie gruppierte sich eine stattliche Anzahl von Musik- und Literaturfreunden.

Als abträglich erwies sich jedoch, daß der »Liederkranz« kein eigenes Haus besaß. Das »Café Werner« war zu klein, die Übungsabende fanden im Gasthaus »Zum Herzog von Württemberg«, größere Veranstaltungen im »Oberen Museum« oder im »Redoutensaal« statt. Im Sommer bot der Bopserwald eine freundlich anmutende Stätte für den Kunstgenuß – wenn es nicht gerade regnete.

Mit Eifer wurde darum der Plan verfolgt, ein Konzerthaus zu bauen. Ursprünglich war an das »Schillerfeld« gedacht, das zwischen der heutigen Heilbronner und der heutigen Cannstatter Straße lag. Doch die Regierung hatte

Stuttgart.
Liederhalle und Schwimmbad.

127

dafür eine andere Verwendung im Sinn. Im Jahre 1852 gelang es dem Verein, ein geeignetes Gelände vor dem Büchsentor zu erwerben, das freilich mit den sumpfigen Böden wenig einladend aussah und auch als zu weit abgelegen galt. Aber diese Bedenken wurden abgetan.

Nach den Plänen des Oberbaurats Christian Friedrich Leins wurde also in den Jahren 1863/64 die Liederhalle errichtet, in der auch eine Gaststätte Platz fand.

Zur Eröffnung, die am 11. Dezember 1864 stattfand, schickte der Dichter Eduard Mörike einen Glückwunsch:

»Ach, ich käme gern mit Freuden,
ja, zu kommen wär' mir Pflicht,
aber solche Sprünge leiden
meine sanften Drachen nicht.«

Mit den beiden »Drachen« waren seine Frau Margarete und seine Schwester Klara gemeint, die den Kranken fürsorglich pflegten und gegen die Teilnahme an der Eröffnungsfeier energisch protestiert hatten.

Sehr bald erwies sich der Bau, der rund 100 000 Gulden gekostet hatte, als zu klein. In den Jahren 1874/75 erfolgte eine Erweiterung durch einen Konzert-

saal, der bis zu 4000 Besucher fassen konnte. Er galt damals als der schönste der Säle, zumal er mit Logen und Arkaden ausgestattet war und über eine gute Akustik verfügte.

Später wurde noch einmal gebaut – es entstand eine massive Fassade an der Eingangsseite (1906).

Die Liederhalle fiel im Jahre 1943 den Bombenwürfen zum Opfer. Der Wiederaufbau erfolgte in den Jahren 1955/56 nach den Plänen der Architekten Professor Rolf Gutbrod und Professor Adolf Abel mit einem Kostenaufwand von rund 15 Millionen Mark. Der Grundriß gleicht einem überdimensionalen Konzertflügel.

Zur räumlichen Ausstattung des Hauses gehört auch eine Gaststätte, »Die Note«, die sich über zwei Geschosse erstreckt und über reizvoll gruppierte Sitzplätze in mehreren Räumen verfügt.

Im Souterrain ist zudem der »Treffpunkt Fröhlich« untergebracht. Von dem ehemaligen Journalisten Hans Fröhlich betrieben, hat sich diese Kulturkneipe einen festen Platz im Stuttgarter Nachtleben erobert.

»Hölle«

Wo die Heizer und Gepäckträger ihren Durst löschten

Der Stuttgarter Bahnhof, in den Jahren 1844 bis 1846 in der Schloßstraße, der heutigen Bolzstraße, erbaut, verfügte anfänglich nicht über eine Gaststätte. Lediglich im Untergeschoß war eine Stube mit einfacher Bewirtschaftung vorgesehen, ursprünglich dazu bestimmt, dem technischen Personal, vor allem den Lokomotivführern und -heizern, einen Aufenthaltsraum und Erfrischungen zu bieten. Bald fanden sich

aber auch andere Leute ein, die mit dem Reiseverkehr zu tun hatten, vor allem Boten, Gepäckträger und Fuhrleute.

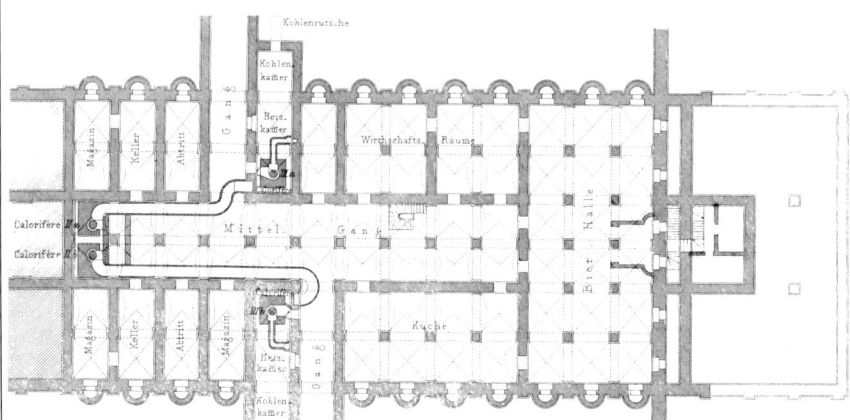

Ausschnitt aus dem Grundriß des Souterrains des alten Stuttgarter Bahnhofs in der heutigen Bolzstraße nach dessen Erweiterung 1867.

Anspielend auf die oft berußten Heizer, gaben sie der Wirtschaft den Namen »Hölle«. Es soll sich sogar ein recht gemütlicher Betrieb entwickelt haben, der dem Zuschnitt der schwäbischen Beizen entsprach.

Erst bei der Erneuerung und Erweiterung des Bahnhofs 1863 bis 1867 wurden Buffets und »Restaurationen« eingerichtet, und zwar jeweils zwei für die II. Klasse und die III. Klasse. Für die Passagiere I. Klasse, die verwöhnt werden sollten, bestand ein unmittelbarer Zugang von der Empfangshalle in den Speisesaal des benachbarten »Hotel Marquardt«. Der Grundriß des umgebauten Bahnhofs zeigte nun im Keller eine »Bier-Halle«, die wohl neben dem Personal auch den Reisenden IV. Klasse offenstand.

In den Jahren 1911 bis 1927 bauten die Architekten Paul Bonatz und Friedrich Eugen Scholer den heute noch bestehenden Hauptbahnhof. Darin fand auch das erste im Bahnhof selbst untergebrachte Hotel Deutschlands Platz, das »Reichsbahnhotel«, das unter dem Namen »Intercity Hotel« noch heute besteht.

Der Bahnhofsturm beherbergte früher eine über drei Stockwerke gehende Gaststätte, durch kreisförmige Ausschnitte in der Decke wurde eine Sichtverbindung zwischen diesen Stockwerken geschaffen. Im achten Stock bestand zusätzlich ein Restaurant, von dem man einen herrlichen Ausblick auf die Innenstadt hatte, und an schönen Sommerabenden konnte auch die Plattform des Turms bewirtschaftet werden.

»Wirt am Berg«

Wahrzeichen der Wengerterzunft

Ein Kapitel weinfroher Tradition präsentiert die Gaststätte »Wirt am Berg«, die am Fuße der Gaisburger Steige (Gaisburgstraße 12) seit alters besteht. Sie liegt ein wenig versteckt abseits der breiten Verkehrswege; aber die rechten Viertelesschlotzer wissen sie zu finden und wegen ihrer gemütlichen Atmosphäre und der süffigen Rebensäfte zu schätzen.

Das Schildzeichen über dem Eingang zum Gasthaus »Wirt am Berg« in der Gaisburgstraße. Es handelt sich hier um eine Vorkriegsaufnahme; die lebensgroße Figur ist erhalten geblieben und steht noch immer an diesem Platz. Sie war als Schildzeichen so außergewöhnlich, daß sich nach ihrer Fertigstellung die halbe Stadt zur Besichtigung eingefunden haben soll. Am Sockel der Mauernische ist der erwähnte Spruch zu lesen: »Trink und iß, Gott nicht vergiß. — Gottlob Haufler, 1864.« Beim Wiederaufbau des Hauses nach dem Zweiten Weltkrieg wurde die ursprüngliche Bemalung wieder aufgebracht, die den Rotenberg zeigt.

Das Schildzeichen über dem Eingang erweist sich als ein echtes Werk der Volkskunst, das den Betrachter deutlich anspricht. Dargestellt ist ein Wengerter in der alten Tracht; in der rechten Hand hält er einen Weinhumpen, in der anderen eine schwarzrote Fahne mit der Aufschrift »Wirt am Berg«. Dazu gehört der Reim: »Trink und iß, Gott nicht vergiß«, mit dem Namen des Wirtes: »Gottlob Haufler, 1864«.

Damals gab es noch keine Superlative in Reklametexten, der einfache Hinweis deutete an, was die Gäste begehrten: Wein oder Most, ein einfaches Vesper, und danach »schmeckt« auch das Schildzeichen.

Dieser Gottlob Haufler (1816 bis 1888) war ein stadtbekannter Mann, Zunftmeister der Weingärtner, Mitglied des Bürgerausschusses, Vorstandsmitglied im Güterbesitzerverein und im Leichenkassenverein sowie ehrenamtlicher Städtischer Felduntergänger. (Felduntergänger waren die Kontrollorgane der Stadtverwaltung, die den Weinbau beaufsichtigten, den Verkauf und Ausschank überwachten und die dabei anfallenden Steuern einzogen.) Wie viele der alten Wengerter war der Wirt ein rechtes Original.

Ihrem Zunftmeister hatten die Weingärtner die Embleme ihres Standes anvertraut, den Urbanspokal, ein Kunstwerk des 17. Jahrhunderts, geschmückt mit goldenen und silbernen Medaillen (siehe Seite 17) und die Zunftfahne aus weißer Seide mit schwarzem Samt. Dieses Vertrauen ließ Haufler zu einem »Gewissen der Bürgerschaft im Sinne patriarchalischer Beständigkeit« (Otto Borst) werden.

So wurde der »Wirt am Berg« zu einem Wahrzeichen der Stuttgarter Weingärtner und zum Symbol ihres Bekenntnisses zum Bürgertum. Unbekümmert um den Zeitenwandel blieb diese bäuerlich-schlichte, freie Haltung bestehen; sie prägte die Eigenart der Stadt und ihrer Bewohner. Sie gab auch dem Gasthauswesen die besondere Note, die dem schwäbischen Charakter entsprach. Heimatverbundenheit, Bodenständigkeit und realistischer Sinn für Entwicklungsmöglichkeiten wirkten sich als politische Triebkräfte zu allen Zeiten aus.

Die Gesinnung der Weingärtner erwies sich lange als ein gesellschaftsbildendes Ferment, das erst im Industriezeitalter seine Wirkkraft verlor.

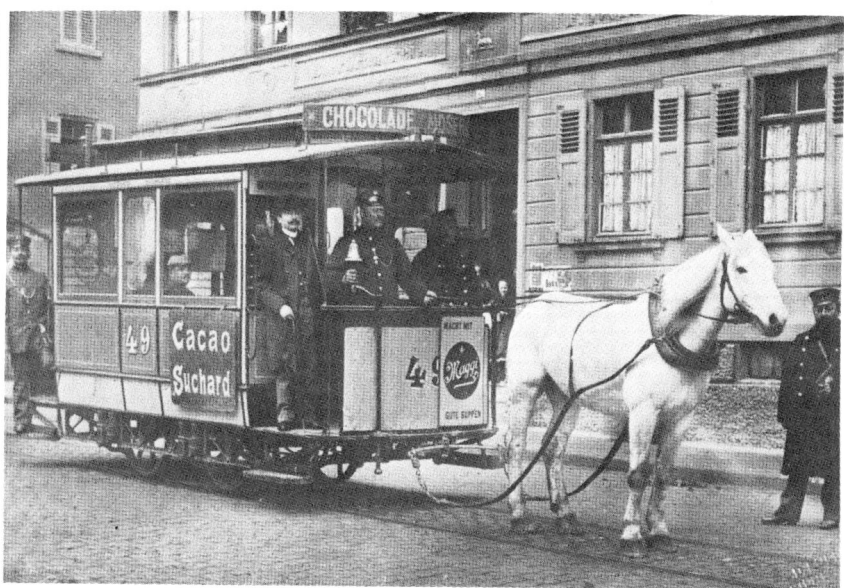

Ein Wagen der 1886 gegründeten zweiten Stuttgarter Pferdebahn, die von der Firma Lipken & Co. betrieben wurde. Das Bild stammt vermutlich aus dem Jahr 1893. Im Hintergrund ist die Brauerei und Gaststätte F. Weinhardt (Böblinger Straße 120) zu sehen.

»Zur Pferdebahn«

Wettlauf mit den Rössern

Als echte Sensation wirkte im Jahr 1868 die Eröffnung der Pferdeeisenbahn, die von der Archivstraße beim Charlottenplatz auf der Neckarstraße zum Schwanenplatz in Berg führte. Allmählich entstanden fünf Linien, die die anwachsenden Vororte erschlossen.

Es fehlte nicht an allerlei Zwischenfällen, die von den Fahrgästen mit Humor ertragen wurden. Bei den ansteigenden Straßen mußte Vorspann eingesetzt werden. Ging es den Berg hinunter, entgleiste zuweilen ein Wagen, ein Pferd stürzte oder der Fahrer legte eine Pause ein, weil einer der Fahrgäste seinen Hut verloren hatte. Der gemütliche Betrieb entsprach der damaligen Zeit, die von Hektik und Streß nichts wußte.

In der Rosenstraße 17, mitten im Bohnenviertel, hatte ein findiger Wirt die Gelegenheit wahrgenommen, sich modisch zu geben, und eröffnete die Gaststätte »Zur Pferdebahn«.

Kaum eine andere der Neuerungen, die das vorige Jahrhundert brachte, bereitete den Stuttgartern soviel Vergnügen wie der Fahrbetrieb der Pferdebahn. Gehalten wurde, wenn ein Fahrgast winkte. Wenn sich die »bessere Hälfte« des Kondukteurs, die ihm das Vesperbrot brachte, verspätete, dann wurde eben gewartet. Übermütige junge Leute liebten es zuweilen, mit der Pferdebahn »Hase und Igel« zu spielen, also Wettrennen zu veranstalten.

Auch die Rösser trugen viel dazu bei, den Spott herauszufordern:

> »Das geht so recht gemütlich
> bei der Pferdebahn.
> Das eine Pferd, das zieht nicht,
> das andre, das ist lahm.«

Zu mancherlei Späßen regten die zweistöckigen Wagen mit der offenen Plattform der »oberen Etage« und der engen Wendeltreppe an, deren Besteigen den Damen verboten war. Mit launigen Versen und lustigen Bildern wurden die Szenen auf der Pferdeeisenbahn glossiert, die auch für Gesprächsstoff in den Gaststätten sorgten, an denen die »Rumpelkästen« vorbeifuhren.

Als seit 1895 die Wagen mit elektrischem Strom fuhren und die Rösser abgeschafft wurden, kündigte sich eine temporeichere Zeit an, und das Wirtshaus »Zur Pferdebahn« bekam einen anderen Namen.

130 | *Die »Restauration zur Pferdebahn«.*

Stadtgarten

Sonntagsvergnügen mit Heiratskarussell

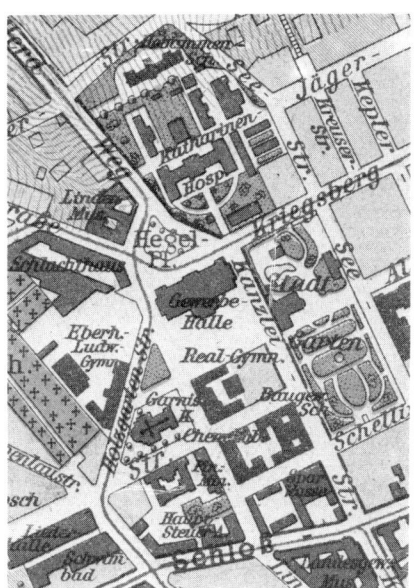

Ein großes Ereignis warf seine Schatten voraus. Bald würde Stuttgart hunderttausend Einwohner zählen, aus dem Residenzle sollte eine Großstadt werden, und das mußte entsprechend gewürdigt werden. Nicht nur schöne Reden sollten es sein, sondern ein bleibendes Merkmal im Stadtbild, gleichsam ein Paukenschlag, mit dem die neue Ära begonnen werden sollte.

Im Jahre 1870 ergab sich für die Stadt die Gelegenheit, das im staatlichen Besitz befindliche Gebäude des Alleenplatzes durch Tausch zu erwerben. Es war ein noch unbebautes Gebiet; Steinmetze hatten dort ihre Bauhütten. Aber eine projektierte Lösung lag schon parat – die Stadt brauchte einen Tummelplatz für die Bürgerschaft, eine Stätte, an der sich das öffentliche Leben entfalten konnte.

Zunächst wollte man hier eine Gartenbauausstellung veranstalten, verbunden mit einem sommerlichen Volksfest im bürgerlich-seriösen Maßstab. Aber es wurde nichts daraus, denn der Krieg gegen Frankreich begann, und die Stadt hatte andere Sorgen. Immerhin konnten die Parkanlagen, wenn auch zunächst nur in bescheidener Form, im Jahre 1871 hergestellt werden.

Um das Projekt finanzieren zu können, wurde im November 1871 eine Aktiengesellschaft gegründet, und jeder Aktionär erhielt eine Dauerkarte, die zu freiem Eintritt in den Stadtgarten berechtigte. Mit 800 Mitgliedern konnte das erforderliche Grundkapital erreicht werden, nämlich 15000 Gulden.

Oben: Ausschnitt aus einem Stadtplan der späten zwanziger Jahre. – Mitte: Der Stadtgarten um die Jahrhundertwende. Im Hintergrund erkennt man die Gewerbehalle, in der 1897 die »Deutsche Fachausstellung für Hotel-, Wirtschaftswesen, Kochkunst etc.« stattfand (unten eine Erinnerungskarte von diesem Ereignis).

Zehn Jahre später wurde das Gelände erweitert. Wieder wurden Aktien ausgegeben. König Wilhelm II. ließ 40 Anteilscheine zu je 300 Mark erwerben, auch die Bürgerschaft beteiligte sich, und binnen zwei Monaten waren die erforderlichen 180000 Mark beieinander. Ein Palmenhaus wurde errichtet, Kolonnaden kamen hinzu, und den Hauptweg zierte ein Brunnen mit großem Rondell, zum Flanieren für Liebespaare so recht geeignet. Der Platz wurde als »Heirats-

karussell« mit liebenswürdigem Spott bedacht.

Natürlich war ein solcher Park ohne gastronomisches Angebot undenkbar. Anfangs stand nur eine bescheidene Gaststätte zur Verfügung, die für den sonntäglichen Betrieb genügte. Die beliebten Promenadenkonzerte lockten die Besucher ins Freie und zum Umherwandeln in den Grünanlagen. Kioske mit Getränkeausschank kamen im Laufe der nächsten Jahre hinzu, vor allem durch verschiedene Ausstellungen. Im Jahre 1881 entstand ein größerer Gaststättenbau mit einem Saal, in dem fast täglich Konzerte gegeben wurden. Im gleichen Jahr wurde am Rande des Geländes die geräumige Gewerbehalle gebaut.

1913 starb Hermann Marquardt, der Hotelier. In seinem Testament hatte er festgelegt, daß 100 000 Mark der Stadtgartengesellschaft gestiftet werden sollten. Dieser Betrag wurde weitgehend darauf verwendet, anstelle der alten Gaststätte ein neues, repräsentatives Restaurant zu errichten. Der Jugendstilbau verfügte über einen großen Saal und mehrere kleine Gesellschaftsräume, eine Weinstube und eine Tageswirtschaft.

Nun wurde das elegante Restaurant ganzjährig bewirtschaftet und für Veranstaltungen aller Art, auch für Kongresse und Empfänge, genutzt. Beliebt waren vor allem die nach der Gartenseite geöffneten Terrassen, die einen Ausblick auf das kleine Weinhaus am See und auf die Freilichtbühne erlaubten. Diese Freilichtbühne sah Theateraufführungen ebenso über ihre Bretter gehen wie Sportwettkämpfe. Manchmal waren 15 000 Zuschauer zugegen.

Die zwanziger Jahre brachten dem Stadtgarten eine zweite Blüte. Sie stand vor allem im Zeichen des Varietés, der Tanztees und der Modeschauen. Der ursprünglich mehr rustikale Betrieb und der kleinbürgerliche Sonntagsbummel in den Gartenanlagen mußten der Eleganz eines gesellschaftlichen Lebens weichen, das sich bis in die Nachtstunden erstreckte und eine exklusive Note trug.

Restaurant (oben) und »Weinhaus am See«
132 | *(Mitte und unten) im Stadtgarten.*

Aber der Bombenkrieg zerstörte das Idyll 1943 und mehr noch 1944; das Restaurant brannte völlig aus, ein Wiederaufbau war nicht möglich. Ebenso zerstört wurden die Gewerbehalle und das Hotel, das in unmittelbarer Nähe bestand.

Die stattlichen Baublöcke der Kollegiengebäude der Universität und die Fachhochschule für Technik begrenzen heute die noch verbliebenen paar Quadratmeter Park und bestimmen ihre Nutzung. Eine Neugestaltung des Geländes in den Jahren 1974 bis 1976 ließ abermals ein — allerdings bescheidenes — Stadtgartenrestaurant entstehen. Das Lokal heißt »Fontana di Trevi« und teilt sich den Raum des Pavillons, in dem es untergebracht ist, mit einer Tankstelle.

Freundlich lockend liegt der Garten
In der Fülle schönster Zier,
Pflanzen, Blumen aller Arten
Trifft in voller Pracht man hier.

Vergnügt sich unterhaltend schreitet
Stolz die Abonnentenschar;
Beim Konzert, das Sonntag leitet,
Geht auf das Herz manch jungem
     Paar.
So geht es weiter, plaudernd, lachend,
Bald lobend und bald kritisierend,
Bald Spaß, bald Komplimente
     machend,
Im Heiratskarussell flanierend.

Oh zarte Sehnsucht, süßes Hoffen
Des Süßholzraspelns goldene Zeit.
Der Backfisch sieht den Himmel
     offen,
Der Kommis schwelgt in Seligkeit.

Oh, daß sie ewig grünen bliebe,
Die schöne Zeit der Stadtparkliebe!

Willi Widmann, der Inhaber der »Elsässer Taverne« in Stuttgart und Sohn des Gründers der »Weinstube Stierle« am Alten Postplatz, soll diese Verse verfaßt haben. Michael Greiner, der sie überliefert hat, fügte hinzu: »Sonntag war ein sehr beliebter Musikdirektor im Stuttgarter Grenadierregiment 119 und auch bei den Stuttgarter Bürgern.«

»Bubenbad«

Nach einem Schlammtümpel benannt

Im Jahre 1875 entschloß sich Johann Gottlieb Eckart, auf der Gänsheide ein Grundstück zu erwerben, um eine Gaststätte einzurichten. Nicht viel mehr als die schöne Aussicht war damals vorhanden und hinter dem Grundstück, etwa bei der Kreuzung von Grüneisen- und Gerokstraße, ein Tümpel, der allerdings schon etwas verschlammt war. Vielleicht haben sich deshalb nur Buben zum Baden hineingetraut. Als 1895 einer dieser Buben in dem Weiher ertrank, wurde der Tümpel zugeschüttet und darüber eine Wiese gesät.

Das Gebiet war zu jener Zeit noch wenig erschlossen; erst 1897 erhielt die Gänsheidestraße ihren Namen, und das Haus kam zu seiner Nummer 41. Um die Jahrhundertwende entstanden zahlreiche Neubauten; der aus dem Mittelalter stammende Flurname »Gänsheide«

Das Foto oben zeigt die Restauration »Zum Bubenbad« im Jahr 1905. Heute befindet sich ein »Wienerwald«-Lokal in dem Haus.

bezeichnete nun ein bevorzugtes Villenviertel. Die »Restauration zum Bubenbad«, die mittlerweile in die Hände von Heinrich Roos übergegangen war, erfreute sich allgemeiner Beliebtheit. Dazu trugen auch die Kegelbahn bei und die »große Terrasse mit prachtvoller Aussicht«, wie ein Schild am Eingang lockte.

Die Geschäfte gingen gut, und so entschloß sich der Wirt im Jahr 1904, sein Haus umbauen und aufstocken zu lassen.

Aus der Wirtschaft, die zuvor einen etwas verwahrlosten Eindruck machte, wurde so eine gepflegte und der Gegend entsprechende Gaststätte. Die Einrichtung einer Straßenbahnlinie ließ das »Bubenbad« zu einer beliebten Höhengaststätte werden. In unmittelbarer Nachbarschaft wurde 1913 die schloßähnliche Villa Reitzenstein bezogen; diese Wohnung des Staatspräsidenten wertete die Gegend noch einmal auf.

»Elsässer Taverne«

Artistentreff

Der Friede von Frankfurt am Main brachte am 10. Mai 1871 das Ende des deutsch-französischen Krieges. Nun gehörten Lothringen und das Elsaß zu Deutschland, und zwischen Stuttgart und Straßburg setzten unmittelbare Verbindungen ein. Die zollfreie Einfuhr elsässischer Weine begann, und der Wirt Jean Heritier eröffnete 1875 an der Esslinger Straße eine Weinstube mit dem Namen »Elsässer Taverne«. Die Bautätigkeit in der Gegend des Charlottenplatzes war damals so groß wie nie – neue Mietshäuser wurden erstellt und in der Folge große Behördenbauten, das Justizgebäude und die Landesbibliothek –, und damit wuchs auch das Bedürfnis nach Wirtshäusern.

Die »Elsässer Taverne« war bereits sehr beliebt, als im Jahre 1900 der Schwiegersohn des Wirtes, Wilhelm Widmann, das Lokal übernahm. Er war ein talentierter Unterhalter, geistig regsam und witzig, der Gleichgesinnte anzog. Vor allem die Jünger der leichten Muse wußten die gemütliche Weinstube zu schätzen. So wurde die »Elsässer Taverne« zu einem Treffpunkt der Künstler, vor allem der Artisten.

Im Gästebuch stieß man auf Eintragungen der Zauberkünstler Bellachini und Rastelli, von Clown Grock und

Werbeanzeige der »neuen« »Elsässer Taverne« zwischen Charlottenplatz und Olgaeck in einer Festschrift des »Liederkranzes« aus dem Jahr 1949.

Schon in den zwanziger Jahren konnte nicht mehr entschieden werden, ob die Gegend nach dem einstigen Tümpel »Bubenbad« genannt wurde oder nach dem Lokal.

Nicht nur die Straßenbahnhaltestelle übernahm die Bezeichnung, in jener Zeit wurde sie sogar in den Stadtplänen ausgedruckt.

Der Bombenkrieg beschädigte das Haus schwer und brachte Leerlauf im Wirtschaftsbetrieb. Erst im Jahre 1953 konnte das wiederaufgebaute »Bubenbad« eröffnet werden, von den Wirtefamilien Knoll und später Ebert betrieben.

Damit begann ein neuer Abschnitt in der Geschichte des Hauses, der nicht ohne Auswirkung auf die Atmosphäre des Lokals blieb. 1948 war die Villa Reitzenstein zum Staatsministerium und Amtssitz des Ministerpräsidenten um-

Die »Restauration zum Bubenbad« im Jahr 1903. Kurz darauf wurde das Haus völlig umgebaut.

gewandelt worden. Prominente Gäste stellten sich im »Bubenbad« ein; die Wände erhielten ihren Schmuck durch Bilder des Malers Professor Willi Baumeister.

Dr. Domnick, Arzt, Kunstsammler und Filmproduzent, hielt seine Pressekonferenzen in der Gaststätte ab; der erfolgreiche Torwart Hainle der »Stuttgarter Kickers«, der Schauspieler Willy Reichert und andere Prominente verkehrten hier. Das Haus war zum Treffpunkt für kulturschöpferische Talente geworden.

Aber es geht in der Gastronomie nicht anders als in der Mode: Der Wechsel ist das einzig Bleibende. Heute gehört das Lokal zur »Wienerwald«-Kette.

anderen Meistern der illusionären Welt, die im Hangleiterschen Zirkus auf dem Marienplatz oder im Varietétheater »Friedrichsbau« auftraten. Es fehlten auch die Theaterleute nicht, die die rauchverhangene, von Essensdüften durchzogene und mit einer quirligen Atmosphäre erfüllte »Elsässer Taverne« bevorzugten. Der Schauspieler Werner Krauß, der oft zu Gastspielen nach Stuttgart kam, auch Paul Wegener, der trefflliche Charakterspieler, und etliche andere Mimen hatten ihre Freude an dem munteren Artistenvölkchen wie an den Zauberkunststücken, die der Wirt zum besten gab.

Nicht minder anziehend wirkte die »Elsässer Taverne« auf zahlreiche bildende Künstler, die, mit dem Skizzenblock auf den Knien, manche lustige Szene zeichneten.

Stammgast war der Maler Josef Kerschensteiner (»Elefanten-Pepi«) — ihm

war die Zirkusluft, die durch das Wirtshaus wehte, ein belebendes Element. Als echter Bohemien trat er im zerknitterten Gehrock und in Ziehharmonikahosen auf, den grauhaarigen Wuschelkopf schmückte ein schwarzer Kalabreser, der dem Künstler ein abenteuerliches Aussehen gab.

Mitunter bezahlte Kerschensteiner seine Zeche mit Zeichnungen; Zirkusmotive wechselten ab mit Tierbildern, und manche knitze Karikatur des Tavernenpublikums kam dazu. Nach und nach konnte der Wirt eine ansehnliche Sammlung dieser Blätter zusammentragen, und etliche dienten als Wandschmuck. Sie hingen neben zahlreichen Fotos, die vor allem Motive aus dem Sportbetrieb zeigten. Schließlich kehrte auch der Schiedsrichter Angelo Rossi in der »Elsässer Taverne« ein, der sich bei Fußballwettkämpfen einen internationalen Ruf erworben hatte.

Die Esslinger Straße mit der »Elsässer Taverne« und anderen Lokalen anno 1909.

Zu den Stammgästen zählten die Mitglieder der Vereinigung »Schlaraffia Stuttgardia«, die seit 1879 bestand und der zahlreiche prominente Persönlichkeiten, vor allem aus dem Kulturleben, angehörten. Sie setzten die Tradition der niveauvoll-unterhaltsamen Veranstaltungen fort, wie sie die Literatengesellschaft »Bergwerk« gepflegt hatte (siehe Seite 111).

Für unmittelbare Beziehungen zur Literatur sorgten der schwäbische Schriftsteller Dr. Owlglass (Dr. Hans Erich Blaich) und der Münchner Satiriker Ludwig Thoma, der häufig nach Stuttgart kam. Dem Maler Fritz Erler aus Samaden im Engadin war der Brückenschlag zu den Kulturkreisen der Schweiz zu verdanken. Auch die Verbindungen mit dem Elsaß blieben bestehen.

135

Aber seit 1933 verebbte die Beschwingtheit, die dem Zecherkreis der Taverne das Gepräge gab. Die Gespräche wurden vorsichtiger geführt, seit die »Tausendjährigen« ihre Spitzel entsandten. Das Jahr 1938 brachte den Schlußstrich, das Haus kam in den Besitz der Stadtverwaltung und wurde 1944 durch Bomben zerstört.

Eine neue »Elsässer Taverne« sollte ab 1948 an der Olga-, später Charlottenstraße die Tradition fortsetzen. Auf den Neugründer Georg Mast folgte schon bald G. Puglierin, ein Elsässer, als Wirt. Er war bemüht, durch rustikale Ausstattung der Räume eine anziehende Atmosphäre zu schaffen, vor allem aber durch »Schmeckenswürdigkeiten« des Nachbarlandes – Gänseleberpasteten, Schnecken und Froschschenkel, dazu Spitzenweine – die Gourmets zu befriedigen.

Ende der sechziger Jahre kam dann das endgültige Aus für die »Elsässer Taverne«.

Damit kein falscher Eindruck entsteht: Natürlich hatte es auch in früheren Jahrhunderten schon Beziehungen über das Elsaß zu Frankreich gegeben. Es sei daran erinnert, daß Mömpelgard (Montbéliard) im Jahr 1397 durch Heirat an die Grafen von Württemberg kam. Herzog Ulrich von Württemberg wurde 1487 in Reichenweiher im Elsaß, das zu Mömpelgard gehörte, geboren. Es bestanden zahlreiche Verwandtschaftsverhältnisse zwischen schwäbischen und Mömpelgarder Familien. Herzog Friedrich Eugen war der letzte der württembergischen Regenten der Herrschaft Mömpelgard.

Aus Frankreich flohen Angehörige der Hugenotten und der Waldenser nach Stuttgart, später kamen auch andere Einwanderer, die in unserer Stadt heimisch wurden. Diesen Familien entstammten der Minister Duvernoy, der Klavierfabrikant Dieudonné, der Hofbaumeister Thouret, der Garteninspektor Gaucher, der Kaffeehausbesitzer Talmon-Gros und zahlreiche andere Persönlichkeiten, deren Namen auf die Herkunft aus Frankreich hinwiesen.

Inserat aus dem Jahr 1912.

»Paulaner-Thomasbräu«, »Zum Paulaner«

Adelspalast wurde Gasthaus

Ungewöhnlich ist dieser Wandel, der sich aus den wirtschaftlichen Veränderungen des vorigen Jahrhunderts ergab. Geblieben ist die reizvolle Barockfassade, die dazu veranlaßte, das Haus Calwer Straße 45 unter Denkmalschutz zu stellen. Nur die Innenräume im Erdgeschoß und im ersten Stock wurden umgebaut, um den Anforderungen eines gastronomischen Betriebs zu entsprechen.

Das Haus entstand im Jahre 1747 als Stadtpalais der Freiherrn von Gültlingen, vermutlich ein Werk des Architekten David von Leger, der etwa gleichzeitig die Akademie, die spätere Hohe Carlsschule, und die Legionskaserne auf dem Grundstück des heutigen Wilhelmsbaus erstellte. Außerdem war er als Werkmeister am Bau des Neuen Schlosses beteiligt. Dieser Stilform entspricht auch der kleine Palast mit seiner zierlichen Fassade und dem dreigiebeligen Schieferdach.

Das »Paulaner« in den sechziger Jahren, als es noch keine Fußgängerzonen gab.

Das kunstvoll gemeißelte Portal an der heutigen Alten Poststraße mit einem Wappen über dem Oberlicht zeigt Anklänge an Rokokoformen und damit eine stilistische Verwandtschaft mit den ähnlich gestalteten Portalen der Akademie und der Kaserne. Allerdings wurde der Eingang später zugemauert, der Zugang zur Gaststätte liegt an der Calwer Straße.

Das Palais Gültlingen ging im vorigen Jahrhundert aus Familienbesitz in andere Hände über und wurde 1879 zur Gaststätte. Ab 1924 hieß das Lokal »Paulaner-Thomasbräu«, heute lautet der Name etwas kürzer, »Zum Paulaner«.

»Herzog Christoph«

Soziale Fürsorge und Gastronomie

Zu den frühen Beispielen sozialer Fürsorge und Jugendbetreuung zählte der »Evangelische Vereinsgasthof Herzog Christoph«, der im Jahre 1889 gegründet wurde. Das Haus befand sich in der Christophstraße 11 und wurde nach dem Namenspatron dieser Straße benannt.

Zunächst bot es Lehrlingen und jungen Arbeitern eine bescheidene Unterkunft, allmählich aber entwickelte sich das Hospiz zu einer Pension. Als vielbeachtete Neuerungen kamen Dampfheizung und elektrisches Licht hinzu, außerdem eine gutgeführte Gaststätte, die zu einem Treffpunkt der um Seelsorge und Jugendpflege bemühten Persönlichkeiten wurde.

Das Heim bestand bis zur Zerstörung 1944. In den Nachkriegsjahren entstand das Hotel »Herzog Christoph« als Neubau in der Büchsenstraße 37. Neben repräsentativen Räumen und Zimmern mit insgesamt 50 Betten fand auch der CVJM, der »Christliche Verein junger Männer« (heute: »...junger Menschen«) in dem Haus Unterkunft. Die hervorragende Küche genoß einen guten Ruf weit über Stuttgarts Grenzen hinaus. 1980 jedoch mußte das Hotel — wohl aus finanziellen Schwierigkeiten — schließen.

»Bachner-Kaisersaal«

Bierhalle mit Automatenbuffet

Im letzten Viertel des vorigen Jahrhunderts wuchs die Einwohnerzahl Stuttgarts sprunghaft an. Das Arbeitsplatzangebot der Industrie zog immer neue Menschen in die Stadt, und die gesteigerte Leistungsfähigkeit der Brauereien veranlaßte die Biersiedebetriebe, nach immer neuen Absatzmöglichkeiten Ausschau zu halten.

Bedienung im »Bachner«.

So entstanden die »Bierhallen«, die große Besucherzahlen faßten, lautstarke Unterhaltung boten und sich der besonders schnellen Bedienung der Gäste rühmen durften. Meist gehörte zu diesen Schwemmen ein Automatenbuffet im Erdgeschoß und zuweilen auch eine Bar im Keller.

Der »Kaisersaal« war um 1900 besonders bei Studenten beliebt.

Auch der »Kaisersaal« in der Charlottenstraße 24 zählte zu diesen Neugründungen. Er wurde etwa 1890 eröffnet und bestand wohl bis 1910. Betrieben wurde er von der »Aktiengesellschaft Bachner'sche Brauerei Stuttgart—Tübingen«; gleich um die Ecke, in der Rosenstraße 45, wurde der Gerstensaft hergestellt. Direkt beim Brauhaus bestand auch eine Brauerei-Gaststätte. Die Bierbrauerei selbst war ursprünglich ein kleiner Betrieb gewesen, der allerdings durch den Ankauf der Lindenmeyer'schen Brauerei in Stuttgart im Jahr 1897 und der Brauerei von G. Lenz in Tübingen gewachsen war und nun über ordentliche Kapazitäten verfügte.

»Buchenhof«

Christian Wagners »Schwäb'sches Firenze«

Der »Buchenhof« an der Hasenbergsteige besteht zwar nicht mehr, aber geblieben ist, was den Warmbronner »Bauerndichter« Christian Wagner zu seiner Gästebuch-Eintragung in Hexameterform veranlaßte:

»Willst du retten dich, Freund, aus Stuttgarts Straßengetriebe, / suchen ein stilles Asyl, so flücht' zu der schattigen Höh' / des Hasenbergs hinan, wo dir winket ein Weinhaus, / vornehm, edel, zumal als rebenumsponnene Villa. / Oben der heil'ge Wald und unten das schwäb'sche Firenze, / göttlich schwelgst du so in Wein und herrlichem Ausblick.«

Die benachbarte Aussichtsplatte läßt den Besucher nachempfinden, was den feinsinnigen Poeten zu diesem Vergleich mit Florenz anregte. Der Blick geht ins Vogelsangtal, zur Stadtmitte und schweift an schönen Tagen über den Schwäbischen Wald, bis er sich im Dunst verliert.

Das Gasthaus, im Jahre 1890 als Luftkur-Hotel gegründet, bestand, nach Kriegsende wiederaufgebaut, als Hotel garni bis 1982. Die Besitzerfamilie Wanner wußte in der Art einer Chronik Eindrücke aus der Hasenbergsteige zu sammeln, die dieser Steilstraße zu lokalgeschichtlichem Ruhm verhelfen sollten.

Der Gründer des Roten Kreuzes, der Schweizer Henri Dunant, weilte in den Jahren 1877 bis 1886 mehrmals als Besucher im Haus Nummer 10. Der Maler Oskar Zügel bewohnte das Haus Nummer 83, das er 1933 verließ, um zu emigrieren. Auch der russische Komponist Anton Rubinstein gehörte zu den Besuchern Stuttgarts; angeblich hielt er sich in einem malerischen alten Weinberghäuschen auf, dem »Alexanderhäusle«, das aus dem 18. Jahrhundert stammt.

Einer schwäbischen Dorfkirche mit Turm ähnlich wurde das Wohnhaus des Kunsthistorikers Dr. Hermann Wurz, Hasenbergsteige 79, gebaut, in dem er seine bedeutenden Sammlungen unterbrachte. Dekorative, farbig bemalte Plastiken weisen auf das Haus des Bild-hauers Professor Herbert Otto Hajek hin (Hasenbergsteige 65), der durch seine Arbeiten zu internationaler Geltung gekommen ist.

Der Gänsepeterbrunnen und das Denkmal für den Schriftsteller Johann Georg Fischer am Anfang der Hasen-

Der »Buchenhof« um 1910. Rechts unten ein Blick von der Terrasse.

bergsteige sowie die Bildnisbüste des Dichters Wilhelm Hauff im oberen Teil der Anlagen kennzeichnen diese »Kulturmeile«.

»Arbeiterhalle«, »Eduard-Pfeiffer-Haus«

Vom Arbeiterwohnheim zum Landtagssaal

Ein großer Wohltäter der Stadt war Dr. Eduard Pfeiffer. 1866 hatte er den »Verein für das Wohl der arbeitenden Klassen« gegründet, der die Verbesserung der sozialen Lage und des Wohnmilieus von Arbeitern zum Ziel hatte.

Der Verein begann beim Dringlichsten und erstellte zunächst Fürsorgeein-richtungen sowie Arbeiter- und Arbeiterinnenwohnheime. 1886 begann Eduard Pfeiffer, systematische Untersuchungen über die Unterbringung der ärmeren Bevölkerung anzustellen. Friedrich von Hack, der damalige Stuttgarter Oberbürgermeister, unterstützte Pfeiffers Bemühungen und ordnete zusätzliche Be-fragungen durch Armenärzte und Armenpfleger an.

Die gleichmacherische Statistik hatte nie Extremwerte ausgewiesen; durch die soziologische Studie Pfeiffers wurde nun deutlich, wie schlecht die Verhältnisse in Wirklichkeit waren. Viele Arbeiter waren in winzigen Wohnungen zu-

Das »Eduard-Pfeiffer-Heim«, Heusteig-straße 45, im Jahr 1900. Das darin unterge-brachte Lokal nannte sich »Arbeiterhalle«. In dem Saal mit Empore und Bühne tagte ab 1947 der Landtag.

sammengepfercht, was sittliche Miß-stände zur Folge hatte. Überdies waren diese Wohnungen völlig überteuert. In seinem 1896 erschienenen Buch »Eige-nes Heim und billige Wohnungen« legte Eduard Pfeiffer dar, wie er sich die Lö-sung vorstellte, nämlich durch Reihen-häuser im Grünen, an der Peripherie der Stadt gelegen.

Schon zuvor hatte der »Verein für das Wohl der arbeitenden Klassen« begon-nen, Pfeiffers Ideen in die Tat umzuset-zen. Ab 1891 entstanden die Wohn-hauskolonien Ostheim, Westheim (in Botnang), Südheim (in Heslach) und Ostenau; in der Gegend um die Geiß-straße führte der Verein in den Jahren 1905 bis 1909 die erste Altstadtsanie-rung Stuttgarts durch.

Die Stadt anerkannte Pfeiffers Ver-dienste durch die Verleihung der Ehren-bürgerschaft; König Wilhelm II. nobili-tierte den großzügigen Mäzen.

Noch aus den ersten Jahren des Ver-eins, wohl um 1880 errichtet, stammte das großzügige, ja repräsentative »Eduard-Pfeiffer-Heim« in der Heusteig-straße 45. Es bot 240 alleinstehenden Arbeitern Unterkunft. An die Rückfront des Hauses war ein Saal angebaut, die »Arbeiterhalle«. Es war kein gewerbli-ches Unternehmen; zu jener Zeit stellte es keine Ausnahme dar, daß ein Vereins-heim bewirtschaftet wurde. Wie auch heute noch, konnten diese Vereinslokale

manchmal erhebliche Umsätze verbu-chen.

Der Arbeiter-Bildungsverein hielt hier regelmäßig seine Veranstaltungen ab, was den Pächter besonders freute, denn diese Versammlungen waren im-mer gut besucht.

Der fünfgeschossige Bau überdauerte unbeschädigt die Kriegsjahre. Als sich 1947 der Landtag von Württemberg-Baden konstituierte, begab man sich in der Stuttgarter Ruinenlandschaft auf die Suche nach einer geeigneten Tagungs-stätte. Dabei stieß man auf die ehema-lige »Arbeiterhalle«, die nun bis zur Ein-weihung des neuen Landtagsgebäudes 1961 der Volksversammlung als Plenar-saal diente.

In den folgenden 25 Jahren verrot-tete die Holzkonstruktion immer mehr. Vor allem die Empore des ungenutzten Saales drohte einzustürzen. Dann aber wurde der Saal vom Staatstheater als Probebühne entdeckt und renoviert.

Im vorderen Teil des Hauses ist heute eine Gaststätte untergebracht, die von dem Wirt Stanko Tomic betrieben wird und noch immer den Namen »Eduard-Pfeiffer-Haus« trägt.

Magd mit Sommersprossen

Der aus Warmbronn bei Leonberg stam-mende »Bauerndichter« Christian Wag-ner, dem idyllische Landschaftsschilde-rungen ebenso zu verdanken sind wie feinsinnige, gefühlvolle Betrachtungen, lieferte auch einen Beitrag zur Gastrono-mie in der Form einer ironischen Glosse.

Er kehrte nicht nur im »Buchenhof« ein (siehe Seite 137); es reizte ihn, die kurz vor der Jahrhundertwende eröff-nete »Spanische Weinstube« kennenzu-lernen. Der Wirt Alonso Pedro Bega hatte sie in einem der Markplatzhäuser eröffnet. Seine Eindrücke faßte Wagner in einem Gedicht zusammen, das im »Schwäbischen Tagblatt« erschien:

Ach für meines Lebenstisches
Öd Getrieb in Stall und Scheuer
Wünscht' ich einmal mir ein frisches
Ritterliches Abenteuer.
Und Alonso Pedro Bega
Stand an einer Wand zu lesen,
Eine spanische Bodega —
War noch niemals drin gewesen.
Schmachtend schaut' ich nach Lenora,
Die mir füllen sollt' den Becher.
Gott! Wo ist doch die Señora
Mit Mantilla und mit Fächer?
Was ich sah, war gar nicht spanisch:
Eine Magd mit Sommersprossen,
Hochgeschossen, blond-germanisch,
Reichte mir den Wein verdrossen,
Und umher auf steifen Stühlen,
Mit Grandezza und Bedeutung,
Masken ohne menschlich' Fühlen,
Las ein jeder in der Zeitung.
Von der Bank rafft' ich mein Bündel,
Zu entfliehen dem Gelasse.
Heilloses Gesindel! — —
Rief ich draußen auf der Gasse.

Die Überlieferung berichtet, Wagner habe Sorge gehabt, dieses Poem könne ihm Ärger einbringen. Aber der Wirt ließ ihm sagen, er sei dankbar für die Erwähnung in der Zeitung, denn öfter als je zuvor kämen Gäste, um die Magd mit Sommersprossen zu sehen.

Das Schillerfeld wurde zur Gleisanlage

Es gehörte viel Optimismus dazu, in den Jahren um 1880 in einem Gelände eine Gaststätte zu eröffnen, das erst spärlich bebaut war. Die Innenstadt reichte damals bis zum Königstor, das seit 1810 den unteren Abschluß der Königstraße bildete. Zur Rechten erstreckten sich bis zum Neckar die Grünanlagen des Schloßgartens, die »Königlichen Anlagen«, aber das Gelände zur Linken, als »Schillerfeld« bezeichnet, wirkte öde, seit 1844 der »Württemberger Hof« seinen Betrieb eingestellt hatte. Dort hatte es früher nur Äcker und Baumgärten gegeben, 1846 waren die Schienenstränge der Eisenbahn dazugekommen, die Reiterkaserne war bereits 1843 gebaut worden, und 1852 entstand eine Zuckerfabrik.

Die heute sechs- bis achtspurige Schillerstraße, die das Wagenburgtunnel mit dem Arnulf-Klett-Platz verbindet, war zunächst nur ein Fußweg vom Königstor zur Münze in der Neckarstraße.

Die Königstraße wurde bis 1922 vom Königstor abgeschlossen. Die Aufnahme aus dem Jahr 1916 zeigt die Bauarbeiten am Hauptbahnhof.

»Schönblick«

Blick ins Neckartal

Dem Höhenrestaurant »Schönblick«, das, entworfen vom Architekten G. Beer, zusammen mit der Mustersiedlung »Weißenhof« im Jahre 1927 eröffnet wurde (siehe Seite 37), ging eine gleichnamige ältere Gaststätte des Wirtes Christoph Seyffer voraus. Sie stand

Oben: Das »Schönblick« im Jahr 1900. Seine Lage wird aus dem größeren Bild auf Seite 66 deutlich, wo man das Lokal am linken Bildrand, direkt neben dem »Weißenhof«, erkennen kann. – Unten: 1927 wurde die Weißenhofsiedlung mit dem neuen »Schönblick« errichtet.

am Erbenolweg, der späteren Rathenaustraße, das heißt etwa am selben Ort wie der von Neuer Sachlichkeit geprägte Nachfolgebau.

Das schloßartige Haus mit der schönen Gartenwirtschaft entstand wohl kurz vor 1900, kam aber kaum zu größerer ökonomischer Bedeutung. Denn damals bestand noch keine Straßenverbindung zum Killesberg, und darunter litt die Rentabilität der Gaststätte. Berechtigt war allerdings der Vermerk auf dem hier gezeigten Werbebild: »Blick ins Neckarthal«, der auch heute noch von diesem Bergrücken aus große Reize hat.

Das Schicksal der »Restauration zum Königsthor« war schon besiegelt, als drei Freunde im August 1911 diese Karte nach Rußland geschickt haben. »Dieses alles wird abgebrochen zum neuen Bahnhof«, bemerkte einer von ihnen auf der Karte.

31. März 1913 schlossen sich die Pforten der Gaststätte, und das Gebäude wurde samt der Salzfabrik abgebrochen. Genau an der Stelle des alten Lokals lädt heute das »Arkadencafé« zum Verweilen ein.

»Kernerhaus«

Verschollene Reliquien

In einem Haus direkt am Kernerplatz, Ecke Kerner- und Urbanstraße, richtete im Jahr 1894 der Konditor Hermann Lehrenkrauß ein Café-Restaurant ein, das er wegen diverser »Reliquien« als »Sehenswürdigkeit I. Ranges« anpries. Nichts davon überdauerte die Zeiten, auch fehlt jeglicher Hinweis auf die Art dieser Erinnerungsstücke. Dennoch dürfen wir dem Besitzer, der einer wohlbekannten Wirtedynastie entstammte, zubilligen, daß er diese Kostbarkeiten zu Recht rühmte.

1857 wurde er zur Straße ausgebaut und der Schloßgarten dadurch in zwei Teile zerschnitten. Markant war vor allem die Eisenbahnbrücke, die etwa in der Höhe der heutigen Lautenschlagerstraße den Weg überspannte. Anläßlich des 100. Geburtstags von Schiller im Jahr 1859 wurde ernsthaft diskutiert, ob die so »verunzierte« Straße des Dichternamens würdig sei oder ob man nicht die schönere Silberburgstraße in Schillerstraße umbenennen sollte. Die wenigen Bewohner der Schillerstraße wehrten sich jedoch dagegen, und so wurde der Plan aufgegeben.

Zu jener Zeit bildete der Platz vor dem Königstor ein kleines Rondell. Etwa in der Fortsetzung der Königstraße lag die Orangerie, die zum Schloßgarten gehörte. Nach links zweigte im rechten Winkel die Schillerstraße ab, die Königstraße machte eine Biegung und führte, nun Ludwigsburger Straße genannt, nördlich an der Orangerie vorbei. Direkt gegenüber der Orangerie, auf der anderen Seite der Ludwigsburger Straße, befand sich der »Waaren Bahnhof«.

Auf dem Zwickel zwischen Schiller- und Ludwigsburger Straße errichtete nun der Brauereibesitzer Paul Kolb das

Das Café und Restaurant »Kernerhaus«, in dem es »Reliquien« von Justinus Kerner zu bestaunen gab, galt als »Sehenswürdigkeit I. Ranges«. Die Karte stammt aus dem Jahr 1901.

»Gasthaus zum Güterbahnhof«, das vor allem durch eine damals noch seltene Plakatsäule neben dem Eingang auffiel. Am Neujahrstag 1908 übernahm das Wirtsehepaar Karl und Berta Pflugfelder das Lokal, das fortan »Restauration zum Königsthor« hieß. Mittlerweile war die Lage nicht mehr ganz so idyllisch, denn unmittelbar hinter dem Lokal war eine Salzfaktorei errichtet worden.

Etwa um dieselbe Zeit fiel endgültig die Entscheidung, daß der neue Stuttgarter Hauptbahnhof an der Schillerstraße gebaut werden sollte. Paul Bonatz und Friedrich Eugen Scholer gewannen den Architektenwettbewerb, und nach mehreren Änderungen der Pläne sollte 1914 mit dem Bau begonnen werden. Am

Der Dichter Justinus Kerner, dem wir unter anderem die bekannten Volkslieder »Wohlauf noch getrunken den funkelnden Wein«, »Preisend mit viel schönen Reden« und »Dort unten in der Mühle« sowie die bekannte Erzählung »Die Seherin von Prevorst« verdanken, lebte zwar in Weinsberg, weilte jedoch sehr häufig als Gast in Stuttgart. Hier wohnte sein Bruder, der Geheimrat Karl Kerner, und sein Sohn Theobald praktizierte als Arzt in Cannstatt. Der Cotta-Verlag, der Kerners Werke publizierte, war in Stuttgart ansässig, und der Dichter selbst verkehrte im Salon der Amalie von Stubenrauch in der Neckarstraße. Es ist also durchaus möglich, daß Andenken in den Besitz des Wirtes kamen.

Vielleicht haben sie dazu angeregt, das Denkmal auf dem Kernerplatz – ein Werk des Bildhauers Karl Eisele – zu schaffen, vielleicht wurde sogar die Namensgebung des Platzes (1898) und der Kernerstraße (1906) vom »Kernerhaus« inspiriert. Eine Kernerbüste als Hausplastik blieb erhalten.

»Friedrichsbau«
Stuttgarts großer Vergnügungspalast

Zu allen Zeiten, besonders aber im 19. Jahrhundert, war Stuttgart eine vielgerühmte Stadt. Daneben fehlte es aber auch an mehr oder minder boshaften Kritikern nicht. Vor allem ein Anonymus mit dem Initialen A.K. sparte nicht mit hämischen Bemerkungen über Philistertum und Rückständigkeit der Stuttgarter. In seinem 1892 erschienenen und kürzlich vom Silberburg-Verlag neu herausgegebenen Buch »Stuttgarter Indiskretionen« (in der Neuausgabe kommentiert von Harald Schukraft) heißt es:

»Los‹ ist hier [in Stuttgart] absolut nichts. Es existirt natürlich auch ein Verein zur Hebung des Fremdenverkehrs, aber der Lokalwitz, der ihn Verein zur Hemmung des Fremdenverkehrs nennt, charakterisirt seine Thätigkeit zur Genüge. Große und spekulative Köpfe, mit der nöthigen Kapitalskraft ausgerüstet, würden hier ein lohnendes Feld ihrer Thätigkeit finden; große Vergnügungsetablissements und anderes, was Städte von gleicher Größe in Hülle und Fülle haben, fehlen hier gänzlich. Wer im Sommer nicht Lust hat, Ausflüge in die Umgebung zu machen, die wirklich schön ist, der ist auf den ›Stadtgarten‹ angewiesen. Der ist ja nun allerdings recht nett, aber alle Abend ›Stadtgarten‹ – toujours perdrix! Im Winter ist es auch nicht viel besser.

Es existirt allerdings ein Tingeltangel. Er führt den pompösen Namen ›Reichshallentheater‹ und ist mit einem Kafé verbunden, in dem als Anziehungskraft auf die jeunesse dorée die Specialitäten nach der Vorstellung verkehren. Aber man denke nicht an ein Lokal im Stil der Berliner Reichshallen! Klein, ohne Komfort, wenig hervorragendes bietend zieht es als Stammpublikum nur die Hundert-Mark-Kommis mit ihren Konfectioneusen an. Einmal sollen allerdings auch hochgestellte Herrschaften ihren Weg dorthin gefunden haben, als nämlich die vielgenannte Reklameschönheit Betty Stuckart dort auftrat. Aber sie mußten das Wagniß schwer büßen. Am nächsten Tag las man in den Zeitungen ein ›Eingesandt‹ der genannten Schönheit, in dem sie den ›hohen Herren und Kavalieren vom Hofe‹ den wärmsten Dank für gütigen Besuch abstattete. Die Herren sind nicht wieder hingegangen, denn in einer so pietistischen Gesellschaft kompromittirt ein solches Eingesandt.«

Damals mag sich auch mancher Stuttgarter über die Kübel voll Spott amüsiert haben, die A.K. über die Stuttgarter Unterhaltungsszene ausgoß. Wäre der norddeutsche Reisende, der der Autor angeblich war, nur acht Jahre später in unsere Stadt gekommen, hätte er sich wesentlich mehr zurückhalten müssen. Denn im Jahre 1900 wurde der pompöse »Friedrichsbau« eröffnet, der sich zu einem Vergnügungspalast ersten Ranges entwickelte.

Der fünfgeschossige Bau an der Friedrichstraße, in den phantasievollen Formen des Jugendstils errichtet, mit Erkern und Balkonen versehen und von einem Türmchen überragt, wurde zum Sinnbild dekorativen Städtebaus im Geschmack der damaligen Zeit. Das Gebäude war geschickt plaziert: Stand man auf der Königstraße, so bildete es scheinbar den Abschluß der Schloßstraße, der heutigen

Tresen und Gasträume im »Restaurant Friedrichsbau« (1913).

142

Willy Reichert spielt den Häberle.

Bolzstraße, die dort einen Bogen nach Westen machte. Schon von weitem vermittelte der Bau den Eindruck einer gediegenen Prosperität. Im Erdgeschoß waren Läden und ein großes Restaurant untergebracht; in der ersten Etage befanden sich ein Café, Ort regelmäßiger Konzerte, und vor allem der Theatersaal. Die übrigen Stockwerke waren als Geschäftsräume eingerichtet.

Unter den Direktoren Ludwig Grauaug und später Willy Reichert entwickelte sich eine glanzvolle Epoche mit Operetten und Varieté, mit Tanzveranstaltungen und Serenaden, die viel Beifall fanden.

Zu Gastspielen wurden originelle Bauerntheater ebenso verpflichtet wie die Reinhardtbühne, die Stars der damaligen Zeit traten auf, Josephine Baker, Claire Waldoff, Karl Valentin, Otto Reutter, dazu die beliebten Komiker Oscar Heiler und Willy Reichert als »Häberle und Pfleiderer«, der Satiriker Roda Roda — eben so ziemlich alle, die im Bereich der leichten Muse einen Namen hatten.

Darüber verstummten die Kritiker, die in Stuttgart noch immer ein Provinznest sehen wollten. Unberührt durch äußere Einflüsse überstand das Unternehmen mit abwechslungsreichen Veranstaltungen die Zeiten. Dann aber wurde es immer gefährlicher, im Getändel der leichten Muse ein paar ironische Glossen einzuflechten.

Von der heutigen Bolzstraße aus gesehen, war der »Friedrichsbau« eine imposante Erscheinung. Nach 1933 verunzierten Hakenkreuz und Reichsadler die Spitze seines Türmchens. Café und Lokal hießen nun »Großgaststätte Friedrichsbau«. Der Gastwirt Eugen Lechner hatte damals die Lokale gepachtet.

Bombenwürfe verursachten im Jahre 1943 schwere bauliche Schäden, die das heitere Spiel eine Zeitlang verstummen ließen. Zwar wurde das Haus provisorisch wiederhergestellt, aber im darauffolgenden Jahr kam es erneut zu schweren Beschädigungen. In den Nachkriegsjahren fiel die Ruine der Straßenverbreiterung zum Opfer.

»Weinhaus W. Kronemann«, »Zum Augustiner«, »Mathäser«; »Zur Tauberquelle«

Ein idyllischer Winkel

Nur ein paar Bilder und Zeichnungen blieben erhalten, die vom Gasthausleben in früheren Zeiten berichten. Auch die Stadtchronik bewahrt nur spärliche Angaben, die wenig über den Wirtestand und die Gastronomie von anno dazumal vermelden. Um so erfreulicher ist es, daß unsere Stadt das reizvolle Bild der Geißstraße aufzuweisen hat, das ein Kapitel Vergangenheit illustriert, bei dem auch ein Wirtshaus nicht fehlt.

Diesen idyllischen Winkel verdanken wir der Sanierung, die vom »Verein zum Wohl der arbeitenden Klassen« unter

Leitung von Eduard Pfeiffer in den Jahren 1906 bis 1909 durchgeführt wurde. Zahlreiche alte, meist recht malerische, aber oft auch enge und baufällige Häuser waren damals abgebrochen worden, um von zweckmäßigen Neubauten ersetzt zu werden. Die Architektur war auf neuzeitliche Ansprüche ausgerichtet, wollte zugleich aber auch traditionelle Bindungen anklingen lassen.

Das gilt vor allem für das malerische Giebelhaus der Gaststätte »Mathäser«, die zunächst als »Weinhaus W. Kronemann«, dann unter dem Namen »Augustiner« betrieben wurde. Das Haus entspricht äußerlich mit Freitreppe und Erker und im Inneren mit seinen gemütlichen Stuben so recht der poesivollen Vorstellung, die man mit dem Stichwort »Altstadt« assoziiert.

Es erinnert daran, daß die Geißgasse bereits im Jahre 1430 erwähnt wurde und daß es hier vermutlich auch damals schon eine Gaststätte gab. Aus späterer Zeit bekannt sind die Wirtschaft »Zum grünen Baum« und die »Weinstube Schwab«, die am Hafenmarkt lagen, und die Gaststätte »Ritter« in der Eberhardstraße 26.

Die Phantasie muß mithelfen, das Bild zu ergänzen mit kleinen Läden und engen Werkstätten und dem emsigen Betrieb des Häfelesmarkts am sogenannten Alleele beim heutigen Graf-Eberhard-Bau, das man vom Geißplatz aus durch das Mohrenwegle erreichte. Der Geißplatz selbst wird noch heute vom Hans-im-Glück-Brunnen geziert, den der Bildhauer Professor Josef Zeitler im Jahre 1909 schuf. Die Ergänzung dazu bilden, als Zierat der Häuser, einige Plastiken und Reliefs.

Eine Ironie des Schicksals war es, daß im Bombenhagel des ausgehenden Zweiten Weltkriegs die ganze Stuttgarter Altstadt in Schutt und Asche sank – mit Ausnahme des zuvor sanierten Gebiets um die Geißstraße. So ist der »Mathäser« heute eines der ältesten original erhaltenen Häuser der Kernstadt.

Gut hundert Meter Luftlinie davon entfernt steht in der Torstraße 19 die traditionsreiche Gaststätte »Zur Tauberquelle«, die seit 1879 im Adreßbuch zu finden ist. Hier, in der Torstraße, hatten die Bomben im Zweiten Weltkrieg nicht ganz so schlimm gewütet; die meisten Gebäude wurden erst Ende der sechziger Jahre abgerissen, als die U-Bahn gebaut und die Straße verbreitert wurde.

Altschwäbisch-vertraut mutet das Haus der »Tauberquelle« an, das an der Ecke zur Nesenbachstraße steht. Es stammt aus dem frühen 19. Jahrhundert; die Fundamente jedoch sind viel älter. Der Vorgängerbau war auf die Stadtmauer aufgesetzt und gehörte im Jahr 1794 dem Tuchscherer Johann Gottfried Kretschmar.

Links und Mitte: Das heutige »Mathäser« am Geißplatz im Jahr 1910. Erster Pächter des Hauses war damals Wilhelm Kronemann, der zuvor das Café im Olgabau geführt hatte (siehe Seite 110). – Rechts: Der Geißplatz mit dem Hans-im-Glück-Brunnen 1930; jetzt hieß das Lokal »Augustiner«.

Damals floß der Nesenbach als offenes Rinnsal durchs Tal, direkt an Kretschmars Haus vorbei. Wo heute das Schwabenzentrum steht, befand sich das Viertel der Färber und Gerber. Die Torstraße hieß damals Hauptstätter Thor Gaß, denn sie führte zum Hauptstätter Tor beim heutigen Wilhelmsplatz. Auch der Name »Weißisches Gäßle« war gebräuchlich, denn direkt neben Kretschmar, auf der anderen Seite des Nesenbachs und durch eine kleine Brücke verbunden, hatte sich 1787 der Rotgerber Weiß ein Haus erbaut. Wenige Jahre später finden wir Johann Philipp Weiß als Besitzer des Hauses erwähnt, den »Weißenhofbeck« (siehe Seite 75/76), der hier eine Zeitlang seine Bäckerei betrieb.

»Herzog Eugen«, »Zum lieben Augustin«

Wirtschaft aus Zufall

Im Falle der Gaststätte »Herzog Eugen« ist das Bauwerk selbst wichtiger als der Wirtshausbetrieb. Das Gebäude an der Schwabstraße 84, Ecke Forststraße, zählt zu den bemerkenswerten Beispielen der Wohnhausarchitektur um die Jahrhundertwende und wird darum in der Fachliteratur erwähnt. 1902 wurde es zunächst in neugotischem Stil geplant, dann überlegten es sich die Architekten Schieber und Schweizer samt dem Bauherr, Bauunternehmer Gustav Lauster, jedoch anders und entwarfen die Fassade in neuromanischem Stil.

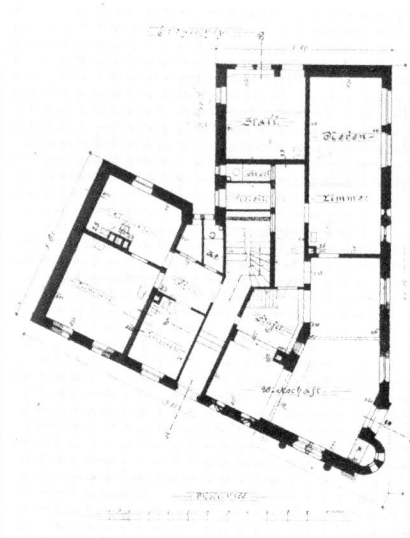

Die Aufnahme einer Gaststätte scheint eine eher zufällige Lösung gewesen zu sein, auch wenn der Wirt Albert Eisele bald das ganze Haus gekauft hat. Die Wirtschaft steht jedoch in keiner

Links der neugotische, rechts der tatsächlich ausgeführte neuromanische Entwurf.

An der Ecke Schwab- und Forststraße befindet sich (unter anderem Namen) noch heute das Lokal, zu dessen Einweihung Wirt Albert Eisele im April 1906 einlud.

Beziehung zur Architektur. Die Zeiten, in denen die Wirte Gasthöfe nach eigenem Ermessen und entsprechend den

Der Grundriß des Lokals sieht noch einen Stall für die Kutschpferde vor.

Lebensbedingungen bauten, waren um die Jahrhundertwende längst verflossen.

Das Haus überstand die Kriegsjahre unbeschädigt und beherbergt heute das Lokal »Zum lieben Augustin«.

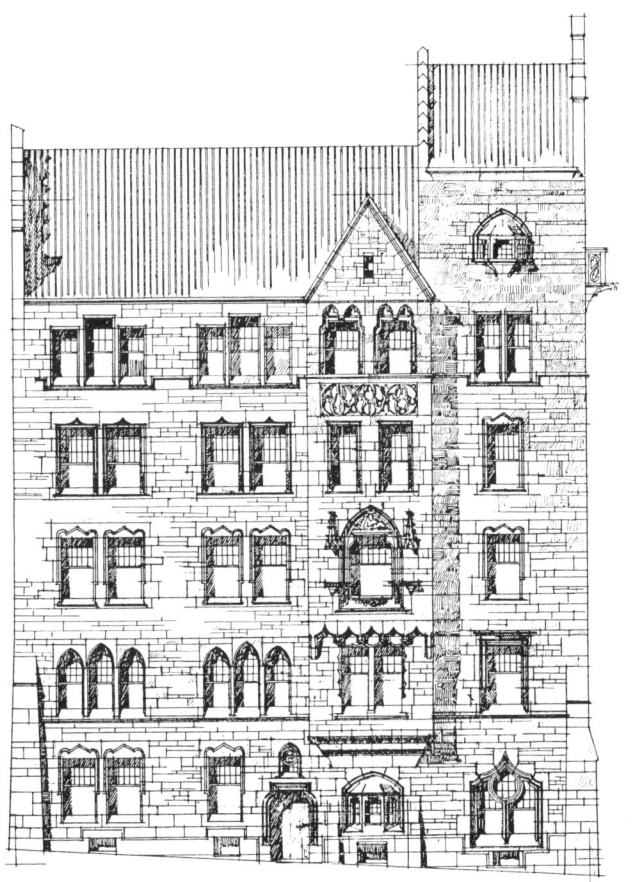

145

Der Kunst nahe

Das von Theodor Fischer entworfene Kunstgebäude am Schloßplatz konnte im Jahre 1913 eingeweiht werden. Das »Haus unterm goldenen Hirsch« war anstelle des ausgebrannten Hoftheaters errichtet worden. Von Anfang an bestand in dem Museumshaus auch eine Einkehrstätte. Sie war Treffpunkt der Mitglieder des Stuttgarter Künstlerbundes und der Kunstfreunde.

Nach dem Wiederaufbau des Hauses 1956 bis 1958 durch Paul Bonatz und einer Erweiterung 1961 konnte auch die Gaststätte im ersten Stock neu eröffnet werden. Sie war nun allerdings etwas kleiner als zuvor. Die Bewirtschaftung übernahm Frau Jutta Eckert, eine frühere Schauspielerin, die mit Unterstützung von Künstlern bemüht war, den Räumen mit Bildern und Plastiken eine anziehende Note zu geben. Der Pächter wechselte, die Ausstattung hat sich geändert, und heute heißt das Lokal »Bei Jan«.

Die Eröffnung des Kunstgebäudes im März 1913 war für Stuttgart ein glanzvolles Ereignis. Sie war mit einer repräsentativen Veranstaltung verbunden, die als Huldigung für das Königspaar und prominente Persönlichkeiten gedacht war. Mit einem Festspiel, aufgeführt von Mitgliedern des Hoftheaters, und mit eigens komponierter Musik von Generalmusikdirektor Professor Max von Schillings erreichte die Feier ihren Höhepunkt, dem zum Abschluß ein Festball folgte.

Zum Kuppelsaal gehörte damals eine Bühnennische, die für künstlerische und unterhaltsame Aufführungen genutzt wurde.

So entwickelte sich in den »heiligen Hallen« ein geselliges Leben, das den Zusammenschluß der Künstler förderte und darüber hinaus zahlreiche Freunde der Bildenden Künste anzog.

Im Jahr 1915 befand sich direkt am Schloß Solitude eine Gartenwirtschaft. Wer wollte, konnte sogar unter den Arkaden sitzen.

Gar nicht lange nach der Eröffnung diente das Kunstgebäude jedoch schon anderen Zwecken: Vom 15. bis 20. März 1920 trafen sich hier die deutsche Nationalversammlung und die Reichsregierung! Um das Ende des Kapp-Putsches abzuwarten, waren die

Die Rückfront des Kunstgebäudes vor der Zerstörung.

Politiker aus Berlin gekommen; im Kunstgebäude tagten sie, und im nahegelegenen »Hotel Marquardt« waren die prominenten Gäste einquartiert.

Einsam war's hier nie

Der Name Solitude, zu deutsch Einsamkeit, traf eigentlich niemals zu. Denn das Lustschloß im Westen der Stadt, nach eigenhändigen Entwürfen Herzog Carl Eugens in den Jahren 1764 bis 1770 gebaut, wurde, zusammen mit seinen Gartenanlagen, zu einem Tummelplatz üppiger Barockfeste.

Allerdings verlor der Monarch schon bald das Interesse an seiner Schöpfung und baute Schloß Hohenheim. Kaspar Schiller, der Vater des berühmten Dich-

ters, veranlaßte als Gartenbauinspektor, daß die Laubengänge, Hecken, Brunnen und Blumenrabatten einer umfangreichen Obstbaumschule weichen mußten. Vater Schiller versorgte das Land mit veredelten Bäumen, die statt geringwertigem Mostobst wertvolles Tafelobst reifen ließen.

Einsam war die Solitude auch in späteren Zeiten nicht, denn sie entwickelte sich zu einem beliebten Ausflugsort der Stuttgarter. Von hier hatte man

Die »Neue« und die »Alte Stitzenburg«. Ausschnitt aus einer Reklame-Ansichtskarte um 1895.

einen herrlichen Blick aufs Unterland, und die schnurgerade Straße zum Schloß Ludwigsburg, seit dem 19. Jahrhundert die Basis der württembergischen Landesvermessung, ruft noch heute Bewunderung hervor. Sonntags fanden sich Händler aus dem benachbarten Ort Gerlingen ein, die Stände aufbauten, um die Spaziergänger mit Backwerk, Obst und Getränken zu versorgen.

In den ehemaligen Gesellschaftsräumen des Kavaliersbaus war seit 1915 eine Gastwirtschaft untergebracht. Aus dem kleinen Betrieb wurde schließlich ein sehr elegantes Hotel, das in den sechziger/siebziger Jahren seine Blüte erlebte. Ein Teil der Räume in dem Flügelgebäude hatte die spätbarocke Ausstattung behalten, die festlich wirkte. Dazu kam eine Gartenwirtschaft, die für den Ausflüglerverkehr eingerichtet war; zunächst unmittelbar am Schloß, später an der Rückfront des Kavaliersbaus.

Aus verschiedenen Gründen erfolgte die Schließung des »Schloßhotels«. Wenig später übernahm I. Michel als neuer Pächter die Räume im Erdgeschoß und eröffnete das »Schloßcafé Solitude«. Der Fremdenverkehr war reger als je zuvor. Denn das Lustschloß ist von 1973 bis 1983 mit großem Aufwand restauriert worden; es erweist sich nun als ein beachtliches Werk des Rokoko und birgt eine Fülle reizvoller Kunstwerke aus dem 18. Jahrhundert.

Dennoch mußte auch das »Schloßcafé« wieder schließen, als an den beiden

Die »Stitzenburg« des Uhrmachers Stitz mit Gartenwirtschaft um 1800.

Flügelgebäuden die Umbauarbeiten zur »Akademie Schloß Solitude« begannen. Ministerpräsident Lothar Späth, der nur einen Steinwurf entfernt wohnt, hatte die Idee, die Kavaliersgebäude zu einem internationalen Künstlerhaus umzugestalten und Ateliers und Unterkunftsmöglichkeiten im Stile der römischen »Villa Massimo« einzurichten. Ausgewählten Stipendiaten soll so die Möglichkeit gegeben werden, ihre Arbeit unabhängig fortzuentwickeln.

Vielleicht kann im Zuge der Realisierung dieses Objektes eine zweckentsprechende gastronomische Lösung gefunden werden, die der Bedeutung der Solitude angemessen ist. Bedarf besteht auch von seiten zahlreicher Hochzeitsgesellschaften, denn die stilvolle Barockkapelle auf der Solitude ist als »Heiratskirche« beliebt.

Es gab in Stuttgart auch noch eine »Kleine Solitude«. Diese Bezeichnung hatte der Volksmund erfunden, weil das Bauwerk abgelegen war und mit Kuppel und Säulen an das große Vorbild erinnerte. Auf der damals bewaldeten

Anhöhe dem Bopser zu, dem heutigen Karree Hohenheimer, Schick-, Stitzenburg- und Wächterstraße, hatte der Hofkammerrat J. Grüneisen um das Jahr 1770 ein reizvolles Landhaus errichten lassen. Der Uhrmachermeister Christian Friedrich Stitz pachtete das Haus und richtete hier um 1790 eine ländliche Gaststätte mit Gartenwirtschaft ein. Sie wurde bald als Ausflugsziel sehr beliebt, zumal man sie von der Stadt gut erreichen konnte, und erhielt den Namen »Stitzenburg«. Nicht nur wegen der schönen Aussicht, die man von dort oben hatte, sondern auch wegen der regelmäßig abgehaltenen Maien- und Herbstfeste ragte die Stitzenburg über den Durchschnitt der Ausflugslokale hinaus.

Als im Jahr 1824 der Freiherr von Spitzemberg das Haus erwarb und für den Sommeraufenthalt seiner Familie umbauen ließ, wurde das Lokal geschlossen. Erst 1869 – der Freiherr hatte das Anwesen mittlerweile an einen Pflästerermeister namens Brenner verkauft – wurde die »Stitzenburg« wieder zur Gaststätte. Mittlerweile hatten sich jedoch andere Lokale in der Gegend etabliert, die ebenfalls den Namen »Stitzenburg« führten. So wurde das Wirtshaus unter der Bezeichnung »Alte Stitzenburg« bis 1881 weitergeführt. Dann hatte sich die städtische Bebauung den Hang hinauf erstreckt, und es erfolgte der Abbruch, weil auf dem Gelände Wohnhäuser errichtet werden sollten.

»Hotel Textor«, »Hotel Kaup« und die Friedrichstraße

Des Rundfunks Wiege war ein Gasthaus

Wie klein und bescheiden doch manche Dinge begonnen haben, die zu imponierender Größe kamen! Im März 1924 saßen einige findige Köpfe unter der Leitung von Dr. Theodor Wanner zusammen, die nichts geringeres beschlossen, als den Süddeutschen Rundfunk zu gründen. Dazu benötigten sie zunächst ein Gebäude. Die Wahl fiel auf das Haus Friedrichstraße 50, in dem längere Zeit das »Hotel Textor«, später das »Hotel Kaup«, bestanden hatte. Vier Jahre zuvor hatte es seine Pforten geschlossen.

Im Obergeschoß wurden drei Zimmer gemietet, die die Verwaltung aufnahmen, und in den Kellerräumen entstand unter der Leitung von Dr. Bofinger das Aufnahmestudio. Der Sender wurde im Dachgeschoß des ehemaligen Heeresproviantamts in Feuerbach montiert, und von dort erfolgten am 10. Mai 1924 die ersten Sendungen. Bis zum März 1925 blieb der Funk im Gebäude Friedrichstraße 50, dann übersiedelte er in das ehemalige Waisenhaus am Charlottenplatz, das bis 1944, bis zur Zerstörung durch Bomben, als Südfunkhaus diente.

Das ehemalige »Hotel Textor« besteht nicht mehr; es wurde durch Kriegs-

Oben: Im »Hotel Dierlamm«. – Rechts: Die Friedrichstraße beim Metropol (bei der heutigen Einmündung der Lautenschlager- in die Bolzstraße). Im Hintergrund, von links nach rechts: »Friedrichsbau«, »Hotel Dierlamm« und »Hotel Viktoria«.

einwirkungen zerstört. Aber es wäre zu wünschen, daß der Neubau zu einer Gedenktafel käme, um an diese »Wiege« des Süddeutschen Rundfunks zu erinnern.

Das »Hotel Textor« war nicht die einzige Herberge an der Friedrichstraße. Sie trug bis 1808 den Namen »Seegasse« und gehörte zu einem Prominentenviertel, in dem Adelige, Würdenträger, Künstler, Gelehrte und einige der Kulturszene verbundene Originale lebten.

Erst der Bau des Bahnhofs in der heutigen Bolzstraße, 1846 eröffnet, veränderte die Struktur der Gegend. Mehrere Hotels und Gaststätten entstanden, die vor allem dem Reiseverkehr dienten. Sie wurden zu Spiegelbildern der sich entwickelnden Großstadt, die anziehend

auf fremde Besucher und auf die Bewohner des Umlands wirkte.

Die großstädtischen Lebensformen veränderten allmählich das Straßenbild; die Bauten in der Friedrichstraße verloren das patriarchalisch-traute Gepräge der Biedermeierzeit. Läden und Gaststätten zogen in die Erdgeschosse ein, die Gärten mußten Nebengebäuden und Seitenflügeln weichen. Aus der idyllischen Allee der Adels- und Fabrikantenfamilien wurde eine Geschäftsstraße mit lebhaftem Verkehr, dem vor allem die Gastronomie ihren Stempel aufdrückte.

Das Hotel »Europäischer Hof« zählte vor allem internationale Reisende zu seinen Gästen (später zog hier die Gewerkschaft Druck und Papier ein). Im »Haus

Franck« verkehrten Gutsbesitzer und der Landadel. Der Fachwerkbau der »Drei Mohren« bewahrte die heimelig-gemütliche Atmosphäre bis zum Abbruch des Hauses im Jahre 1977.

Aus dem »Hotel Viktoria« wurde ein Hospiz, von gutsituierten Familien und Pensionären bewohnt. Zelebritäten, darunter der Ästhetiker Professor Friedrich Theodor Vischer, fühlten sich im »Hotel Dierlamm« gut aufgehoben, während in der »Alten Post« die Männer der Technik zusammenkamen, vor allem Piloten und Luftschiffer wie der Konstrukteur Dr. Dürr.

Die Beamtenschaft bevorzugte das »Hotel Textor«; Jäger und Schützen blieben dem »Oberpollinger« treu, dessen gute Küche gelobt wurde. Der »Elefant«

Dr. Bofinger (rechts) beim Hören der ersten Südfunk-Sendung.

zog die Freunde gemütlicher Skatrunden an. In den Gaststätten »Schwabenbräu«, »Eisenbahn« und »Posthörnle« herrschte ein liberales Klima, und doch fand sich dort manche exklusive Stammtischrunde zusammen.

Die jüngeren Jahrgänge fühlten sich stärker angezogen vom »Residenz-Café«, vom Kaffeehaus »Vaterland« und von der »Konditorei Mettenleiter«, die vorher im Besitz der Cafétierfamilie Lehrenkrauß war. Dazu kam, daß als erstes Kino Stuttgarts 1907 das »Eden-Theater« in der Friedrichstraße eröffnet wurde. Die Firma Hermann Tietz begann ihre Handelstätigkeit 1891 in einem Laden an der Friedrichstraße; erst 1905 errichtete sie in der Königstraße

das erste Stuttgarter Warenhaus. Nach dem Zweiten Weltkrieg wurde aus dem Firmennamen »Hermann Tietz« die Abkürzung »Hertie«.

Heute zeigt die Friedrichstraße ein gänzlich anderes Gesicht. Die Kriegszerstörungen waren so gründlich, daß ein völlliger Neubau erfolgte, der auf Überlieferung verzichtete. Die einst so noble Avenue wurde dabei Teil der vielspurigen, mitten durch die Stadt geführten Bundesstraße 27.

Stadthalle

Erstaunliche Rekorde und ein Beilhieb gegen Hitler

Die Sportverbände sahen endlich ihre Hoffnung erfüllt, als im Sommer des Jahres 1926 die neue Stadthalle eröffnet wurde. Die geniale Holzkonstruktion an der Ecke Neckar- und Werderstraße ließ schon von außen ihre Funktion, vor allem Sporthalle zu sein, erkennen. Der Innenraum bildete eine große Ellipse, die für alle nur denkbaren Sportarten geeignet war und von Tribünen eingefaßt wurde, die 10000 Sitzplätze boten. Natürlich gehörte neben Ankleideräumen und sanitären Einrichtungen auch eine Gaststätte zu der Halle, die als Vorläuferin der Schleyer-Halle angesehen werden kann.

Stuttgart war nun in der Lage, internationale Wettkämpfe auszutragen. Erstaunliche Rekorde wurden in der Stadthalle erzielt; auf das Deutsche Turnfest und das Sechs-Tage-Rennen des Jahres 1933 sei besonders hingewiesen. Aber das Programm umfaßte auch festliche Veranstaltungen, Konzerte und unterhaltsame Darbietungen.

Als geeignet erwies sich die große Halle auch für politische Kundgebungen. Dies wußten vor allem die Nationalsozialisten zu nützen. Unvergessen ist, daß am 15. Februar 1933 Hitler von hier aus über alle Rundfunksender zum deutschen Volk sprechen wollte. Aber außer einigen Sätzen hörte man in Deutschland an diesem Tag nichts vom »Führer«. Widerstandskämpfer hatten das Sendekabel kurzerhand mit einem Beil zerhackt. Die beiden Antifaschisten wurden 1935 denunziert und zu langen Haftstrafen verurteilt.

Die Stadthalle wurde 1944 durch Bomben zerstört, ein Wiederaufbau unterblieb. Das Gelände unterhalb der Villa Berg kam durch Tausch an den Süddeutschen Rundfunk, der das repräsentative, moderne Sendehaus errichten ließ, das 1976 bezogen wurde.

Die Stadthalle im Jahr 1928.

Der Marstall wurde gastronomisch genutzt

Der unter Napoleon vom Herzog zum König avancierte Friedrich von Württemberg verstand seine Königswürde als Verpflichtung, die Residenzstadt repräsentativ zu vergrößern.

So entstand ab 1807 nördlich des Neuen Schlosses die Friedrichstadt, ausgeführt nach einem Gesamtplan des Hofbaumeisters Nikolaus von Thouret. Die Königstraße sollte zu einer »Via triumphalis« ausgebaut werden, und um den Plan möglichst schnell realisieren zu können, befahl der Regent, aus dem Komplex der Bauten um das Lustschloß Solitude zwei Objekte nach Stuttgart zu versetzen.

Das eine war die Eberhardskirche, die 1811 als erste katholische Kirche des Landes geweiht wurde; gleichzeitig erfolgte die Verpflanzung des »Langen Stalls« in die untere Königstraße, der fortan als »Königlicher Marstall« bezeichnet wurde. Darin wurden die Reit- und Kutschpferde des Hofs gehalten, auch die Fahrzeuge und andere Geräte kamen dazu, die der Prunkentfaltung des Hofes dienten.

Der Glanz des Königtums erlosch 1918, und damit verlor der Marstall seine Bedeutung. Aber der ansehnliche Bau mit der Kuppel über dem Mitteltrakt sollte nicht verschwinden. In den Jahren 1922 bis 1924 erfolgten Umbauten im Inneren des Hauses; es wurden Läden, Büros und Werkstätten eingerichtet. Im Seitenflügel entstand das

Im Jahr 1928 wurde das großzügig geplante »Konzert-Café Hindenburgbau« gegenüber vom Hauptbahnhof eingeweiht, mit dem die Gebrüder Greiner großstädtische Atmosphäre nach Stuttgart bringen wollten.

»Schloßgartenhotel«, eine repräsentative Stätte der Gastlichkeit, die, 1925 eröffnet, durch die Nähe des neuen Hauptbahnhofs auch für Reisende attraktiv war. Außerdem zogen in den ehemaligen Marstallbau ein Café und ein Kino ein.

Aber der Bombenkrieg zerstörte die Baugruppe völlig. Ein neuer, vornehm zurückgesetzter Hotelbau entstand, größer und eleganter als zuvor; er wurde 1962 unter dem Namen »Hotel am Schloßgarten« eröffnet.

Das Steinrelief am »Ketterer«, ein Werk des Bildhauers Josef Zeitler.

Nach der endgültigen Fertigstellung des Hauptbahnhofs im Jahr 1927 machte sich die Stadt an den Aus- und Umbau des Bahnhofsplatzes. Der Hindenburgbau entstand, die elegant ausgestattete Großgaststätte »Greiner« wurde 1928 eingeweiht. Die Lautenschlagerstraße wurde angelegt, und nach Plänen von Paul Bonatz entstand das »Hotel Graf Zeppelin«, 1931 eröffnet.

»Ketterer«

Schwaben in aller Welt

Am Haus Marienstraße 3 B fällt der Blick des Betrachters auf eine steinerne Reliefgruppe, die Trachtenfiguren des 18. Jahrhunderts zeigt. Damit wurde die seit alters bekannte Form der Schildzeichen neuzeitlich abgewandelt. Das Relief, ein Werk des Bildhauers Josef Zeitler, sollte auf eine Gaststätte hinweisen, die an die Schicksale der ausgewanderten schwäbischen Landsleute erinnern wollte.

Einst waren die Schwaben bekannt dafür, daß man in aller Welt einen von ihnen fand. In den Siedlungen der schwäbischen Auswanderer wurde das Andenken an die Heimat bewahrt; dies wird besonders deutlich an den zahlreichen »Cannstatter Volksfestvereinen«, die noch heute in Amerika existieren. Inzwischen haben die politischen Veränderungen allerdings die Situation umgekehrt, und vor allem aus dem Südosten kamen die Nachkommen jener Auswanderer des 18. Jahrhunderts in das Land ihrer Vorväter zurück. Den Bildern und Plastiken von damals kommt nur noch ein Erinnerungswert zu, der auf kulturelle Bindungen hinweist.

»Landverteilung an ins Banat ausgewanderte Schwaben« ist dieses Gemälde von Michael Zeno Diemer betitelt, das den Innenraum des Restaurants »Ketterer« in der Marienstraße schmückt.

Die Ausgestaltung des Kettererbaus erfolgte in den Jahren 1927 bis 1930. Damals hatte Stuttgart den Beinamen »Stadt der Auslandsdeutschen«, der vor allem später unter den Nazis zu Propagandazwecken mißbraucht wurde. Das alte Waisenhaus am Charlottenplatz trug den Beinamen »Haus des Auslandsdeutschtums«, denn hier hatte das 1917 gegründete Deutsche Auslandsinstitut seinen Sitz. Unter dem Namen »Institut für Auslandsbeziehungen« existiert es noch heute.

Die davon ausgehenden Anregungen wurden bei der Ausgestaltung der »Ketterer«-Gaststätte aufgenommen. Hinzu kam, daß der Gründer der Pforzheimer Brauerei Ketterer den Auswanderern seine mäzenatische Fürsorge zugewandt hatte.

Der in Stuttgart lebende Maler Reinhold Nägele (1884 bis 1972) erhielt den Auftrag, die Wände des Wirtshauses mit Ansichten der Städte Horb, Rottweil, Schwäbisch Hall und Ulm zu schmükken, um damit auf einige der Herkunftsorte der Auswanderer hinzuweisen. Das große Gemälde im saalartigen Gastraum erinnerte an schwäbische Siedlungen an der Wolga, in Norddakota (USA) und Jaffa in Palästina, dem heutigen Israel, sowie an Dörfer im Küstengebiet von Chile.

Damit nicht genug, wurden im »Ketterer« Fotos aus schwäbischen Dörfern in Bessarabien, im Banat und in Transkaukasien aufgehängt, die als Zeugnisse der Lebensweisen schwäbischer Aussiedler galten. In 14 Vitrinen wurden Figuren ausgestellt, die nach Entwürfen von Professor G. Erlacher aus Lindenholz geschnitzt und mit Trachten bekleidet waren. So wurde die Gaststätte »Ketterer« zu einem Anziehungspunkt vor allem für viele Besucher, die aus Nord- und Südamerika nach Stuttgart kamen.

Durch spätere Umbauten wurde die Ausstattung der Räume verändert, aber die ansprechende Atmosphäre des großen Saales blieb erhalten.

Benützte Literatur

Albert, Paul: Mein Stuttgart-Brevier. Stuttgart ²1952.

Bach, Max, und Carl Lotter: Bilder aus Alt-Stuttgart. Stuttgart 1896 (Nachdruck Stuttgart 1983).

Bardua, Heinz: Stuttgart im Luftkrieg 1939–1945. Stuttgart ²1985.

Barth, Gustav: Stuttgarts Wirtshäuser und Wirtshausleben in alter Zeit. Stuttgart 1891.

Baum, Heinrich: Führer durch Groß-Stuttgarter Gaststätten. Stuttgart 1931.

Beschreibung des Oberamts Stuttgart, Amt. Stuttgart 1851.

Borst, Otto: Stuttgart. Die Geschichte der Stadt. Stuttgart ⁴1986.

Brügel, Rudolf: Unvergessenes Stuttgart. Stuttgart 1958.

Büchele, Karl: Stuttgart und Umgebung. Stuttgart 1858.

Chronik der kgl. Haupt- und Residenzstadt Stuttgart. Stuttgart, Jahresbände 1898 bis 1912.

Cotta. Dokumente Handschriften Bücher aus drei Jahrhunderten. Katalog zur Ausstellung im Landesgewerbeamt Stuttgart, 18. 6.–27. 7. 1959.

Cotta und das 19. Jahrhundert. Katalog zur ständigen Ausstellung des Schiller-Nationalmuseums Marbach a. N. (1980).

Decker-Hauff, Hansmartin: Geschichte der Stadt Stuttgart. Band I. Stuttgart 1966.

Dölker, Helmut: Flurnamen der Stadt Stuttgart. Stuttgart 1933 (Nachdruck Stuttgart 1982).

Dolmetsch, Eugen: Aus Stuttgarts vergangenen Tagen. Stuttgart 1931.

ders.: Bilder aus Alt-Stuttgart. Stuttgart 1930.

125 Jahre Verschönerungsverein der Stadt Stuttgart 1861–1986. Stuttgart 1986.

Eipper, Paul: Die geschmiedete Rose. München 1961 (Nachdruck unter dem Titel »Eine Jugend in Schwaben«, München ²1981).

Essen in Stuttgart und Umgebung. Berlin 1986.

Faerber, Peer-Uli, und Hermann Freudenberger: Gastliches Stuttgart 1885–1985. Stuttgart 1985.

Freudenberger, Hermann (Knitz): Stuttgart. Ein Führer durch Stadt und Landschaft. Stuttgart und Aalen 1977.

ders.: Typisch Stuttgart. Frankfurt a.M. 1982.

Führer durch Stuttgart. Festschrift des Vereins für Baukunde. Stuttgart 1880.

75 Jahre Stuttgart. Beiträge zu seiner Kultur- und Wirtschaftsgeschichte. Stuttgart (1959).

Gabelkhover, Johann Jakob: Geschichte der Stadt Stuttgart. (Auszüge aus dem Manuskript, Stuttgart 1624).

Geschichte der Stadt Stuttgart. Auf die Einweihung ihres neuen Rathauses herausgegeben von den Bürgerlichen Kollegien. Stuttgart 1905.

Geschichts-Daten und Merkwürdigkeiten von Stuttgart. Stuttgart 1815 (Nachdruck Stuttgart 1969).

Goethe in Schwaben. Göppingen o.J.

Das goldene Buch der alten Stuttgarter Firmen. Stuttgart o.J.

Greiner, Michael: Mein Stuttgart. Stuttgart 1949.

Hässlein, Johann Jakob: Stuttgart. Stuttgart 1958.

Hartmann, J.E.: Stuttgarts Gegenwart. Stuttgart 1847 (Nachdruck Frankfurt a.M. 1980).

Hartmann, Julius: Chronik der Stadt Stuttgart. Stuttgart 1886.

Hörle, Emil, und Gustav Schwegelbaur: Unser schönes Stuttgart. Stuttgart 1925.

dies.: Heimatkunde von Stuttgart. Stuttgart o.J.

Iffert, Heike, und Falk Jäger: 100 Bauwerke in Stuttgart. München 1984.

Inventur. Stuttgarter Wohnbauten 1865–1915. Katalog zur Ausstellung des Württembergischen Kunstvereins Stuttgart, 21. 8.–21. 9. 1975.

Kilian, Hannes: Die Zerstörung. Berlin 1984.

Klaiber, Julius: Stuttgart vor hundert Jahren. Stuttgart 1870 (Nachdruck Stuttgart 1983).

Kohlhaas, Wilhelm: Stuttgart so wie es war. Düsseldorf 1970.

Lahnstein, Peter, und Alexander Schwertner: Stuttgart. Stuttgart 1975.

Lambert, (J.) und (G.) Stahl: Alt-Stuttgarts Baukunst. Stuttgart o.J.

Leipner, Kurt: Altes Stuttgart. Frankfurt a.M. 1977.

ders.: Stuttgart. Daten zur Geschichte. Stuttgart 1987.

Lenz, Hermann: Stuttgart deine Straßen. Stuttgart und Schwieberdingen 1975.

Lenzner, Bernd: Stuttgart Mini. Stuttgart 1986.

Lotter, Carl: Geschichte der Museums-Gesellschaft in Stuttgart. Stuttgart 1907.

Markelin, Antero, und Rainer Müller: Stadtbaugeschichte Stuttgart. Stuttgart 1985.

Missenharter, Hermann: Herzöge, Bürger, Könige. Stuttgart 1974.

Müller, Wolfgang: Stuttgart in alten Ansichten. Zaltbommel/Niederlande 1979.

Nagel, Gert K.: Schwäbisches Künstlerlexikon vom Barock bis zur Gegenwart. München 1986.

Nägele, Paul: Bürgerbuch der Stadt Stuttgart. Stuttgart 1957.

Pfaff, Karl: Geschichte der Stadt Stuttgart. Stuttgart 1846 (Nachdruck Frankfurt a.M. 1981).

ders.: Württembergische Wein-Chronik. Eßlingen a.N. 1865.

Plieninger, Theodor: Beschreibung von Stuttgart. Stuttgart 1834.

Scheffer, Ludwig: Geschichtsdaten und Merkwürdigkeiten von Stuttgart. Stuttgart 1815.

Schukraft, Harald: Stuttgarter Straßen-Geschichte(n). Stuttgart 1986.

Schweizer, Theodor Michael: Wo 's Viertele getrunken wird. Stuttgart 1977.

Seytter, Wilhelm: Unser Stuttgart. Stuttgart o.J.

Straßennamen in Stuttgart. Herkunft und Bedeutung. Stuttgart 1974.

Stuttgart in alten Ansichtskarten. Hrsg. von Richard Meinel. Frankfurt a.M. ²1979.

Stuttgart in alten Ansichtskarten. Band 2. Hrsg. von Richard Meinel. Frankfurt a.M. 1978.

Stuttgart im Spiegel alter Karten und Pläne. Katalog zur Ausstellung des Hauptstaatsarchivs Stuttgart, 25. 5.–12. 10. 1984. Bearbeitet von Jürgen Hagel.

Stuttgart in alten Graphiken. Köln o.J.

stuttgart live Marathon. Stuttgart (1987).

Stuttgart wie es schreibt und ißt. München 1965.

Stuttgart-Handbuch. Hrsg. von Hans Schleuning. Stuttgart 1985.

Stuttgarter Indiskretionen, ausgeplaudert von A.K. Bremen 1892 (Nachdruck Stuttgart 1986).

Stuttgarter Wegweiser und Adreßbücher, Ausgaben 1794 und fortlaufend seit 1804.

Von der Gründerzeit zur Gegenwart. Beiträge zum Stuttgarter Westen I. Stuttgart 1985.

Wais, Gustav: Alt-Stuttgart. Stuttgart 1954.

ders.: Alt-Stuttgarts Bauten im Bild. Stuttgart 1951 (Nachdruck Frankfurt a.M. 1977).

ders.: Die Schillerstadt Stuttgart. Stuttgart 1955.

ders.: Stuttgart im neunzehnten Jahrhundert. Stuttgart 1955.

ders.: Stuttgart vor der Zerstörung. Stuttgart 1958.

ders.: Stuttgarts Kunst- und Kulturdenkmale. Stuttgart o.J.

Wein, Gerhard: Die mittelalterlichen Burgen im Gebiet der Stadt Stuttgart. 1. Band: Die Burgen im Stuttgarter Tal. Stuttgart 1967.

Werner, Frank: Alte Stadt mit neuem Leben. Stuttgart 1976.

Westphal, Helmut: Stuttgart bittet zu Tisch. Stuttgart 1982.

Wochner, G(eor)g: Stuttgart seit fünf und zwanzig Jahren. Stuttgart 1871.

Wolter, Linda, und Konrad Tichay: Gartenwirtschaften in Stuttgart. Stuttgart 1986.

Zanker, Richard: Geliebtes altes Stuttgart. Stuttgart 1963.

Zelzer, Maria: Stuttgart unterm Hakenkreuz. Stuttgart ²1984.

Register

Das folgende Stichwortregister ist ein kombiniertes Personen- und Sachregister. Es führt die im Buch vorkommenden Gaststätten-, Personen-, Gebäude-, Straßen- und Ortsnamen auf sowie ausgewählte allgemeine Begriffe.

Die Namen von Gastronomiebetrieben sind durch **Fettdruck** hervorgehoben. Da diese Namen oft aus mehreren Wörtern zusammengesetzt sind, wurde jeweils das erste tragende Substantiv ihres Namens als Ordnungswort gewählt. »Zum goldenen Adler« findet man also unter »Adler«; die »Restauration zum Bubenbad« erscheint unter »Bubenbad«, das »Café Reinsburg« unter »Reinsburg«.